古典文獻研究輯刊

三三編

潘美月・杜潔祥 主編

第 **12** 冊

詩經國風今詁（第四冊）

趙 恩 強 著

國家圖書館出版品預行編目資料

詩經國風今詁（第四冊）／趙恩強 著 -- 初版 -- 新北市：花
木蘭文化事業有限公司，2021〔民110〕
目 6+160 面；19×26 公分
（古典文獻研究輯刊 三三編；第 12 冊）
ISBN 978-986-518-628-9（精裝）
1. 詩經 2. 研究考訂
011.08   110012076

ISBN-978-986-518-628-9

9 789865 186289

古典文獻研究輯刊
三三編　第十二冊   ISBN：978-986-518-628-9

詩經國風今詁（第四冊）

作　　者　趙恩強
主　　編　潘美月、杜潔祥
總 編 輯　杜潔祥
副總編輯　楊嘉樂
編　　輯　許郁翎、張雅淋、潘玟靜　美術編輯　陳逸婷
出　　版　花木蘭文化事業有限公司
發 行 人　高小娟
聯絡地址　235 新北市中和區中安街七二號十三樓
　　　　　電話：02-2923-1455／傳真：02-2923-1452
網　　址　http://www.huamulan.tw 信箱 service@huamulans.com
印　　刷　普羅文化出版廣告事業
初　　版　2021 年 9 月
全書字數　693291 字
定　　價　三三編 36 冊（精裝）台幣 90,000 元

詩經國風今詁（第四冊）

趙恩強 著

第一冊

《詩》學問題芻議（代序）

目

次

陳　風

　　陳，西周初所封國，媯姓，都宛丘（今河南省淮陽市）。《史記·陳杞世家》：「陳胡公滿者，虞帝舜之後。昔舜為庶人時，堯妻之二女，居於媯汭，其後因為氏姓，姓媯氏。舜已崩，傳禹天下，而舜子商均為封國。夏后之時，或失或續。至於周武王克殷紂，乃復求舜後，得媯滿，封之於陳，以奉帝舜祀，是為胡公。」陳國在西周時期共有十位君主。進入東周，王室衰微，諸侯國之間戰爭頻仍，陳國也進入了多事之秋。陳國的鄰國楚國為了開拓疆域，多次對陳國用兵。陳國滅而復，復而滅。《左傳·宣公十一年》：「冬，楚子為陳夏氏亂故，伐陳。謂陳人無動，將討於少西氏。遂入陳，殺夏徵舒，轘諸栗門，因縣陳。陳侯（成公媯午）在晉。」《左傳·昭公八年》：「九月，楚公子棄疾帥師奉孫吳圍陳，宋戴惡會之。冬十一月壬午，滅陳。」《左傳·哀公十七年》：「秋七月己卯，楚公孫朝帥師滅陳。」《史記·陳杞世家》：「二十四年，楚惠王復國，以兵北伐，殺陳愍公，遂滅陳而有之。」陳愍公二十四年（公元前478年），楚惠王滅陳，陳亡不繼。

　　《陳風》是周代陳國歌曲、歌謠詞章的一個集合。從《陳風》中可以看到：陳國民間盛行舞蹈；舞蹈在民間是被推崇的文藝娛樂節目；舞蹈家是備受大眾青睞的明星人物；陳國的青年男女常常在觀舞場合進行婚戀活動。

　　世傳陳國盛行巫風。《漢書·地理志》：「陳國，今淮陽之地。陳本太昊之墟，周武王封舜後媯滿於陳，是為胡公，妻以元女大姬。婦人尊貴，好祭祀，用史巫，故其俗巫鬼。陳《詩》曰：『坎其擊鼓，宛丘之下。亡冬亡夏，值其鷺羽。』又曰：『東門之枌，宛丘之栩，子仲之子，婆娑其下。』此其風也。」《漢書·匡衡傳》：「陳夫人好巫而民淫祀。」鄭玄《毛詩譜·陳譜》也說：「大姬無子，好巫覡禱祈鬼神歌舞之樂，民俗化而為之。」由於受漢朝人這些說

法的影響，評《詩》者往往把《陳風》與陳國的巫風聯繫起來，說陳胡公嬀滿之妻太姬（周武王長女）喜好巫鬼之事，導致了陳國民間好巫鬼的風俗，因而陳國出產了一些反映巫事的詩篇。這樣的說法頗值得商榷。陳國地近楚、吳，在文化和風俗上與吳、楚關係密切，故盛行歌舞。至於陳國的「巫風」，則與楚國相彷彿。

《陳風》共十篇詩文，其中八篇涉及婚戀問題。《宛丘》《東門之枌》《月出》諸篇反映了陳國人崇尚舞蹈的社會風氣。

宛丘

子之湯兮〔1〕，宛丘之上兮〔2〕。
洵有情兮〔3〕，而無望兮〔4〕。

坎其擊鼓〔5〕，宛丘之下〔6〕。
無冬無夏〔7〕，值其鷺羽〔8〕。

坎其擊缶〔9〕，宛丘之道〔10〕。
無冬無夏，值其鷺翿〔11〕。

【注釋】

〔1〕子之湯兮：你搖搖擺擺地跳舞呀。子，你。指在宛丘之上跳舞的一個貴族女子。湯，本義為沸騰的水。《說文》：「湯，熱水也。」湯通蕩。湯，透母陽部；蕩，定母陽部。透、定旁紐。《毛傳》：「湯，蕩也。」段玉裁《毛詩故訓傳定本》傳文注：「此謂假借。」《魯詩》作「蕩」。蕩，本為水名。段校《說文》：「蕩，蕩水。出河內湯陰，東入黃澤。」蕩通盪。盪，亦定母陽部字。盪，搖盪器皿中的液體使器皿中的滓垢得到清洗。《說文》：「盪，滌器也。」《段注》：「凡貯水於器中，搖盪之去滓或以磢垢瓦石和水吮　之，皆曰盪。盪者，滌之甚者也。《易》曰『八卦相盪』，《左傳》『震盪播越』，皆引申之義。」《釋名‧釋言語》：「蕩，盪也，排盪去穢垢也。」盪、蕩，引申為動盪、搖擺之義。《左傳‧僖公三年》：「齊侯與蔡姬乘舟于囿，蕩公。公懼，變色。」《史記‧齊太公世家》：「（齊桓公）二十九年，桓公與夫人蔡姬戲船中。蔡姬習水，蕩公，公懼，止之，不止，出船，怒，歸蔡姬。」《上林賦》：「與波搖盪。」余冠英《詩經選》：「湯、蕩古通用。蕩是搖擺，形容舞姿。」此歌詞的「湯」字為舞姿搖擺之義。

〔2〕宛丘之上兮：在那高高的宛丘之上呀。宛丘，即形如梡俎之丘。宛通梡。宛，
影母元部；梡，溪母元部。影、溪鄰紐。梡，梡俎。《禮記·明堂位》：「俎用
梡嶡。」鄭玄《注》：「梡始有四足也，嶡為之距。」孔穎達《疏》：「『俎用梡
嶡』者，梡、嶡，兩代俎也。虞俎名梡，梡形四足如案。」《明堂位》：「俎，
有虞氏以梡，夏后氏以嶡，殷以椇，周以房俎。」鄭玄《注》：「梡，斷木為四
足而已。」據《禮記》的記載和鄭玄、孔穎達的解釋，虞、舜時期的禮俎名「梡」，
其形態為安裝上四條木腿的俎案。夏朝的禮俎名「嶡」，與梡相似，四足之間
又增加了橫木。殷代的禮俎名「椇」，曲足。周代的禮俎名「房」，像小房子的
形狀。1964 年在陝西省長安縣張家坡出土了一件西周時期的漆梡，略長方形，
如小案几，上部像一個長方形的盤。考古發現，宛丘是一處屬於龍山文化的正
方形古城遺址。該古城可能建在丘陵之上，城廢後成為丘上之丘。西周至春秋
時期，宛丘呈長方形，正如一架梡俎，其頂部較為平坦，四邊高內中低，如盤
狀。《毛傳》：「四方高，中央下，曰宛丘。」《魯說》：「丘上有丘為宛丘。」又
曰：「陳有宛丘。」《爾雅》郭璞《注》：「丘上有丘為宛丘。」宛丘在春秋陳楚
故城之外。今淮陽城東南八里處一個被地方志稱之為「平糧冢」（今稱「平糧
臺」）的地方，即宛丘故址。春秋時期，宛丘一帶是陳國人祭神和舞蹈娛樂的
一個場所，也是陳國人觀舞和進行婚戀活動的一個場所。

〔3〕洵有情兮：我真對你動情了呀。洵，真的、誠然。《毛傳》：「洵，信也。」有
情，有了戀愛的情緒衝動。觀舞的男子看見在宛丘之上跳舞的女子舞姿優美，
產生了戀愛的衝動。

〔4〕而無望兮：我是不會忘記你的呀。而，通乃，是。《玉篇·而部》：「而，乃也。」
王引之《經傳釋詞》卷六：「乃，猶是也。」無望，即毋忘，不忘。無通毋，
不。望通忘。望、忘皆明母陽部字。忘，忘記。林義光《詩經通解》：「望讀若
忘。」

〔5〕坎其擊鼓：「坎坎」地擊打著土鼓。坎其，即坎坎。《毛傳》：「坎坎，擊鼓聲。」
《釋文》：「坎坎，擊鼓聲。」《詩經》中「坎坎」「欽欽」都是象聲詞。《魏風·
伐檀》：「坎坎伐檀兮。」《小雅·伐木》：「坎坎鼓我，蹲蹲舞我。」《小雅·鼓
鍾》：「鼓鍾欽欽。」坎通欽。坎，溪母談部；欽，溪母侵部。談、侵旁轉。鼓，
與下文「缶」對文，蓋為土鼓。土鼓與缶皆是比較原始的樂器。《周禮·春官·
籥章》：「籥章：掌土鼓、豳籥。」鄭玄《注》引杜子春云：「土鼓，以瓦為匡，
以革為兩面，可擊也。」

〔6〕宛丘之下：在宛丘下面的場地上。宛丘下面有空曠的平地。

〔7〕無冬無夏：不分冬天和夏天。冬，冬天。夏，夏天。

〔8〕值其鷺羽：手裏總是持著一個用白鷺羽毛製成的道具。值，通持。值，定母職部；持，定母之部。職、之對轉。《毛傳》：「值，持也。鷺鳥之羽，可以為翳。」《鄭箋》：「翳，舞者所持以指揮。」《釋文》：「值，直置反，持也。」《玉篇·亻部》：「值，《詩》云：『值其鷺羽。』值，持也。」「持」與「執」同義。《邶風·簡兮》：「左手執籥，右手秉翟。」《王風·君子陽陽》：「君子陶陶，左執翿，右招我由《敖》。」「置」亦訓「持」。置，端母職部。定、端旁紐。《商頌·那》：「猗與那與，置我鞉鼓。」鞉鼓是舞者手中所持的一種搖鼓。鞉通搖。鞉，定母宵部；搖，喻母宵部。定、喻準旁紐。一說，「值」訓「戴」。《禮記·喪大記》：「君纁戴六。」鄭玄《注》：「戴之言值也。」《爾雅·釋地》：「北戴斗極為空桐。」郭璞《注》：「戴，值。」《說文》：「翌，樂舞。以羽翿自翳其首，以祀星辰也。」翿，同翿。聞一多《詩經通義·乙》：「『值其鷺羽』，即戴其鷺羽。『值其鷺翿』，即戴其鷺翿。謂戴之於頭上也。」鷺羽，用白鷺的長羽毛做成的舞蹈道具。舞女「無冬無夏」地到處跳舞，說明陳國的歌舞活動非常頻繁。這整句歌詞是誇讚舞女的舞技好、知名度高。

〔9〕擊缶：敲擊土缶。缶，似瓦盆而小，陶製的打擊樂器。《毛傳》：「盎謂之缶。」《魯說》：「缶者，瓦器，所以盛漿。鼓之以節歌。」《爾雅·釋器》：「盎謂之缶。」郭璞《注》：「盆也。」邢昺《疏》：「缶是瓦器，可以節樂，若今擊甌；又可以盛水、盛酒，即今之瓦盆也。」《說文》：「盎，盆也。」缶本是盛飯盛水的一種器皿。缶作為樂器使用，有很長的歷史。《呂氏春秋·仲夏紀·古樂》：「帝堯立，乃命質（高誘《注》：質當為夔）為樂。質乃效山林溪谷之音以歌，乃以麋　置缶而鼓之。」春秋時期秦國和陳國仍用缶作為樂器。戰國、秦漢亦然。《易·離卦》：「不鼓缶而歌。」《莊子·至樂》：「莊子則方箕踞鼓盆而歌。」《墨子·三辯》：「農夫春耕夏耘，秋斂冬藏，息於聆（瓴）缶之樂。」《史記·李斯列傳》：「夫擊甕叩缶彈箏博髀，而歌呼嗚嗚快耳者，真秦之聲也。」《淮南子·精神訓》：「今夫窮鄙之社也，叩盆拊瓴，相和而歌，自以為樂也。」

〔10〕宛丘之道：宛丘之下的道路。宛丘下有一條通往陳國都城的大道。

〔11〕鷺翿：即鷺羽。翿，一種羽製的舞蹈道具。參見《王風·君子陽陽》注〔5〕。《毛傳》：「翿，翳也。」翿，掩翳。指掩在頭頂之上。舞者舉起羽製的道具，舞步婆娑。

【詩旨說解】

　　《宛丘》是婚戀情歌歌詞。陳國一個舞藝極好的上層貴族女子，在宛丘之上表演舞蹈，跳得熱烈。她在宛丘上表演完畢之後，又在丘下的平地上和通往陳國都城的大道上繼續作跳舞表演，場面異常熱鬧。這個舞女真是出盡了風頭。一個男子跟隨觀看這個女子跳舞，對她產生了愛慕之情，於是唱一支情歌給她聽。男子說「洵有情兮」，這是他主動地向舞女吐露愛慕之情。他極力誇讚這位舞女的舞藝好，知名度高，以圖贏得她的青睞。

　　關於《宛丘》的主旨，主要有三種說法。一，刺陳幽公說。《毛詩》序、《鄭箋》、《孔疏》皆謂「斥幽公也」。二，刺陳國人「好巫風」說。一些學者說，陳國的太姬夫人好巫覡祭祀歌舞，國民效法之，遂演成了一種風俗。郝懿行《詩問》、魏源《詩古微》皆持此說。三，情詩戀歌說。「五四」新文化運動興起之後，學者多持此種說法。

東門之枌

東門之枌〔1〕，宛丘之栩〔2〕。
子仲之子〔3〕，婆娑其下〔4〕。

穀旦于差〔5〕，南方之原〔6〕。
不績其麻〔7〕，市也婆娑〔8〕。

穀旦于逝〔9〕，越以鬷邁〔10〕？
視爾如荍〔11〕，貽我握椒〔12〕。

【注釋】

〔1〕東門之枌：東城門外的道路旁生長著一些枌樹。東門，陳國都城的東門。枌，樹木名。又名「白榆」。《毛傳》：「枌，白榆也。」《說文》：「枌，榆也。」陳國都城東門外道路旁植有枌樹。

〔2〕宛丘之栩：宛丘旁生長著一些栩樹。宛丘，參見《宛丘》注〔2〕。《毛傳》：「國之交會，男女之所聚。」毛亨認為宛丘是陳國男女聚會的一個場所。栩，樹木名，又名「杼」「柞」。《毛傳》：「栩，杼也。」

〔3〕子仲之子：子仲的女兒。子仲，陳國一個貴族的名字。子，表示貴族身份。仲，排行第二。《毛傳》：「子仲，陳大夫氏。」「子仲」在春秋時期僅是人名，其後

世或以「仲」為氏。之子，「子仲」的女兒。一說，「子」為男子。《鄭箋》：「之子，男子也。」此說誤。

〔4〕婆娑其下：在樹下跳舞。婆娑，又作「媻娑」「媻姍」，或言「便姍」「便旋」「盤姍」「蹁躚」「蹣跚」，即盤桓、盤旋，跳舞時旋轉、曲行、搖擺的狀貌。《毛傳》：「婆娑，舞也。」《魯說》：「婆娑，舞也。」《爾雅・釋訓》：「婆娑，舞也。」郭璞《注》：「舞者之容。」《說文》：「娑，舞也。从女，沙聲。《詩》曰：『市也媻娑。』」《文選》宋玉《神女賦》：「婆娑乎人間。」李善《注》：「婆娑，猶盤姍也。」《廣雅・釋訓》：「蹁躚，盤姍也。」王念孫《疏證》：「侈言之則曰『盤姍』，約言之則曰『蹁躚』。」王念孫認為，「盤姍」「蹁躚」的語音差別是發音張口大小的問題，其詞義是相同的。《文選》司馬相如《子虛賦》：「媻姍勃窣而上乎金堤。」呂向《注》：「媻姍勃窣，美人上堤貌。」《說文》「媻」字《段注》：「《子虛賦》『媻姍勃窣』，借用此為『蹣跚』字。」《文選》司馬相如《上林賦》：「便姍嫳屑。」《文選》張衡《西京賦》：「奎蹏盤桓。」薛綜《注》：「盤桓，便旋也。」李善《注》引《廣雅》曰：「盤桓，不進貌。」盤桓，即盤旋，打轉轉，故李善釋為「不進」。《洛陽伽藍記・宣忠寺》：「歡舞盤旋。」媻姍，亦即盤桓、盤旋。媻、盤、桓、姍皆元部字，音近而義通。媻、盤皆從般。般，本義為旋轉。《爾雅・釋言》：「般，還也。」《說文》「還」字《段注》：「今人還繞字用『環』，古經、傳只用『還』字。」《說文》：「般，象舟之旋，从舟从殳。殳，所以旋也。」《段注》：「《釋言》曰：『般，還也。』『還』者今之『環』字，旋也。」般，甲骨文字從凡從攴，凡（「凡」字象盤有圈足之形，「盤」字之初文）指製陶器的旋盤，凡亦聲；攴，用手操作驅動之義，表示動作。製陶器須旋轉盤，故「般」有旋轉之義。媻、盤皆通般，旋動、迴旋之義。引申為回返、曲行、遊走之義。「盤遊」「盤樂」之「盤」、「般師」之「般」皆為引申義。桓，借為「亙」。亙，甲骨文字象漩渦之形，「回」字的初文，迴旋之義。「婆娑」用為動詞，形容人跳舞旋回舞動的樣子。此歌詞的「婆娑」是誇讚「子仲」的女兒舞蹈之美。其下，樹下。其，代詞，代指東城門外道路旁的枌樹和宛丘旁的栩樹。

〔5〕穀旦于差：在一個美麗的早晨唱著歌兒。穀旦，天氣好的早晨。指吉日良辰。穀，善，好。《毛傳》：「穀，善也。」《孔疏》：「見朝日善明，無陰雲風雨，則可以相擇而行樂矣。」《爾雅・釋詁》：「穀，善也。」《說文》：「穀，百穀之總名也。」《段注》：「穀與粟同義。引申為善也。」《禮記・曲禮下》：「於內，自

稱曰不穀。」鄭玄《注》：「與民言之謙稱。穀，善也。」旦，日出天明。引申
為早晨之義。《鄭箋》：「旦，明。」《說文》：「旦，明也。」「朝，旦也。」于
差，即于嗟、吁嗟、猗嗟，感歎詞。于，匣母魚部；吁，曉母魚部；猗，影母
歌部。匣、曉母旁紐，與影母鄰紐；魚、歌通轉。差，初母歌部；嗟，精母歌
部。初、精準旁紐。《韓詩》作「嗟」。吁嗟、猗嗟是古歌中常見的感歎語。《召
南·騶虞》：「于嗟乎，騶虞！」《邶風·擊鼓》：「于嗟闊兮，不我活兮！」《衛
風·氓》：「于嗟鳩兮，無食桑葚。」《齊風·猗嗟》：「猗嗟昌兮！」《秦風·權
輿》：「于嗟乎，不承權輿！」巫歌中也常呼「吁嗟」之聲。《周禮·春官·司
巫》：「若國大旱，則帥巫而舞雩。」孔穎達《疏》：「釋曰：『舞雩旱祭也』者，
經云國大旱而舞雩，明雩是旱祭，是以《春秋緯·考異郵》云：『雩者，呼嗟
求雨之祭。』」馬瑞辰《通釋》：「古吁與訏多湝作于。……此詩『于差』即吁
嗟，與《雲漢》詩『先祖于摧』《箋》讀為『吁嗟』正同。《周官·女巫》：『旱
暵則舞雩。』《月令》：『大雩帝。』鄭《注》：『雩，吁嗟求雨之祭也。』」又，
《鄭志·答林碩難》曰：『董仲舒曰：「雩，求雨之術，呼嗟之歌。」』呼嗟猶
吁嗟也。」呼，通吁。呼、吁皆曉母魚部字。此歌詞中「于差」代指唱歌之事。
在一個風和日麗的天氣裏，青年男女一大早唱著歌去參加婚戀活動。

〔６〕南方之原：來到南方的一個小平原上。南方，陳國的南部。原，本義為泉水流
出之處。《說文》：「原，水泉本也。」《漢書·食貨志》：「猶塞川原為潢污也。」
顏師古《注》：「原，謂水泉之本也。」原通邍。原、邍皆疑母元部字。邍，經
傳多作「原」，高平廣大的土地。《爾雅·釋地》：「大野曰平，廣平曰原。」《說
文》：「邍，高平之野。人所登。从辵、備、彔。闕。」許慎未明白「邍」字何
以從辵、備、彔，故曰「闕」。清孔廣居《說文疑疑》卷下「邍」字下：「石鼓
文作𤲬，从辵，从夂，从田，皆道路邍野意，彖聲。《說文》从彔，疑誤。」
「邍」字所從「彔」乃「彖」之訛。邍、彖皆元部字。高亨《詩經今注》：「原，
高平之地。」《周禮·地官·大司徒》：「辯其山林、川澤、丘陵、墳衍、邍隰
之名物。」鄭玄《注》：「積石曰山，竹木曰林，注瀆曰川，水鍾曰澤，土高曰
丘，大阜曰陵，水崖曰墳，下平曰衍，高平曰原，下濕曰隰。」陳國的青年男
女前往陳國南部的一個小平原上參加婚戀集會。一說，「原」是南方一個大夫
的姓氏。《毛傳》：「原，大夫氏。」《鄭箋》：「以南方原氏之女可以為上處。」

〔７〕不績其麻：你不做紡麻線的活計。績，用手搓或用懸垂式的工具撚麻線，然後
積成一個線團。《說文》：「績，緝也。」《段注》：「《豳風》：『八月載績。』傳

曰：『載績，絲事畢而麻事起矣。』績之言積也。積短為長，積少為多。」績麻與紡紗皆是婦女（包括一些貴族婦女）之職。《鄭箋》：「績麻者，婦人之事也。」在陳國的東門外、宛丘和南方之原「不績其麻」而跳舞的，是同一個人，此人必為女性無疑。在婚戀集會的日子裏，女子們丟下績麻的活計，到「南方之原」去唱歌跳舞，談婚擇偶。

〔8〕市也婆娑：在南方的小平原上繞著圈子跳舞。市，「市」字之訛。古文「市」「市」「市」三個字形近，易訛。《唐石經》作「市」。出土簡帛「市」「市」「市」字形相近。市，同匝，環繞一周。甲骨文「市」字作倒之之形，表示行走環回之義。引申為周匝之義。《說文》：「市，周也。从反之而市也。」《段注》：「『匂也。』匂，各本作周，誤。今正。勹部：『匂，市遍也。』」《說文》：「匂，市也。」一說，「市」是「先」字之訛。聞一多《詩經通義·乙》說，篆書「市」與「先」形近相混，《毛詩》原文「市」應為「先」之訛變。「先」又為「迭」之省。迭，腳前頓之義。《說文》：「迭，前頓也。」《玉篇·走部》：「遳，前頓也。」《集韻·至韻》：「迭，足不前也。亦作遳。」《類篇·足部》：「蹀，蹈也。」《淮南子·俶真訓》：「足蹀陽阿之舞。」市，又作「女」。漢王符《潛夫論·浮侈》引《詩》作「女也婆娑」。李富孫《詩經異文釋》卷六：「王符作『女』，義亦通。或從三家。」一說，「市」為市場之義。朱熹《集傳》：「於是棄其業以舞於市而往會也。」高亨《詩經今注》：「市，市場。」《後漢書·王符傳》引《詩》作「市」。也，語助詞。

〔9〕穀旦于逝：同「穀旦于差」。于逝，同于差，亦即于嗟。逝通差。逝，禪母月部；差，初母歌部。禪、初鄰紐；月、歌對轉。聞一多《詩經通義·乙》：「『于逝』猶『于差』也。差、逝一聲之轉。」

〔10〕越以鬷邁：我為何跟隨你遠行？越以，即為何。越通于、為。越，匣母月部；于，匣母魚部；為，匣母歌部。月、歌對轉，與魚部通轉。以，通臺、何。參見《召南·采蘩》注〔1〕。鬷邁，即從邁，跟隨著遠行。邁，遠行。《毛傳》：「邁，行也。」鬷，本義為釜類炊器。《說文》：「鬷，釜屬。」《廣雅·釋器》：「鬲、鬹、鬷，釜也。」鬷通從。鬷，精母東部；從，從母東部。精、從旁紐。從，跟隨。鬷，《韓詩》作「徖」。徖，當是「從」字的異體字。《玉篇·彳部》「徖」字下引《詩》：「越以徖邁。」《集韻·東韻》：「徖，行也。」《王風·黍離》：「行邁靡靡。」《小雅·雨無正》：「如彼行邁。」《小雅·都人士》：「言從之邁。」《魯頌·泮水》：「從公于邁。」

〔11〕視爾如荍：因為我看你就像一朵美麗的錦葵花。爾，你。指「子仲」的女兒。荍，荊葵，又稱「錦葵」。《毛傳》：「荍，芘芣也。」《爾雅·釋草》：「荍，蚍衃。」郭璞《注》：「今荊葵也。似葵，紫色。」《廣雅·釋草》：「荊葵，荍也。」陸璣《毛詩草木疏》：「芘芣一名荊葵，似蕪菁，華紫綠色，可食，微苦。」大概歌者曾向「子仲之子」贈送過錦葵花，所以他在情歌中把「子仲之子」比作一朵美麗的錦葵花。

〔12〕貽我握椒：盼望這一次你能贈送給我一把花椒。貽，通遺、予，遞給。引申為贈送之義。參見《邶風·雄雉》注〔4〕。《邶風·靜女》：「靜女其孌，貽我彤管。」《王風·丘中有麻》：「貽我佩玖。」《周頌·思文》：「貽我來牟。」握，一把。單手抓物為握。椒，花椒。指花椒粒。《毛傳》：「椒，芬香也。」段玉裁《毛詩故訓傳定本》校訂傳文作：「椒，芳物。」《周頌·載芟》：「有椒其馨。」《荀子·禮論》：「椒蘭芬苾，所以養鼻也。」東漢陳琳《神女賦》：「握申椒以貽予。」花椒子是結婚多子的象徵物，故青年人常把它作為婚戀定情的禮物。女子若向男子贈送花椒粒，就是表示其願與其成婚之意。

【詩旨說解】

　　《東門之枌》是婚戀情歌歌詞。這篇歌詞反映了一個男子與一個舞女之間的婚戀故事。

　　陳國人很喜歡歌舞，陳國的歌舞活動頻繁。每當有歌舞演出時，青年男女便借機婚戀擇偶。此歌詞中所說的「子仲之子」，大概是一位貴族出身的女子，她擅長歌舞，經常在舞場上大出風頭，展示自己的舞姿舞容。她熱愛跳舞幾乎達到了癡狂的程度。一些青年男子總是跟隨在她的身後，一場又一場地觀看她的舞蹈演出。她在陳國成了明星級的人物，是青年男子們愛慕和極力追求的對象。唱《東門之枌》情歌的男子，便是追求她的人之一。在一個風和日麗的早晨，這個男子追隨「子仲之子」來到「南方之原」觀看她跳舞，在觀舞現場編唱了一首好聽的情歌給這位舞女聽。他在情歌中極力讚美這個舞女，說她像錦葵花一樣美麗。他希望「子仲之子」送給他一握花椒定情。這個男子大概已將一束錦葵花送給了「子仲之子」，所以他急切地盼望著「子仲之子」回贈物品給他。倘若「子仲之子」送給他一握花椒，即是表示要與他婚戀約見。

　　這篇歌詞表達了一個男子對一個舞女的讚美之情和追求之意。

　　《毛詩》序：「《東門之枌》，疾亂也。幽公淫荒，風化之所行，男女棄其舊業，亟會于道路，歌舞于市井爾。」《鄭箋》：「男女交會而相說（悅），曰：『我視女之顏色美如荍芣之華然，女乃遺我一握之椒，交情好也。』此本淫亂之所由。」鄭玄對於古代「男女交會」的婚戀現象不理解，視之為淫亂之事。陳國的青年女子放下手中的「績麻」活計，到婚戀集會上去談婚說愛，非謂「棄其舊業」，也非陳幽公「淫荒」所致，而是風俗使然。

衡門

衡門之下〔1〕，可以棲遲〔2〕。
泌之洋洋〔3〕，可以樂飢〔4〕。

豈其食魚〔5〕，必河之魴〔6〕？
豈其取妻〔7〕，必齊之姜〔8〕？

豈其食魚，必河之鯉〔9〕？
豈其取妻，必宋之子〔10〕？

【注釋】

〔1〕衡門之下：在用一根橫木搭成的院門下面。衡門，簡陋的院門，橫一木為門。貧窮人家的院門由兩根立木和一根橫木搭建而成，或在兩邊土牆垛子上橫一根木頭為院門。《毛傳》：「衡門，橫木為門，言淺陋也。」衡，同橫，本義為牛柵欄上的橫木，防止其角觸人。《說文·角部》：「衡，牛觸，橫大木。」《段注》：「此云『牛觸，橫大木』，是闌閑之謂之衡。」《說文·木部》：「橫，闌木也。」《段注》：「凡以木闌之，皆謂之橫。古多以橫為衡。《陳風》傳曰：『衡門，橫木為門也。』」三國魏劉楨《毛詩義問·陳》：「橫一木作門，而上無屋，謂之衡門。」《漢書·韋玄成傳》：「聖王貴以禮讓為國，宜優養玄成，勿枉其志，使得自安衡門之下。」顏師古《注》：「衡門，謂橫一木於門上，貧者之所居也。」

〔2〕可以棲遲：可憑藉它暫時歇息。可以，能夠憑藉它。可，能夠。以，用，憑藉。《陳風·東門之池》：「東門之池，可以漚麻。」《小雅·鶴鳴》：「它山之石，可以為錯。」棲遲，草率地歇息。《毛傳》：「棲遲，遊息也。」《爾雅·釋詁》：「棲遲，息也。」郭璞《注》引舍人曰：「棲遲，行步之息也。」棲，又作「栖」，初文作「西」，本義為鳥歇息於巢中。段校《說文》：「西，鳥在巢上也。象形。

日在西方而鳥西，故因以為東西之西。凡西之屬皆从西。棲，西或从木、妻。」《玉篇・西部》：「栖，鳥栖宿。又作棲。」《廣韻・齊韻》：「棲，鳥棲。栖同上。」人草率地歇息亦稱「棲」。遲，本義為慢行。《說文》：「遲，徐行也。从辵，犀聲。《詩》曰：『行道遲遲。』」遲通稽，停留止息之義。遲，定母脂部；稽，見母脂部。定、見通轉。《說文》：「稽，留止也。」遲又通徲。徲，定母脂部。徲，又作「徲」「徲」「徲」，久待、久留之義。《廣韻・至韻》：「遲，待也。」《集韻・至韻》同。《說文》「遲」字《段注》：「謂待之為遲。去聲。」朱駿聲《說文通訓定聲・履部》：「遲，假借為徲。」《廣韻・齊韻》：「徲，久待。」

〔3〕泌之洋洋：泌水歡快地流淌著。泌，水名，流經陳國。泌水是春秋時期淮陽地區的一條不大的河流，陳國的青年人在泌水旁邊進行婚戀活動。大概漢代泌水已堙沒，此水史籍闕載。一說，「泌」是泉水。《毛傳》：「泌，泉水也。」洋洋，即湯湯、蕩蕩，水流激蕩的樣子。參見《衛風・碩人》注〔22〕、《衛風・氓》注〔29〕。一說，「洋洋」是水盛大、寬廣之貌。《毛傳》：「洋洋，廣大也。」

〔4〕可以樂飢：能夠憑它暫時療飢。樂飢，即療飢。樂，通㸛、療。參見《秦風・晨風》注〔9〕。《魯詩》《韓詩》作「療」。《鄭箋》：「泌水之流洋洋然，飢者見之，可飲以㸛飢。」㸛，古「療」字。《說文》：「㸛，治也。或作療。」《龍龕手鏡・疒部》：「㸛，古。療，正。力照反。療，治病也。」《正字通・午集・疒部》：「㸛，療本字。」《韓詩外傳》卷二引《詩》：「衡門之下，可以棲遲。泌之洋洋，可以療飢。」《列女傳・賢明傳・楚老萊妻》引《詩》作「療」。庾信《小園賦》：「可以療飢，可以棲遲。」《唐石經》作「㸛」。《太平御覽》卷第五十八地部「水」字下引《詩》曰：「泌之洋洋，可以療飢。」一說，「樂」為樂道之義。《毛傳》：「樂飢，可以樂道忘飢。」段玉裁《毛詩故訓傳定本》傳文注：「沈重云，舊皆作『樂』字，晚詩本有作疒下樂。陸德明云：『毛本止作樂，鄭本作㸛。』顏師古定本亦作『樂飢』。《正義》本經文作『㸛飢』。此正沈所謂晚本援鄭以改毛者也。或云『樂道忘飢』，乃王肅語竄入《毛傳》，殊為無事自擾。」

〔5〕豈其食魚：難道說吃魚。豈，通何，疑問詞，為什麼、難道。參見《召南・行露》注〔2〕。其，語助詞。食，吃。

〔6〕必河之魴：一定要吃黃河裏撈出來的大魴魚？河，黃河。魴，魴魚。體大，紅尾。參見《周南・汝墳》注〔7〕、〔8〕。

〔7〕豈其取妻：難道說娶妻。取，通娶。參見《齊風·南山》注〔13〕。

〔8〕必齊之姜：一定要娶齊國的姜姓貴族之女？齊之姜，齊國姜姓貴族之女。齊，春秋時為姜國。《鄭箋》：「齊，姜姓。」齊國姜姓貴族多美女。《左傳·成公九年》引逸《詩》：「雖有絲麻，無棄菅蒯；雖有姬姜，無棄蕉萃。」姬、姜，貴族美女的代稱。蕉萃，即憔悴，貧家女的代稱。陳國媯姓貴族與齊國姜姓貴族互為婚姻，陳國貴族以取姜姓齊女為榮耀之事。

〔9〕必河之鯉：一定要吃黃河裏撈出來的大鯉魚？鯉，鯉魚。紅尾。周人崇尚紅色，宴席上講究用魴、鯉。

〔10〕必宋之子：一定要娶宋國的子姓貴族之女？宋之子，宋國子姓貴族之女。子，宋國貴族姓，殷商子姓貴族的後代。《鄭箋》：「宋，子姓。」宋國子姓貴族亦多美女。子姓宋國與媯姓陳國互為婚姻。陳國貴族亦以娶宋國子姓女為榮耀之事。此歌詞的「齊之姜」「宋之子」都是貴族美女的代稱。《焦氏易林·復之咸》：「齊姜宋子，婚姻孔喜。」

【詩旨說解】

《衡門》是婚戀情歌歌詞。在泌水岸邊，有一場婚戀集會。一個貴族男子降格以求，想找一個普通人家的女子為偶，不再找「齊之姜」「宋之子」這類貴族之女為偶。他想通過歌聲，把自己的求偶意願傳遞給婚戀集會現場的異性。

「樂飢」「食魚」是有關性和婚姻問題的隱晦說辭。來泌水邊求偶的這個男子說，他不想食天下名魚「魴」和「鯉」，不想找「齊之姜」「宋之子」這樣的貴族名門之女為婚姻對象。這個男子大概是個破落貴族子弟，他失去了優越的社會地位和生活條件，只好在社會中、下層女性中物色合適的婚姻對象。他用自己的歌聲向婚戀集會現場的異性交代了自己的破落身份。他說他不想找貴族女子為妻，其實是無奈之舉。他的求偶態度還是誠實的。

現代學者多認為，《衡門》是一個沒落貴族男子所作，它表達了一種安貧寡欲、不求進取的生活態度。郭沫若說：「這首詩也是一位餓飯的破落貴族作的，他食魚本來有吃河魴河鯉的資格，……但是貧窮了，吃不起了。他娶妻本來有娶齊姜宋子的資格，但是貧窮了，娶不起了。娶不起，吃不起，偏偏要說幾句漂亮話，這正是破落貴族的根性。」（《郭沫若文集》第十四卷《中國古代社會研究》第二章第二節第二部分）郭沫若先生雖然點破了《衡門》篇中男主人公的破落貴族身份，但他並不認為《衡門》詩與婚戀之事有關。

東門之池

東門之池〔1〕，可以漚麻〔2〕。
彼美淑姬〔3〕，可與晤歌〔4〕。

東門之池，可以漚紵〔5〕。
彼美淑姬，可與晤語〔6〕。

東門之池，可以漚菅〔7〕。
彼美淑姬，可與晤言〔8〕。

【注釋】

〔1〕東門之池：東門內有一個水清如鏡的池塘。東門，陳國都城的東門。池，水塘。
該池塘在陳國東門之內。《水經注・沙水注》：「沙水又東逕長平縣故城北，又
東南逕陳城北，故陳國也。伏羲、神農並都之。……宛邱在陳城南道東。……
城之東門內有池，池水東西七十步，南北八十許步，水至清潔，而不耗竭，不
生魚草，水中有故臺處。《詩》所謂『東門之池』也。」唐李吉甫《元和郡縣
圖志》卷八：「陳州宛丘縣：東門池，在州城東門內道南。《詩・陳風》：『東門
之池，可以漚麻。』即此池也。」一說，東門池在陳國東門之外。《孔疏》：「東
門之外有池水，此水可以漚柔麻草，使可緝績以作衣服。」一說，「池」為城
池。朱熹《集傳》：「池，城池也。」城池，護城河。

〔2〕可以漚麻：可以用它來漚麻。漚麻，將收穫的檾麻捆束起來沉入水中漚製脫
膠，剝取其纖維。漚，長時間浸泡。《說文》：「漚，久漬也。」「漬，漚也。」
麻，檾麻。檾麻纖維可用於製繩、製鞋、織布做衣。漚漬檾麻是為了取得柔
軟的檾麻纖維。《毛傳》：「漚，柔也。」《鄭箋》：「於池中柔麻，使可緝績作
衣服。」歌者說東門內清澈的水塘「可以漚麻」，這是拿一個清澈的水塘比喻
美麗的姑娘。東門的池水美，又有漚麻的功能。這等於說，姑娘美麗，又能
持家過生活。

〔3〕彼美淑姬：那個漂亮的姬姓少女。彼，那個。美，漂亮的。淑姬，即叔姬，姬
姓少女。淑，通少。參見《周南・關雎》注〔3〕。《列女傳・賢明傳・晉文齊
姜》引《詩》：「彼美孟姜，可與寤歌。」劉向所見《陳風・東門之池》一詩「淑
姬」作「孟姜」，蓋為《魯詩》版本。「淑姬」與「孟姜」的構詞方式相同。淑，
通「孟仲叔季」之「叔」，年少之義。叔，審母覺部；淑，禪母覺部。審、禪

旁紐。《釋文》:「叔姬,音淑。本亦作淑,善也。」陸德明所見詩文作「叔姬」。
陳國媯姓,其周邊有姬姓國,都城內也可能有姬姓貴族居住。

〔4〕可與晤歌:我可以跟她對歌。晤歌,即遇歌、對歌。青年男女在婚戀尋偶時相
遇而對歌。晤,本為明義。《說文》:「晤,明也。从日,吾聲。」晤通遇。晤,
疑母魚部;遇,疑母侯部。魚、侯旁轉。《毛傳》:「晤,遇也。」段玉裁《毛
詩故訓傳定本》傳文注:「此謂『晤』為『遇』之假借。」《鄭箋》:「晤,猶對
也。」「晤」字無「面對」之義,而「遇」字有「面對」之義。歌者指名道姓
地要求一個姬姓女子跟他對歌。

〔5〕漚紵:漚製紵麻。紵,本義為粗苧麻布。《說文》:「紵,檾屬。細者曰絟,粗
者曰紵。」「絟」「紵」對文,皆謂苧麻布。《左傳·襄公二十九年》:「(季札)
聘於鄭,見子產,如舊相識,與之縞帶。子產獻紵衣焉。」《禮記·喪大記》:
「絺、綌、紵不入。」《戰國策·齊策四·魯仲連謂孟嘗》:「皆衣縞、紵。」
《淮南子·說林訓》:「布之新,不如紵;紵之弊,不如布。」紵,苧麻織品。
布,枲麻織品。紵通苧。紵、苧皆定母魚部字。苧,苧麻。《孔疏》:「紵,直
呂反,字又作苧。」《釋文》:「紵,直呂反,字又作苧。」陸璣《毛詩草木疏》:
「紵,亦麻也。科生數十莖,宿根在地中,至春自生,不歲種也。荊揚之間,
一歲三收。今官園種之,歲再割,割便生。剝之以鐵,若竹刮其表,厚皮自脫,
但得其裏,韌如筋者。煮之用緝,謂之徽紵。今南越紵布皆用此麻。」苧麻是
溫帶、亞熱帶植物,與枲麻別種。中國南方地區是紵麻的主要產區。先秦時期,
陳國、鄭國等氣候較溫熱的諸侯國,皆種植苧麻。《尚書·夏書·禹貢》:「豫
州:厥貢漆、枲、絺、紵。」

〔6〕晤語:對話。對話是對歌的一種形式。對歌中有對話。對話也使用韻言。對話
亦即對歌。

〔7〕菅:茅屬,白茅。茅稈、茅根皆可以用來製繩索。《說文》:「菅,茅也。」《豳
風·七月》:「晝爾于茅,宵爾索綯。」《左傳·成公九年》引逸《詩》:「雖有
絲麻,無棄菅蒯。」孔穎達《疏》曰:「《釋草》云:『白華,野菅。』郭璞曰:
『菅,茅屬。』陸璣《毛詩草木疏》曰:『菅似茅而滑澤無毛。根下五寸中有
白粉者,柔韌宜為索,漚及曝尤善。』」《楚辭·招魂》:「蕙菅是食些。」王逸
《注》:「菅,茅也。」《淮南子·齊俗訓》:「必有菅履跐踦。」高誘《注》:「菅,
茅也。」陶弘景《名醫別錄》輯校本卷二「茅根」下解釋說:「一名地菅」。《玉

篇‧艸部〉:「菅，茅屬也。」《本草綱目‧草部‧白茅‧釋名》:「(茅)有數種，夏花者為茅，秋花者為菅。」一說，茅已漚為菅。《小雅‧白華》:「白華菅兮，白茅束兮。」《毛傳》:「白華，野菅也。已漚為菅。」《鄭箋》:「白華於野，已漚名之為菅。」《釋文》:「茅已漚為菅。」此歌詞以東門之池可以「漚麻」「漚苧」「漚菅」比喻女子有良好的持家能力。

〔8〕晤言:同「晤語」。言，說話。《毛傳》:「言，道也。」言是歌的成分之一。《衛風‧考槃》:「獨寐寤言。」「獨寐寤歌。」「獨寐寤宿。」「寤言」即「晤言」。參見《考槃》注〔3〕〔11〕。

【詩旨說解】

《東門之池》是婚戀情歌歌詞。此歌詞三章，皆是誇讚一個到城外婚戀集會場合求偶的姬姓貴族女子，說她外貌出眾，心靈靜如東門內的一泓池水，美麗且有很好的持家能力。以一泓清澈的池水比喻姑娘的美，這是變相地誇人。

朱熹《集傳》解釋《東門之池》說:「此亦男女會遇之辭。蓋因其會遇之地、所見之物，以起興也。」朱熹認為，《東門之池》是男女在陳國東門外城池邊相會時所唱的歌。

東門之楊

東門之楊〔1〕，其葉牂牂〔2〕。
昏以為期〔3〕，明星煌煌〔4〕。

東門之楊，其葉肺肺〔5〕。
昏以為期，明星晢晢〔6〕。

【注釋】

〔1〕東門之楊:東門外的道路旁生長著茂盛的楊樹。東門，陳國都城的東門。楊，楊樹。參見《秦風‧車鄰》注〔12〕。

〔2〕其葉牂牂:楊樹的葉子在風中「牂牂」作響。牂牂，同將將、鏘鏘，風吹樹葉發出的響聲。牂，本義為大羊。一釋壯羊。《廣雅‧釋獸》:「三歲曰牂。」牂，一釋牡羊。《說文》:「牂，牡羊也。从羊，爿聲。」《禮記‧內則》:「炮:取豚若牂。」鄭玄《注》:「『將』當為『牂』。牂，牡羊也。」《玉篇‧羊部》:「牂，羝羊也。」羝，公羊。牂，一釋牝羊。《爾雅‧釋畜》:「羊:牡，羒;牝，牂。」

《小雅・苕之華》：「牂羊墳首。」《毛傳》：「牂羊，牝羊也。」此歌詞中「牂牂」是象聲詞。牂，通將、鏘、瑲。將、鏘、瑲皆清母陽部字。精、清旁紐。《齊詩》作「將」。《焦氏易林・革之大有》：「南山之楊，其葉將將。」聞一多《詩經通義・乙》：「牂讀為將。《焦氏易林・革之大有》：『南山之揚，其葉將將。』……牂牂、肺肺，皆風在葉中之聲。」「鏘鏘」「瑲瑲」皆是形容聲響的詞，「鏘」為金聲，「瑲」為玉聲。《鄭風・有女同車》：「佩玉將將。」《秦風・終南》同上。《大雅・烝民》：「四牡彭彭，八鸞鏘鏘。」春天，陳國東門外的楊樹葉已闊大，在風中「牂牂」地作響。以金玉的響聲來形容風中的樹葉響聲，是讚美性的語言。一說，「牂牂」為盛壯貌。《毛傳》：「牂牂然，盛貌。」《鄭箋》：「楊葉牂牂，三月中也。」

〔3〕昏以為期：即「以昏為期」，黃昏正是結婚迎娶的時間。昏，同昏，黃昏。《說文》：「昏，日冥也。」《段注》：「冥者，窈也。窈者，深遠也。鄭《目錄》云：『娶妻之禮以昏為期，因以名焉。必以昏者，陽往而陰來。日入三商為昏。』」三商，即三刻。「商」是「適」字的訛字。適通滴。漏下三商即漏下三滴。黃昏時出發去迎親。《鄭箋》：「親迎之禮以昏時。」以為，把……作為。期，約定的時間。《衛風・氓》：「秋以為期。」《小雅・采綠》：「五日為期。」

〔4〕明星煌煌：長庚星在天上發出明亮的光芒。明星，亮星。指長庚星。長庚即金星，又稱「太白星」，太陽系的行星之一。傍晚所見的金星稱為「長庚」，黎明所見的金星稱為「啟明」。《小雅・大東》：「東有啟明，西有長庚。」《鄭風・女曰雞鳴》：「女曰雞鳴，士曰昧旦。子興視夜，明星有爛。」煌煌，非常明亮的樣子。朱熹《集傳》：「煌煌，大明貌。」

〔5〕其葉肺肺：楊樹葉在風中發出「旆旆」的響聲。肺，本義為人和其他高級動物的呼吸器官。《大雅・桑柔》：「自有肺腸。」《禮記・曲禮下》：「年穀不登，君膳不祭肺。」鄭玄《注》：「《禮》：食殺牲則祭先。有虞氏以首，夏后氏以心，殷人以肝，周人以肺。」肺，通旆。肺，滂母月部；旆，並母月部。滂、并旁紐。「旆旆」本是旗幟在風中發出來的聲音。《小雅・出車》：「彼旟旐斯，胡不旆旆。」此歌詞中「肺肺」形容樹葉在風中發出的響聲。《毛傳》：「肺肺，猶牂牂也。」

〔6〕晢晢：明亮。晢，又作「晣」，從日，折聲，本義為日光耀眼。引申為明亮之義。《毛傳》：「晢晢，猶煌煌也。」《說文》：「晢，昭晣，明也。」《小雅・庭燎》：「庭燎晰晰。」

【詩旨說解】

　　《東門之楊》是迎親歌歌詞。春天裏，一個天氣晴朗的傍晚，長庚星掛在西方的天空，一支迎親隊伍從陳國的東門出發了。此時，楊樹的葉子已經闊大，被風一吹，發出「拍拍」的響聲來。這幫迎親的人，借著春夜的景色，唱起了《東門之楊》這支調子歡快的迎親歌曲，興高采烈地前往女方家中去娶親。

　　古代的學者多認為，《東門之楊》是刺「婚姻失時」的詩。《毛詩》序：「《東門之楊》，刺時也。婚姻失時，男女多違，親迎，女猶有不至者也。」《毛傳》：「言男女失時，不逮秋冬。」《鄭箋》：「楊葉牂牂，三月中也。興者，喻時晚也，失仲春之月。」鄭玄說三月嫁娶是失「仲春二月」之時。其實，《周禮》「仲春之月，令會男女」，說的是仲春之月男女集會談婚擇偶之事，而不是結婚之事。所以《孔疏》駁鄭玄說：「毛以秋冬為昏之正時，故云『男女失時，不逮秋冬也』。……《邶風》云：『士如歸妻，迨冰未泮。』知迎妻之禮，當在冰泮之前。荀卿書云：『霜降逆女，冰泮殺止。』霜降，九月也；冰泮，二月也。然則荀卿之意，自九月至於正月，於禮皆可為昏。荀在焚書之前，必當有所依據。毛公……故亦以為秋冬。……鄭以婚姻之月唯在仲春，故以喻晚失仲春之月。鄭不見《家語》，不信荀卿，以《周禮》指言『仲春之月，令會男女』，故以仲春為昏月。」

　　春秋時期，淮河、秦嶺以北地區的周朝各諸侯國，習慣於秋冬農閒、道路易於行車時嫁娶。《邶風‧匏有苦葉》說「士如歸妻，迨冰未泮」，荀子說「霜降逆女，冰泮殺止」。由於諸侯國各受其條件的限制，結婚時間也不一致，許多諸侯國打破了秋冬嫁娶的傳統風俗。《春秋》《左傳》裏也不乏春季、夏季嫁娶的例子。清黃以周《禮書通故‧昏禮通故》引晉束晳的話說：「《春秋》二百四十年，天王取後，魯女出嫁，夫人來歸，大夫送女，自正月至十二月，悉不以得時、失時為褒貶，何限於仲春、季秋以相非哉？」所以，陳國人在春天楊樹葉「牂牂」時嫁娶，不可謂婚姻「失時」。

　　有人說「東門之楊，……明星煌煌」與「月上柳梢頭，人約黃昏後」一樣，是寫青年男女在晚上談情說愛之事。春秋時期的青年人，不像宋代人那樣曖昧，一般不在夜間約會。

墓門

墓門有棘〔1〕，斧以斯之〔2〕。
夫也不良〔3〕，國人知之〔4〕。
知而不已〔5〕，誰昔然矣〔6〕！

墓門有梅〔7〕，有鴞萃止〔8〕。
夫也不良，歌以訊之〔9〕。
訊予不顧〔10〕，顛倒思予〔11〕。

【注釋】

〔1〕墓門有棘：墓地裏生長著野棗樹。墓門，墓道前的門。《毛傳》：「墓門，墓道之門。」有棘，生長著野棗樹。棘，野棗樹。《說文》：「棘，小棗叢生者。」

〔2〕斧以斯之：即「以斧斯之」，我恨不得立即用斧頭把它砍掉。以，用。斧，斧子。斯，本義為用斧子劈、砍，與「析」同義。《毛傳》：「斯，析也。」《說文》：「斯，析也。從斤，其聲。《詩》曰：『斧以斯之。』」斯通析。斯，心母支部；析，心母錫部。支、錫對轉。析，用斧子劈開樹木或木頭。《說文》：「析，破木也。」《廣雅・釋詁》：「析、斯，分也。」《玉篇・木部》：「析，分也。」《方言》第七：「斯，離也。齊、陳曰斯。」《齊風・南山》：「析薪如之何？匪斧不克。」《小雅・小弁》：「伐木掎矣，析薪扡矣。」《左傳・昭公七年》：「古人有言曰：『其父析薪，其子弗克負荷。』」以上「析薪」二字皆為砍柴之義。之，代詞。代指惡木「棘」。野棗樹上結出的酸甜之果，可供「鴞」食。陳靈公夫人把陳靈公比作一隻「鴞」，她痛恨愛食酸果的「鴞」，借斫惡木「棘」來發洩其對陳靈公的惱恨之情。

〔3〕夫也不良：我的丈夫呀你不善良。夫，丈夫。此指陳靈公。不良，不善良、不爭氣。良，善。《鄭箋》：「良，善也。」「夫也不良」是陳靈公夫人譴責陳靈公之語。

〔4〕國人知之：都城內的人都知曉。國人，在國都城郭里居住的人。《周禮・地官・泉府》：「國人、郊人從其有司。」賈公彥《疏》：「國人者，謂住在國城之內，即六鄉之民也。」國都內除了貴族就是幹雜役的庶民（含奴隸）和工商業者。范文瀾《中國通史》第一編第三章第五節：「農夫住在田野小邑，稱為野人；工商業者住在大邑，稱為國人。」此歌詞的「國人」即指公眾。春秋時期城市居民「國人」是社會輿論的主體。

〔5〕知而不已：人家都知道了，你還是不停止你的惡行。已，停止。指停止惡行。

〔6〕誰昔然矣：這是長久以來養成的壞毛病呀！誰昔，即疇昔，從前。《鄭箋》：「誰
　　昔，昔也。」朱熹《集傳》：「誰昔，昔也，猶言『疇昔』也。」《爾雅·釋詁》：
　　「疇、孰，誰也。」《釋訓》：「誰昔，昔也。」《禮記·檀弓上》「疇昔之夜」
　　鄭玄《注》：「疇昔，猶前日也。」《左傳·宣公二年》：「將戰，華元殺羊食士，
　　其御羊斟不與。及戰，曰：『疇昔之羊，子為政，今日之事，我為政。』與入
　　鄭師，故敗。」杜預《注》：「疇昔，猶前日也。」前日，即以前的日子。誰通
　　疇。誰，禪母微部；疇，定母幽部。禪、定準旁紐，微、幽旁通轉。疇又通壽、
　　老。壽，禪母幽部；老，來母幽部。禪、來準旁紐。壽、老，年齡久長。引申
　　為時日長久之義。昔，甲骨文字從日、從洪水，表示遠古有洪水之義，本義為
　　遠古有大洪水時期。借指舊日、很久以前。《毛傳》：「昔，久也。」然，本義
　　燃燒。《說文》：「然，燒也。从火，肰聲。」然通爾。然，日母元部；爾，日
　　母脂部。元、脂旁對轉。《說文》「然」字《段注》：「『爾』之轉語也。」爾，
　　如此。指過去的老樣子、舊表現。《說文》：「爾，詞之必然也。」《段注》：「『爾』
　　之言『如此』也，後世多以『爾』字為之。凡曰『果爾』『不爾』『云爾』『莞
　　爾』『鏗爾』『卓爾』『鼎鼎爾』『猶猶爾』『聊復爾耳』『故人心向爾』，皆訓『如
　　此』。」矣，語助詞。陳靈公夫人痛責陳靈公生前惡習不改，我行我素。

〔7〕梅：梅樹。此指野梅樹。《曹風·鳲鳩》：「其子在梅。」「其子在棘。」梅，《魯
　　詩》作「棘」。《楚辭·天問》：「何繁鳥萃棘，負子肆情？」王逸《注》引《詩》：
　　「墓門有棘，有鴞萃之。」古文「棘」「梅（楳）」二字形近，易訛。《詩經》
　　中多用巧言。此句歌詞以取「梅」字為佳。

〔8〕有鴞萃止：貓頭鷹聚集在梅樹上。鴞，貓頭鷹。萃，本義為草聚生的樣子。引
　　申為聚集之義。《毛傳》：「萃，集也。」《說文》：「萃，草貌。」朱駿聲《說文
　　通訓定聲·履部》：「萃，按：草聚貌。」《易·萃卦》彖詞曰：「萃，聚也。」
　　萃通聚。萃，從母物部；聚，從母侯部。物、侯旁通轉。止，通之，代詞。代
　　指梅樹。鴞本是貪吃腐肉的鳥，其叫聲也難聽。《毛傳》：「鴞，惡聲之鳥也。」
　　在此歌詞中，「鴞」是一個寓有貶義的形象，是惡男人的化身。眾鴞落在梅樹
　　上，貪食梅樹上的酸果。這是暗示陳靈公生前有貪色濫淫的癖好。

〔9〕歌以訊之：我唱支哀歌來責問你。歌，指《墓門》這首哀歌。《鄭箋》：「歌，
　　謂作此詩也。」訊，問。引申為責問之義。《說文》：「訊，問也。」訊，通誶。
　　訊，心母真部；誶，心母物部。真、物旁對轉。誶，責問，數落。《魯詩》《韓

詩《阜詩》作「誶」。段玉裁《毛詩故訓傳定本》校訂經文作「誶」。《說文》：「誶，讓也。从言，卒聲。《國語》曰：『誶申胥。』」「讓，相責讓」讓，責備。顧炎武《詩本音》說，「訊」「誶」二字古通用。王引之《經義述聞·毛詩上》「歌以訊之」條下：「訊非訛字也。訊，古亦讀若誶。……訊、誶同聲，故二字互通。」胡承珙《毛詩後箋》對「訊」字考論詳備，且說：「惟其同聲，是以假借。」聞一多《詩經通義·乙》：「誶、訊對轉字，古通用。」《楚辭·離騷》：「謇朝誶而夕替。」王逸《注》：「誶，諫也。《詩》曰：『誶予不顧。』」《玉篇·言部》：「誶，罵也；讓也。」《廣韻·術韻》：「誶，讓也。」一說，「訊」是「誶」字之訛。戴震《毛鄭詩考證》：「『訊』乃『誶』字轉寫之訛」。錢大昕《十駕齋養新錄》卷一「陸氏釋文誶訊不辨」：「『誶』訓告，『訊』訓問，兩字形聲俱別，無可通之理。六朝人多習草書，以『卒』為『卆』，遂與『刊』相似。」之，代詞。指陳靈公。

〔10〕訊予不顧：我對你的責問你不予理睬。予，依上章「知而不已」的句式，讀為「而」。朱熹《集傳》：「或曰，『訊予』之『予』，疑當依前章作『而』字。」聞一多《詩經通義·乙》：「予猶而也。《河廣》『跂予望之』，裴學海謂與《大戴記·勸學篇》『予嘗跂而望之』同義。是予猶而也。」參見《衞風·河廣》注〔4〕。一說，「予」為我義。《鄭箋》：「予，我也。」不顧，不看，不理睬。

〔11〕顛倒思予：等到你倒了大黴才會想到我的勸誡！顛倒，與「顛撲」「顛沛」「顛覆」同義，跌倒頭著地。又比喻人生遭受劫難倒大黴。《邶風·谷風》：「及爾顛覆。」思予，想到我。陳靈公與孔寧、儀行父狎戲夏姬，陳靈公被夏徵舒射殺於夏家的馬廄裏，死得很不光彩。所以，陳靈公夫人用激烈的言辭來斥責他。

【詩旨說解】

《墓門》是陳靈公夫人所唱哀歌的歌詞。

陳靈公生前與大夫孔寧、儀行父三人共通陳國大司馬公孫御叔的寡妻夏姬。陳靈公對他們的荒淫風流之事絲毫不加掩飾，且在朝堂上大加宣揚，不以為恥，反以為榮。《左傳·宣公九年》：「陳靈公與孔寧、儀行父通於夏姬，皆衷其衵服以戲于朝。泄冶諫曰：『公卿宣淫，民無效焉，且聞不令。君其納之。』公曰：『吾能改矣。』公告二子。二子請殺之，公弗禁。遂殺泄冶。」《左傳·宣公十年》：「夏，……陳靈公與孔寧、儀行父飲酒於夏氏。公謂行父曰：『徵舒似女。』對曰：『亦似君。』徵舒病之。公出，自其廄射而殺之。二

子奔楚。」《春秋·宣公十一年》：「冬十月，楚人殺陳夏徵舒。丁亥，楚子入陳，納公孫寧、儀行父于陳。」《左傳·宣公十一年》：「冬，楚子為陳夏氏亂故，伐陳，謂陳人無動，將討於少西氏。遂入陳，殺夏徵舒，轘諸栗門，因縣陳。陳侯在晉。……乃復封陳。」以上這些經、傳文，把陳靈公、孔寧、儀行父三人荒淫誤國的事說得清清楚楚。陳靈公、孔寧、儀行父三人的荒淫亂政之事，陳國都城內的人誰個不知，何人不曉？他們的所作所為為國人所恥笑，更為夏徵舒所不能接受。陳靈公與孔寧、儀行父在夏家飲酒作樂所搞的那一場惡作劇，招來了陳靈公的殺身之禍。夏徵舒弒君，自立為陳侯。孔寧、儀行父二人被迫逃往楚國，陳靈公的太子媯午也逃到晉國去了。楚莊王見陳國發生了內亂，遂以討伐弒君自立的夏徵舒為藉口，出兵陳國，車裂了夏徵舒，把陳國變成了楚國的一個縣。此歌詞中「夫也不良，國人知之」「墓門有棘，有鴞萃之」這些說法，與《左傳》所記載的陳靈公、孔寧、儀行父三人通淫夏姬的事十分吻合。

　　在媯午（陳成公）即位的第二年（公元前 597 年）年初，陳國為陳靈公下葬。《春秋·宣公十二年》：「十有二年春，葬陳靈公。」下葬陳靈公，陳靈公夫人到墓地「祭悼」，唱了《墓門》這首哀歌。陳靈公夫人在哀歌中以墓地裏通常生長的棘樹和野梅樹比喻夏姬，以棘樹和梅樹上的群鴞比喻陳靈公和孔寧、儀行父。陳靈公未必僅與夏姬私通，或者「棘」「梅」各有所指。「墓門有棘，斧以斯之」「墓門有梅，有鴞萃止」，這些話表達了陳靈公夫人對陳靈公的憎惡和痛恨。按照通常的情況，在殯葬、祭奠或悼念死者時，祭者總要對死者加以褒揚，而不會予以貶斥。陳靈公夫人在喪歌中對死去的陳靈公予以責難，這是極為反常的事情，是不得已而為之。在舉國痛恨陳靈公、孔寧、儀行父三人的大背景下，她作為新君之母，在殯葬陳靈公時如何哀哭，須有一番政治上的考量。在複雜的政治局面下，她不得不對陳靈公這個荒淫誤國之君加以斥責。只有這樣做，她才能為其兒子媯午在陳國執政贏得人心。

　　漢代曾流傳一則春秋時期陳國婦女引《墓門》篇巧拒晉國淫者解居甫的故事。《續列女傳·陳辯女》：「辯女者，陳國採桑之女也。晉大夫解居甫使於宋，道過陳，遇採桑之女，止而戲之曰：『女為我歌，我將舍汝！』採桑女乃為之歌曰：『墓門有棘，斧以斯之，夫也不良，國人知之。知而不已，誰昔然矣。』大夫又曰：『為我歌其二。』女曰：『墓門有梅，有鴞萃止。夫也不良，

歌以訊止。訊予不顧，顛倒思予。』大夫曰：『其梅則有，其鴞安在？』女曰：『陳，小國也，攝乎大國之間，因之以飢餓，加之以師旅，其人且亡，而況鴞乎？』大夫乃服而釋之。君子謂辯女『貞正而有辭，柔順而有守』。」晉大夫解居甫說「為我歌其二」，這說明他知道《墓門》篇原有兩章。《楚辭・天問》云：「何繁鳥萃棘，負子肆情？」王逸《注》：「言解居父聘吳，過陳之墓門，見婦人負其子，欲與之淫泆，肆其情慾。婦人則引《詩》刺之曰：『墓門有棘，有鴞萃止。』故曰『繁鳥萃棘』也，言墓門有棘，雖無人，棘上猶有鴞，汝獨不愧也。」王逸《注》說「解居甫聘吳，過陳」，比《續列女傳》「解居甫使於宋，道過陳」的故事有合理性。《續列女傳》和王逸《注》所講的這兩個故事，版本不同，內容稍異，但二書都說陳辯女是據《詩》而歌。因此，陳辯女不是《墓門》篇的創作者。

關於《墓門》詩的主旨，另外還有一些說法：

一，刺陳佗說。《毛詩》序：「《墓門》，刺陳佗也。陳佗無良師傅，以至于不義，惡加于萬民焉。」陳佗，陳國第十三任國君，春秋陳文公之子、陳桓公之弟，在位僅八個月，諡「廢公」。陳桓公時，陳佗趁陳桓公病篤，在陳國作亂，殺死了太子媯免而自立。《左傳・桓公五年》：「春，正月甲戌、己丑，陳侯鮑卒，再赴也。於是陳亂，文公子佗殺大子免而代之。公疾病而亂作，國人分散，故再赴。」對於《毛詩》序「刺陳佗」的說法，崔述在他的《讀風偶識》中提出了反駁意見：「以《墓門》為刺陳佗，則絕不類。陳佗不聞他惡，但爭國耳，而篇中絕無一語針對陳佗者。此必別有所刺之人。」

二，諷刺陳桓公說。蘇轍《詩集傳》：「桓公之世，陳人知佗之不臣矣，而桓公不去，以及於亂。是以國人追咎桓公，以為桓公之智不能及其後，故以《墓門》刺焉。……『夫』，陳佗也。佗之不良，國人莫不知之者；知而不之去，昔者誰為此乎？蓋歸咎桓公也。」姚際恒《詩經通論》稱蘇轍此說「可謂善說此詩矣」。

防有鵲巢

防有鵲巢〔1〕，邛有旨苕〔2〕。
誰侜予美〔3〕？心焉忉忉〔4〕。

中唐有甓〔5〕，邛有旨鷊〔6〕。
誰侜予美？心焉惕惕〔7〕。

【注釋】

〔1〕防有鵲巢：河堤旁的樹上搭著喜鵲的窩。防，河堤。《說文》：「防，隄也。」隄，同堤。朱熹《集傳》：「防，人所築以捍水者。」堤旁或堤上植有樹木。堤防上地勢高，鳥喜歡將巢搭建在高樹上。一說，「防」是邑名。《毛傳》：「防，邑也。」鵲巢，喜鵲的巢穴。「鵲巢」比喻家室。《召南・鵲巢》：「維鵲有巢，維鳩居之。之子于歸，百兩御之。」

〔2〕邛有旨苕：土丘上長著甜美的紫苕。邛，本是邑名。《說文》：「邛，邛地。在濟陰縣。」漢濟陰縣故址在今山東省定陶縣城西南，春秋時期此地不屬於陳國而屬於曹國。邛通邱、丘。邛，群母東部；邱、丘，溪母之部。群、溪旁紐，東、之旁對轉。《毛傳》：「邛，丘也。」《釋文》：「邛，丘也。」朱熹《集傳》：「邛，丘。」高亨《詩經今注》：「邛，土丘。」邛、邱形近，「邛」或為「邱」之訛字。一說，「邛」為丘名。馬瑞辰《通釋》：「邛為丘名。」一說，「邛」為「卬」字之訛。聞一多認為《毛詩》的「邛」字是「卬」字之訛，他在《風詩類鈔》中把「邛」字改為「卬」字，並解釋說：「卬，我也。」訛字說有待出土文獻予以印證。旨苕，美味可食的苕。旨，甲骨文字作上匕（湯匙）下口，以匕入口，會味美之意，本義為味美。《說文》：「旨，美也。」《邶風・谷風》：「我有旨蓄，亦以御冬。」《小雅・鹿鳴》：「我有旨酒。」《小雅・甫田》：「嘗其旨否。」《魯頌・泮水》：「既飲旨酒。」苕，草名，今名「紫雲英」。其嫩葉、莖均可生食，可作菜。《毛傳》：「苕，草也。」《鄭箋》：「邛之有美苕。」此歌詞中的「苕」「鷊」皆為可食用之草。

〔3〕誰侜予美：是誰哄騙了我的美人。侜，哄騙、迷惑，古謂之「矑蔽」，又謂之「誑」。《毛傳》：「侜張，誑也。」傳文「侜」字前還應有一「侜」字。《爾雅・釋訓》：「侜張，誑也。」《說文》：「侜，有矑蔽也。」朱熹《集傳》：「侜，侜張也。」《鄭風・揚之水》：「無信人之言，人實誑女。」《唐風・采苓》：「人之為言，苟亦無信。」在《詩經》中，「侜」「誑」「為言」皆謂婚戀求偶者所說的具有哄騙性的話語。侜通譸。侜、譸皆端母幽部字。《尚書・周書・無逸》：「民無或胥譸張為幻。」孔安國《傳》：「譸張，誑也。」《尚書釋文》：「《爾雅》及《詩》作『侜』，同。侜張，誑也。」《玉篇・言部》：「譸，譸張，誑也。」《廣韻・尤韻》同上。予美，我的美人。言「予美」，是表示關係密切的語氣，概指婚戀舊友。《唐風・葛生》：「予美亡此。」泛言「美」，則是表示關係不密

切的口氣。《邶風・簡兮》：「云誰之思？西方美人。」《鄭風・野有蔓草》：「有美一人，清揚婉兮。」他唱「誰侜予美」，或是因為他的這位婚戀舊友正被另一男子搭訕。

〔4〕心焉忉忉：讓我心中充滿了憂愁和不安。心，本義為人的心臟。《說文》：「心，土藏，在身之中。象形。」在此句歌詞中，「心」指人的心理情緒。焉，通也，語助詞。忉忉，憂愁不安的樣子。《齊風・甫田》：「無思遠人，心焉忉忉。」《檜風・羔裘》：「豈不爾思？勞心忉忉。」忉又通懆。《小雅・白華》：「念子懆懆。」參見《齊風・甫田》注〔4〕。

〔5〕中唐有甓：宗廟的廷中有用磚鋪的甬道。中唐，即中廷，廷中。指宗廟的院中。唐，甲骨文字從口或凵（象居穴之形），庚聲（庚通康、安），表示安樂的居邑。唐，本是堯都，夏、殷、西周初為方國名。甲骨文「唐」字為殷先祖名，又為地名。成湯，甲骨文作「成唐」。唐通廷。唐，定母陽部；廷，定母耕部。陽、耕旁轉。廷，從廴，人所停立之處，院中之義。指庭院中的空地。《說文》：「廷，朝中也。」《段注》：「朝中者，中於朝也。古外朝、治朝、燕朝，皆不在屋，在廷。」《釋文》：「廷，停也。人所集之處。」《唐風・山有樞》：「子有廷內，弗洒弗埽。」《論衡・論死》：「滿堂盈廷，填塞巷路。」廷通庭。庭，亦定母耕部字。《說文》「庭」字《段注》：「廷，中朝也。朝不屋，故不從广。」一說，「唐」為院中路。《毛傳》：「中，中庭也。唐，堂塗也。」《孔疏》：「孫炎引《詩》云：『中唐有甓。』堂途，堂下至門之徑也。然則唐之與陳，廟庭之異名耳，其實一也，故云『唐，堂塗也。』」《爾雅・釋宮》：「廟中路謂之唐。堂途謂之陳。」郭璞《注》：「堂下至門徑也。」《逸周書・作雒解》：「堤唐山廧。」孔晁《注》：「唐，中庭道。」陳奐《傳疏》：「唐，庭塗也。」甓，一種長方形的磚。《毛傳》：「甓，瓴甋也。」《爾雅・釋宮》：「瓴甋謂之甓。」《說文》：「甓，瓴甓也。」《廣雅・釋宮》：「甓，甋也。」從廟門至廟堂之東西階，有用甋鋪成的道路。廟中路也可以用石頭鋪成。考古發現，周原西周宗廟基址自廟門至堂階有一條「U」形通道是用卵石鋪成的。「甓」即指廟中用甋鋪成的小路。古代婚禮的「廟見」，是完婚大禮，新婦須到男方的家廟裏拜了先祖先考才算正式結為婚姻。《禮記・曾子問》：「三月而廟見，稱來婦也。擇日而祭於禰，成婦之義也。」鄭玄《注》：「成婦義者，婦有供養之禮。」孔穎達《疏》：「若賈（賈逵）、服（服虔）之義，大夫以上，無問舅姑在否，皆三月見祖廟之後，乃始成昏。」周代士以

上皆有廟，士娶妻也當有廟見之禮。歌者向他所追求的女子表示，他願意與這個女子踏著薲路進入宗廟裏，完成婚禮大典。

〔6〕旨鷊：美味的蒿草。旨，味好。鷊，又作「鶂」「鶃」「鷁」，本為水鳥名。段校《說文》：「鶂，鶂鳥也。從鳥，兒聲。《春秋傳》曰：『六鶂退飛。』鷊，鶂或從鬲。」《春秋‧僖公十六年》：「六鷊退飛，過宋都。」《左傳‧僖公十六年》：「六鶃退飛過宋都，風也。」《公羊傳》《穀梁傳》皆作「六鶂退飛」。鷊通蒿。鷊，疑母錫部；蒿，來母錫部。疑、來通轉。蒿，植物名，山蒜。其嫩葉、鱗莖皆可食。春天食之尤美。《爾雅‧釋草》：「蒿，山蒜。」郭璞《注》：「今山中多有此菜，皆如人家所種者。」《玉篇‧艸部》：「蒿，山蒜。」《廣韻‧錫韻》：「蒿，山蒜。」鷊、蒿，又通藡、蘦。藡、蘦皆疑母錫部字。《韓詩》作「藡」，《魯詩》《齊詩》作「蘦」。一說，「鷊」即綬草。《毛傳》：「鷊，綬草也。」《爾雅‧釋草》：「虉，綬。」段校《說文》：「虉，綬艸也。從艸，鷊聲。《詩》曰『邛有旨虉』是。」綬草為蘭科植物，不可食，亦不可言「旨」。男女在野外婚戀相會，以可食的苔和山蒜充作媒物。

〔7〕心焉惕惕：讓我的心中充滿了擔心。惕惕，擔心、戒懼。《毛傳》：「惕惕，猶忉忉也。」《國語‧楚語‧范無宇論國為大城未有利者》：「豈不使諸侯之心惕惕焉。」韋昭《注》：「惕惕，懼也。」《易‧乾卦》：「夕惕若，厲，无咎。」《周易釋文》：「『夕惕』，他歷反，忧惕也。鄭玄云：『懼也。』」《玉篇‧心部》：「惕，憂也，懼也。」

【詩旨說解】

《防有鵲巢》是婚戀情歌歌詞。一個男子在一條河流旁參加婚戀集會，見到他的舊女友正為一男子所搭訕，擔心其舊女友被別的男子的花言巧語所迷惑，於是唱一首情歌召喚她。

春秋時期，華夏地區的男女婚戀是自由的，河邊堤曲、城隅、山坡和土丘偏僻之處，皆有男女婚戀活動的場所。「旨苔」「旨鷊」是兩種可食的草，它們大概也充當了男女婚戀的媒物。這個求偶男子的歌中言及「旨苔」「旨鷊」，是對他的舊女友表示追求之意；言及「鵲巢」「中唐」，是表示他有結婚的誠意。

「誰侜予美？心焉忉忉」「誰侜予美？心焉惕惕」，與「無信人之言，人實誑女」（《鄭風‧揚之水》）、「人之為言，苟亦無信」（《唐風‧采苓》）的說法如出一轍，都是表達追求之意的情歌語言。

　　朱熹《集傳》評論《防有鵲巢》說：「此男女之有私而憂或間之之辭。」
這一說法是正確的。

月出

月出皎兮〔1〕，佼人僚兮〔2〕。
舒窈糾兮〔3〕，勞心悄兮〔4〕。

月出皓兮〔5〕，佼人懰兮〔6〕。
舒憂受兮〔7〕，勞心慅兮〔8〕。

月出照兮〔9〕，佼人燎兮〔10〕。
舒夭紹兮〔11〕，勞心慘兮〔12〕。

【注釋】

〔1〕月出皎兮：月亮出來銀光皎潔呦。皎，潔白明亮。《毛傳》：「皎，月光也。」
　　《說文》：「皎，月之白也。」《廣雅・釋詁》：「皎，明也。」《廣雅・釋器》：
　　「皎，白也。」兮，語氣詞。此句歌詞以月亮的皎潔，比喻女子白皙而美。《鄭
　　箋》：「喻婦人有美色之白皙。」

〔2〕佼人僚兮：那個美人真像月亮一樣美呦。佼人，美人。佼同姣。古文字的「亻」
　　旁與「女」旁義同。《說文》：「姣，好也。」《釋文》：「佼人，字又作姣。古卯
　　反，好也。」《方言》第一：「秦晉之間凡好而輕者謂之娥，自關而東河濟之間
　　謂之媌，或謂之姣。」《史記・蘇秦列傳》：「前有樓闕軒轅，後有長姣美人。」
　　《荀子・非相》：「古者桀、紂長巨姣美。」僚，本義為面目好。《毛傳》：「僚，
　　好貌。」《說文》：「僚，好貌。」僚同嫽。《廣雅・釋詁：「嫽，好也。」此句
　　歌詞既言「佼」，又言「僚」，是繁富式的修辭手法。

〔3〕舒窈糾兮：她宛轉地舞動著身軀呦。舒，緩慢。《毛傳》：「舒，遲也。」窈糾，
　　與蚴蟉、蟉虯同義，虯勁宛轉之狀。司馬相如《上林賦》：「青龍蚴蟉於東箱。」
　　《楚辭・遠遊》：「玄螭蟲象並出進兮，形蟉虯而逶蛇。」王延壽《魯靈光殿賦》：
　　「騰蛇蟉虯而繞榱。」蚴蟉、蟉虯，形容龍蛇身軀宛轉的樣子。此歌詞的「窈
　　糾」形容女性舞蹈者舞蹈時身體曲屈宛轉的樣子。《毛傳》：「窈糾，舒之姿也。」

〔4〕勞心悄兮：那個美人讓我牽心而且憂思呦。勞心，思念、牽心。《齊風・甫
　　田》：「無思遠人，勞心忉忉。」《檜風・羔裘》：「豈不爾思？勞心忉忉。」悄，
　　憂愁。悄通愁。悄，清母宵部；愁，床母幽部。清、床準旁紐，宵、幽旁轉。

《毛傳》：「悄，憂也。」《說文》：「悄，憂也。从心，肖聲。《詩》曰：『憂心悄悄。』」「愁，憂也。」「𢝊，愁也。」《邶風‧柏舟》：「憂心悄悄，慍于群小。」《小雅‧出車》：「憂心悄悄，僕夫況瘁。」歌者觀美女跳舞，戀愛之心油然而生，他只是擔憂娶不到這個舞女。

〔5〕月出皓兮：月亮出來銀光皎潔呦。皓，潔白明亮。皓，又作「皡」，與「皎」同義。皓、皎音近義通，皆指天體高而明亮。引申為光明、潔白之義。皓，匣母幽部；皎，見母宵部。匣、見旁紐，幽、宵旁轉。《爾雅‧釋詁》：「皓，光也。」《廣雅‧釋訓》：「皓皓，明也。」揚雄《法言‧淵騫》：「明星皓皓。」《唐風‧揚之水》：「白石皓皓。」

〔6〕懰：本義為美好的樣子。《釋文》：「懰，好貌。」《廣韻‧有韻》：「懰，好也。」懰通嫽。懰、嫽皆來母幽部字。嫽，豔麗美好。《玉篇‧女部》：「嫽，姣嫽也。」《廣韻‧有韻》：「嫽，妖美。」《集韻‧尤韻》：「嫽，美也。」《集韻‧有韻》：「懰，好也。或作𡢋、劉，通作嫽。」

〔7〕懮受：舞蹈時身體轉繞曲美之狀。懮受、要紹、夭紹、妖韶、夭矯，皆是「窈糾」的音轉詞。這些詞多見於漢魏詩賦。

〔8〕慅：本義為慅動。《說文》：「慅，動也。」動，指心裏慅動。慅通忉、懆。慅，心母幽部；忉，端母宵部；懆，清母宵部。心、清旁紐，與端母鄰紐；幽、宵旁轉。懆，憂愁煩躁。《爾雅‧釋訓》：「忉忉，憂也。」《說文》：「懆，愁不安也。从心，喿聲。《詩》曰：『念子懆懆。』」《齊風‧甫田》：「勞心忉忉。」《防有鵲巢》：「誰侜予美？心焉忉忉。」《檜風‧羔裘》：「豈不爾思？勞心忉忉。」《小雅‧白華》：「念子懆懆。」

〔9〕照：光明。《說文》：「照，明也。」《段注》：「與昭音義同。」《說文》：「昭，日明也。」《楚辭‧大招》：「白日昭只。」此歌詞中「照」「皎」「皓」所表達的意思相同。

〔10〕燎：又作「尞」，本義為燒柴祭天。《說文》：「尞，柴祭天也。」「柴，燒柴尞祭天也。」燎，名詞又為火把之義。《小雅‧庭燎》：「夜未央，庭燎之光。」燎，動詞為放火之義。《說文》：「燎，放火也。」燎通嫽。燎、嫽皆來母宵部字。嫽，美貌。《廣雅‧釋詁》：「嫽，好也。」王念孫《疏證》：「嫽，與嫽同。」《集韻‧嘯韻》：「嫽，好也。」宋玉《舞賦》：「貌嫽妙以妖冶。」

〔11〕夭紹：舞蹈者跳舞時身體曲美的樣子。夭紹、窈糾、要眇、要紹、夭矯，皆有曲美之義。《楚辭‧遠遊》：「神要眇以淫放。」《楚辭‧九歌‧湘君》：「美

要眇兮宜修。」《文選》王延壽《魯靈光殿賦》:「曲枅要紹而環句。」李善
《注》:「要紹,曲貌。」張衡《七辯》:「夭紹紆折。」《漢書‧揚雄傳》:「踔
夭矯。」顏師古《注》:「夭矯,亦木枝曲也。」胡承珙《毛詩後箋》:「《文選‧
西京賦》:『要紹修態,麗服揚菁。』《注》:『要紹,謂嬋娟,作姿容也。』《南
都賦》:『致飾程蠱,要紹便娟。』《文選‧魯靈光殿賦》:『曲枅要紹而環句。』
《注》云:『要紹,曲貌。』此諸言『要紹』者,皆與『夭紹』同。」夭紹,
又聲轉為妖饒、妖嬈、妖韶。柳永《合歡帶》詞:「身材兒,早是妖嬈。算風
措,實難描。」歐陽修《水谷夜行寄子美聖俞》詩:「譬如妖韶女,老自有餘
態。」

〔12〕勞心慘兮:與「勞心悄兮」「勞心慅兮」同義。慘,與「懆」字形近而訛,應
作「懆」。燎、懆同在宵部。戴震《毛鄭詩考證》:「震按:慘,七感切,《方
言》云『殺也』,《說文》云『毒也』,音義皆於詩不諧。蓋『懆』字轉寫訛為
『慘』耳。懆,千到切,故與照、燎、紹韻。《說文》:『懆,愁不安也。』引
《詩》『念子懆懆』。今《詩》中《正月》篇『憂心慘慘』、《北山》篇『或慘
慘劬勞』、《抑》篇『我心慘慘』,皆『懆懆』之訛。」段玉裁《毛詩故訓傳定
本》校訂經文作「懆」,注曰:「懆,各本作慘,疑誤。」《周南‧關雎》「求
之不得,寤寐思服。悠哉悠哉,輾轉反側」所描寫的正是這種「勞心懆懆」
的心情。

【詩旨說解】

　　《月出》是婚戀情歌歌詞。一個觀舞的男子,為一個舞女的容貌和舞姿
所感動,於是唱一支情歌給她聽。

　　「月出皎兮」「月出皓兮」「月出照兮」是歌者誇讚女子容貌美的說辭。
這與《齊風‧東方之日》男子見了美女驚呼「東方之日」「東方之月」的誇人
說法相同。「佼人僚兮」「佼人懰兮」「佼人燎兮」,是歌者直言舞女的容貌美。
「舒窈糾兮」「舒憂受兮」「舒夭紹兮」,是歌者誇讚舞女的舞姿美。「勞心悄
兮」「勞心慅兮」「勞心慘兮」,是歌者直言他對舞女的愛意深。

　　朱熹《集傳》:「此亦男女相悅而相念之辭。」其說近是。

　　關於《月出》篇的主旨,尚有另外幾種說法。

　　一,刺好色的詩。《毛詩》序:「《月出》,刺好色也。在位不好德而悅美色
焉。」

二，寫月下美人的詩。清方玉潤《詩經原始》：「從男意虛想，活現出一月下美人。」

三，哀悼被殺害的英俊人物的歌。高亨《詩經今注》：「陳國的統治者，殺害了一位英俊人物。作者目覩這幕慘劇，唱出這首短歌，來哀悼被害者。」

四，寫月下殺人祈雨的詩。楊樹森《焚巫·祭月·祈雨——〈詩·月出〉新探》一文說：「此詩之真正意蘊湮沒了兩千餘年，直到高亨先生才發其覆。」基於高說，楊樹森認為《月出》所描繪的是月下焚巫、祭月、祈雨的場面，《月出》的主題是「陳國貴族公開燒死了一位女巫，目的是為了祭祀月神而祈雨」。（《吉林大學社會科學學報》，1994 年第 1 期）

五，月下戀歌。龍文玲《〈詩經·陳風·月出〉主旨辨正》一文認為：「《月出》的主旨是：抒發了詩人對一月下佳人的深長思念，是一首優美的男女戀情之歌。」（《詩經研究叢刊》，2007 年第 2 期）

六，跳月歌。劉士林《〈陳風·月出〉新解》一文認為，《月出》是一首「跳月歌」，是與月亮崇拜有關的月下求偶原始風俗中的儀式性歌舞。（《黃淮學刊》哲學社會科學版，1998 年第 3 期）

株林

胡為乎株林〔1〕？
從夏南〔2〕！
匪適株林〔3〕，從夏南！

駕我乘馬〔4〕，說于株野〔5〕！
乘我乘駒〔6〕，朝食于株〔7〕！

【注釋】

〔1〕胡為乎株林：為什麼要到株邑的遠郊去？胡為乎，為什麼。乎，語助詞。參見《邶風·式微》注〔4〕。株林，株邑的遠郊。株，邑名，陳國大司馬夏御叔的食邑，其故地在今河南省西華縣夏亭鎮以北五里。一說，在項城縣南頓鎮北五里。林，遠郊。「株林」與「株野」對文。王先謙《集疏》：「林者，《說文》：『邑外曰郊，郊外曰野，野外曰林。』《魯頌傳》同此。《詩》『林』『野』顯然分列，《傳》以『株林』為邑名，非也。」《爾雅·釋地》：「邑外謂之郊，郊外謂之牧，牧外謂之野，野外謂之林，林外謂之坰。」郝懿行《義疏》：「郊者，

《說文》云：『距國百里為郊。』此據王畿千里而言。設百里之國，則十里為郊矣。郊有遠近，以國為差。」《說文》：「冂，邑外謂之郊，郊外謂之野，野外謂之林，林外謂之冂。」郊、牧、野、林、冂這是古代的行政區域五層劃分法。《說文》：「郊，距國百里為郊。」《段注》：「杜子春注《周禮》曰：『五十里為近郊，百里為遠郊。』」此歌詞把「株」這樣的小邑比擬為國都，也按行政區域五層劃分法言其地。一說，「株林」是夏氏食邑。《毛傳》：「株林，夏氏邑也。」《太平寰宇記》卷之十「河南道陳州西華縣」下：「夏亭城，在縣西南三十里。……今此城北五里有株林，即夏氏邑，一名華亭。」

〔2〕從夏南：去追逐夏姬，一起玩樂！從，跟隨。引申為追逐之義。指陳靈公等人追逐夏南之母夏姬，在株邑的郊野遊玩取樂。《說文》：「從，隨行也。」夏南，公孫御叔之子夏徵舒，字子南。《毛傳》：「夏南，夏徵舒也。」《左傳·成公二年》：「殺御叔，弒靈侯，戮夏南。」夏徵舒的祖父公子少西（陳宣公之子），字子夏。依慣例，夏徵舒把他祖父的字作為他自己的氏，稱「夏氏」。夏徵舒的母親是鄭穆公之女，姬姓，嫁給陳國大夫公孫御叔為妻，史稱「夏姬」，亦即「夏家所娶之姬姓女」。此歌謠中「夏南」是「夏南之母」的詭稱，「從夏南」是「從夏南之母」的婉轉說法。《鄭箋》：「陳人責靈公：『君何為之株林，從夏氏子南之母，為淫佚之行。』」因為陳靈公與夏姬的淫佚之事不宜說得太直白，所以此歌謠只言「夏南」而不言夏南之母夏姬。段玉裁《毛詩故訓傳定本》校訂經文「夏南」下有「兮」字。《唐石經》在《毛詩》原文「夏南」下右旁添加了小字「姬」，非《毛詩》原貌。「姬」與「兮」聲韻俱近。

〔3〕匪適株林：我們不是到株邑的郊野去遊玩。匪，通非，不是。適，之，到。《鄭箋》：「匪，非也。言我非之株林，從夏氏子南之母，為淫佚之行。」

〔4〕駕我乘馬：駕起我的四匹馬拉的車。駕，將車駕具加在馬身上，套車。我，唱兒歌者的自謂。在遊戲中，某兒童充演了陳靈公的角色。乘馬，四匹馬。此為兒童遊戲所言。指陳靈公的乘車所服的馬匹。

〔5〕說于株野：將車停在株邑之外的郊野休息！說，通稅、脫，解下車套停車止息。參見《衛風·碩人》注〔16〕。株野，株邑的郊外。陳靈公、孔寧、儀行父三人從陳國的都城出發前往株邑尋夏姬玩樂，要在株邑的郊野停車休息一站。

〔6〕乘我乘駒：乘坐我的四匹馬拉的車。乘，動詞，乘車。我，這是唱歌謠的兒童以大夫的口氣自稱。乘駒，四匹小馬。此指孔寧、儀行父二大夫所乘車上套駕的馬。《毛傳》：「大夫乘駒。」駒，六尺以下、五尺以上的馬。參見《周南·

漢廣》注〔14〕。唐朝以前，《毛詩》此句有作「驕」、作「駒」兩種版本。《釋文》:「乘驕，音駒。沈云:『或作駒。』字是後人改之。《皇皇者華》篇內同。」段玉裁《毛詩故訓傳定本》校訂經、傳皆為「乘驕」，並說:「驕、株合韻也。」驕，見母宵部;駒，見母侯部;株，端母侯部。「駒」「株」為韻更佳。

〔7〕朝食于株:到株邑吃早飯去!朝，早晨。食，吃。到株邑去吃早飯。早飯，又稱「饗」。先秦時一天吃兩頓飯，吃早飯的時間一般在辰時。吃早飯之前肚子飢餓得很厲害。此歌謠的「食」是性行為的隱語。參見《鄭風・狡童》注〔5〕。

【詩旨說解】

《株林》是一首兒童歌謠的歌詞。這首歌謠的語言詼諧幽默，有群口兒歌的特點。設若一群兒童聚集在街巷裏，他們模仿陳靈公和孔寧、儀行父駕車去株邑行樂的樣子做遊戲，兒童甲充演御者作趕車狀，問道:「胡為乎株林?」跟在兒童甲身後的一撥兒童作乘車狀，一齊答道:「從夏南!」「匪適株林，從夏南!」兒童乙裝出一副「勝利者」的模樣，模仿著陳靈公的口氣說道:「駕我乘馬，說于株野!」兒童乙身後的一撥兒童模仿著孔寧、儀行父二臣的口氣一齊說道:「駕我乘駒，朝食于株!」兒童們模仿陳靈公等三人說話的口氣，再加上他們裝模作樣的表演，顯得特別生動有趣。這是一齣街頭活報劇!童言無忌。由於陳國都城內的兒童們傳唱，這首歌謠很快就傳遍了陳國都城的大街小巷。

相傳夏姬是一個絕色美女。她是鄭穆公的女兒，嫁給了陳國的大夫公孫御叔為妻，生子夏徵舒。夏徵舒十二歲時，公孫御叔被殺。御叔死後，夏姬在株邑守寡。陳靈公、孔寧、儀行父三人皆與夏姬通姦。他們只顧淫樂，不問國政，而且還在陳國的朝堂上恣意宣揚他們的淫樂之事，鬧得國人皆知。陳國的大夫泄冶是個諍臣，屢諫陳靈公。陳靈公惑於孔寧、儀行父二人，不納泄冶之諫，反而聽任孔寧、儀行父殺害了他。這件事《左傳》裏記載得很清楚，前面《墓門》篇有注說。《株林》就是在這樣的背景下被創作出來的。陳國的某個貴族成員為了抑制陳靈公一夥的惡行，創作了《株林》這首兒童歌謠，並教給貴族兒童傳唱，以圖借兒童之口，達到諷諫的目的。

這首兒歌的諷刺性很強烈，對於陳靈公、孔寧、儀行父這夥陳國的高層腐敗分子予以鞭撻，對陳國的其他官員也有一定的警示作用。

澤陂

彼澤之陂〔1〕，有蒲與荷〔2〕。
有美一人〔3〕，傷如之何〔4〕？
寤寐無為〔5〕，涕泗滂沱〔6〕！

彼澤之陂，有蒲與蕑〔7〕。
有美一人，碩大且卷〔8〕。
寤寐無為，中心悁悁〔9〕。

彼澤之陂，有蒲菡萏〔10〕。
有美一人，碩大且儼〔11〕。
寤寐無為，輾轉伏枕〔12〕。

【注釋】

〔1〕彼澤之陂：在一個湖泊的近岸處。彼，那，那個。澤，湖、池。《說文》「澤」
字《段注》：「水艸交厝（錯）曰澤。」《廣雅・釋地》：「澤，池也。」王念
孫《疏證》：「澤之言宅也，水所宅也。」《玉篇・水部》：「澤，水停曰澤。」
《小雅・鴻雁》：「鴻雁于飛，集于中澤。」《大雅・韓奕》：「川澤訏訏。」
《尚書・夏書・禹貢》：「雷夏既澤。」「九澤既陂。」「導菏澤，被孟豬。」
陂，同坡，本義為斜坡。堤有斜坡。引申為湖堤之義。《爾雅・釋地》：「陂
者曰阪。」《說文》：「陂，阪也。」《段注》：「陂與坡音義皆同。」《說文》：
「阪，坡者曰阪。」《段注》：「坡、陂異部同字也。」《方言》第六：「陂，
衺也。陳、楚、荊、揚曰陂。」《釋名・釋山》：「山旁曰陂，言陂陁也。」
此歌詞中的「陂」為湖堤之義，實指湖水裏近岸處。《毛傳》：「陂，澤障也。」
《說文》：「阪，一曰澤障也。」《玉篇・阜部》：「陂，澤障也。」湖堤有坡
度，故稱「陂」「阪」。

〔2〕有蒲與荷：生長著蒲草和藕荷。蒲，蒲草，多年生淺水植物，有柱狀花穗，花
穗俗稱「蒲棒」。蒲草曬乾後可以編席及墊子。《鄭箋》：「蒲，柔滑之物。《說
文》：「蒲，水草也。可以作席。」《王風・揚之水》：「揚之水，不流束蒲。」
荷，本為藕葉之名。《說文》：「荷，芙蕖葉。」芙蕖，藕之別稱。荷，與揭通。
荷葉如蓋，由一莖高擎之，如人高舉一物，故曰荷。一說，「荷」為藕葉莖之
名。《鄭箋》：「芙蕖之莖曰荷，生而佼大。」荷，又通指藕荷。藕荷又稱「芙
蕖」，水生植物。《毛傳》：「荷，芙蕖也。」《爾雅・釋草》：「荷，芙蕖。其莖

茄，其葉蘧，其本蓄，其華菡萏，其實蓮，其根藕，其中的，的中薏。」《鄭風·山有扶蘇》：「山有扶蘇，隰有荷華。」蒲、荷多長在湖、塘近岸處的淺水中。此歌詞以「蒲」「荷」「蕳」「菡萏」比喻女性的腰身及面容之美。

〔3〕有美一人：即「有一美人」，湖邊站立著一個美女。男子在湖邊遊走，見此美女，唱一支戀歌給她聽。

〔4〕傷如之何：即「思如之何」，我想她想得怎麼樣？傷，思，想念。傷通慯。慯，愁思。參見《周南·卷耳》注〔12〕。《鄭箋》「傷，思也。我思此美人，當如之何而得見之。」一說，傷通陽、卬。傷，審母陽部；陽，喻母陽部；卬，疑母陽部。審、喻旁紐，與疑母通轉。陽、卬，我，自稱。《魯詩》《韓詩》作「陽」。《爾雅·釋詁》：「陽，予也。」郭璞《注》引《魯詩》：「陽如之何。」如之何，怎麼樣。如，《韓詩》作「若」。

〔5〕寤寐無為：我會一天到晚什麼事情也做不成。寤寐，醒時和睡著時。指白天和晚上一整天的時間。無為，不做事或做不成事。

〔6〕涕泗滂沱：眼淚和鼻涕如下雨一般。涕，眼淚。《毛傳》：「自目曰涕。」《說文》：「涕，泣也。」《段注》：「『泣也』二字，當作『目液也』三字。轉寫之誤。」泗，本為水名。《說文》：「泗，受沛（濟）水，東入淮。」泗通四。泗、四皆心母質部字。四，金文字象鼻流洟之形。泗又通洟。洟，透母脂部。心、透鄰紐，脂、質對轉。涕、洟同音別義。《毛傳》：「自鼻曰泗。」《說文》：「洟，鼻液也。」朱駿聲《說文通訓定聲·履部》：「洟，鼻液也。……《詩》：『涕泗滂沱。』以『泗』為之。」「泗，假借為洟。《詩·澤陂》：『涕泗滂沱。』」《易·萃卦》：「齎咨涕洟。」孔穎達《疏》：「自目出曰涕，自鼻出曰洟。」滂沱，雨極大的樣子。《小雅·漸漸之石》：「月離于畢，俾滂沱矣。」此歌詞借「滂沱」形容眼淚和鼻涕流得多。在湖邊遊走的男子說，他若不能與這位美女成婚，就會整天涕泗滂沱。這句歌詞是誇張性的語言。

〔7〕蕳：通蓮，蓮蓬。蕳，見母元部；蓮，來母元部。見、來通轉。《魯詩》作「蓮」。《鄭箋》：「蕳，當作蓮。蓮，芙蕖實也。」鄭玄以《魯詩》「蓮」為正字。《爾雅·釋草》：「荷，其實蓮。」郭璞《注》：「謂房也。」房，蓮房，即蓮蓬。《說文》：「蓮，芙蕖之實也。」芙蕖，《段注》校為「扶渠」。《鄭風·山有扶蘇》「隰有荷花」《毛傳》：「荷，扶渠也。其花菡萏。」盛夏湖裏的荷有蓮蓬時，仍有嬌嫩的荷花開著。一說，「蕳」為蘭。《毛傳》：「蕳，蘭也。」蘭與荷、菡萏非同類物。毛說不可取。

〔8〕碩大且卷：身材高大而且美麗。碩大，身材厚實高大。《唐風‧椒聊》：「彼其之子，碩大無朋。」卷，通婘。卷、婘皆群母元部字。婘，美好。《毛傳》：「卷，好貌。」《釋文》：「卷，本又作婘。」《廣雅‧釋詁》：「婘，好也。」《玉篇‧女部》：「婘，好貌。」馬瑞辰《通釋》：「卷即婘之渻借。」卷，又假借為「鬈」。鬈，頭髮美。《齊風‧盧令》：「其人美且鬈。」陳國人也以女子身體壯碩為美。

〔9〕中心悁悁：即「心中悁悁」，心中鬱結惆悵。悁，本義為惱怒。《說文》：「悁，忿也。」悁通菀、鬱、悒。悁、菀，影母元部；鬱，影母之部；悒，影母緝部。之、緝通轉，與元部旁通轉。悁悁即菀菀、鬱鬱，心中憂愁鬱結的樣子。《毛傳》：「悁悁，猶悒悒也。」《大戴禮記‧曾子制言中》：「故君子無悒悒於貧。」《說文》：「悁，一曰憂也。」朱駿聲《說文通訓定聲‧乾部》：「菀，假借為薀、為鬱。」《檜風‧素冠》：「我心蘊結兮。」《小雅‧都人士》：「我心菀結。」蘊結、菀結，即鬱結。《楚辭‧九章‧思美人》：「志沈菀而莫達。」沈菀，即沉鬱。《楚辭‧九歎‧遠遊》：「獨鬱結其誰語？」

〔10〕菡萏：含苞未開的荷花。萏，又作「䓠」。《說文》：「䓠，菡䓠。芙蓉華未發為菡，已發為芙蓉。」《段注》更正為：「䓠，菡䓠。扶渠華。未發為菡䓠，已發為夫容。」《玉篇‧艸部》：「萏，菡萏。䓠，同上。」每年夏曆六月，中國北方黃淮流域荷花綻開。一說，「菡萏」是蓮花。《孔疏》：「菡萏，蓮華也。」「菡萏」喻女色。《鄭箋》：「華以喻女之顏色。」鄭說可取。

〔11〕碩大且儼：身材高大，面部豐腴美豔。儼，本義為矜莊恭敬。《毛傳》：「儼，矜莊貌。」《爾雅‧釋詁》：「儼，敬也。」儼通孍、嬐。儼、孍，疑母談部；嬐，疑母侵部。談、侵旁轉。嬐，面部重肉。《韓詩》作「嬐」。《韓說》曰：「嬐，重頤也。」《說文》「嬐」字下引《詩》：「碩大且嬐。」《廣雅‧釋詁》：「嬐，美也。」《集韻‧儼韻》：「孍，好貌。」重頤是面部豐腴之相。貴族富家女子，面部豐腴，有重頤。周代人以身體胖碩、面部豐腴為美。唐代人也以身體胖碩、面部豐腴為美。唐代的仕女畫及出土的唐代仕女俑多面部豐腴，頰重肉。

〔12〕輾轉伏枕：伏在枕頭上翻來覆去睡不著覺。輾，通展。參見《周南‧關雎》注〔10〕。展，人在床席上轉動身體。《魯詩》作「展」。《釋文》：「輾，本又作展。」這句歌詞是形容人的戀愛相思之狀。

【詩旨說解】

　　《澤陂》是婚戀情歌歌詞。一個男子在湖澤邊遊走求偶，見到了一個高大而又美豔的貴族女子，有意與她結為情侶，於是便編唱了這首情歌。

　　「有美一人，碩大且儼。寤寐無為，輾轉伏枕」，與《周南・關雎》「窈窕淑女，寤寐求之。求之不得，寤寐思服。悠哉悠哉，輾轉反側」的說法類似。歌者把他所遇見的女子比作「蒲」「荷」「蕑」「菡萏」，說她「碩大且卷」「碩大且儼」，這些全都是誇讚之辭。「寤寐無為，涕泗滂沱」「寤寐無為，中心悁悁」「寤寐無為，輾轉伏枕」，這些是歌者求偶心切之語。男子試圖用這些巧妙動聽的語言，打動他所遇見的這個美豔女子的芳心。

檜 風

檜，古國。檜，應作「鄶」，「檜」為借字。《今本竹書紀年》：「（帝嚳）十六年，帝使重帥師滅有鄶。」《左傳・僖公三十三年》「鄶城」下杜預《注》：「古鄶國，在密縣東北。」《說文》：「鄶，祝融之後妘姓所封澮洧之間。鄭滅之。從邑，會聲。」《段注》：「鄭《詩譜》曰：『檜者，古高辛氏之火正祝融之虛。檜國在《禹貢》豫州外方（嵩山）之北，滎播（波）之南，居溱、洧之間。祝融氏名黎，其後八姓，唯妘姓檜者處其地焉。』後為鄭桓公之子武公所滅。按，鄶在外方之東，非外方之北也。⋯⋯鄶亦作會。今河南許州密縣，古鄶地。⋯⋯按，檜者，假借字也。《左傳》《國語》作鄶。《詩・釋文》曰：『檜本又作鄶。』」考古發現，今河南省新密市曲梁鎮大樊莊村東溱水東岸的古城遺址即鄶國故墟。此城建在溱、洧會合處，故名之為「鄶」。周武王滅殷，封妘姓後人於鄶。周平王二年（公元前 769 年），鄭武公滅鄶，遂居於鄶城，鄶國的土地人民悉歸鄭人所有。鄭文公初年，鄭人自鄶城遷都於新鄭。鄭人居鄶城約一百年。

《檜風》共四篇詩文，其中三篇是鄭人所作，只有《匪風》一篇是西周鄶人所作。鄭國樂府用鄶人的歌調演唱這些詩章，故樂府標記為《檜風》。

羔裘

羔裘逍遙〔1〕，狐裘以朝〔2〕。
豈不爾思〔3〕？勞心忉忉〔4〕。

羔裘翱翔〔5〕，狐裘在堂〔6〕。
豈不爾思？我心憂傷〔7〕。

羔裘如膏〔8〕，日出有曜〔9〕。
豈不爾思？中心是悼〔10〕。

【注釋】

〔1〕羔裘逍遙：你退朝後常常穿著黑色羊皮裘衣自由自在地到處閒遊。羔裘，黑色
的羊皮裘衣。逍遙，安閒自得地行走遊玩。《毛傳》：「羔裘以遊燕。」《文選》
司馬相如《長門賦》：「夫何一佳人兮，步逍遙以自虞。」劉良《注》：「逍遙，
行貌。」

〔2〕狐裘以朝：朝會的日子你穿著狐皮官服上朝。狐裘，大夫所穿之衣。以朝，來
朝、上朝。以，通來。朝，動詞，參加朝會。參見《衞風·碩人》注〔19〕。
《毛傳》：「狐裘以適朝。」歌者在婚戀集會場合唱歌誇讚一大夫。羔裘、狐裘
皆非大夫在婚戀集會場合所穿之衣。「羔裘」「狐裘」實為大夫的代名詞，歌者
借大夫之衣與事誇讚之。

〔3〕豈不爾思：我怎麼能不想你？爾思，即「思爾」。爾，你。《鄭箋》：「爾，女（汝）
也。」思，思念，想念。《衞風·竹竿》：「豈不爾思？遠莫致之。」《王風·大
車》：「豈不爾思？畏子不奔。」《鄭風·東門之墠》：「豈不爾思？子不我即。」

〔4〕勞心忉忉：想你想得我心裏很焦躁。勞心，思念、掛念。忉忉，即懆懆，焦躁
不安的樣子。《說文》：「懆，愁不安貌。」參見《齊風·甫田》注〔4〕。

〔5〕羔裘翱翔：你退朝後常常穿著黑羔皮裘衣自由自在地到處閒遊。翱翔，鳥在空
中飛行、盤旋。藉以形容人乘車恣意行遊的樣子。《鄭箋》：「翱翔，猶逍遙也。」
《衞風·清人》：「河上乎翱翔。」《齊風·載驅》：「魯道有蕩，齊子翱翔。」
此歌詞中「翱翔」形容大夫乘車輕快自如地行進的樣子。

〔6〕狐裘在堂：你也常常穿著狐皮裘衣在官署裏供職。堂，諸侯國國君治事的場
所。《毛傳》：「堂，公堂也。」林義光《詩經通解》：「堂，路寢之堂也。視朝
在庭，聽政在堂。《禮記》云：『朝，辨色始入。君日出而視之。退，適路寢
聽政。』是先適朝後在堂也。」

〔7〕我心憂傷：我的心中充滿了對你的思念之情。憂傷，即憂思。憂，思。傷通傷。
「憂傷」指深度的思念。參見《周南·卷耳》注〔12〕。《小雅·正月》：「正月
繁霜，我心憂傷。」《小雅·小宛》：「我心憂傷，念昔先人。」《小雅·小弁》：
「我心憂傷，怒焉如搗。」

〔8〕羔裘如膏：你的黑羔皮裘衣像塗了油脂一樣亮。如膏，像用油脂潤澤了一般。
如，若、好像。膏，本義為溶化後的動物脂肪。泛指油脂類物質。參見《鄭風·

伯兮》注〔7〕。「膏」作動詞為滋潤、潤澤之義。《廣雅・釋言》：「膏，澤也。」
《曹風・下泉》：「芃芃黍苗，陰雨膏之。」此歌詞的「膏」指像被油脂潤澤了
一般。「羔裘如膏」與《鄭風・羔裘》的「羔裘如濡」意思相同。

〔9〕日出有曜：太陽出來照著它顯得更加光亮耀眼。有曜，即曜曜，光亮耀眼。曜，
同耀，光亮閃耀。《釋名・釋天》：「曜，耀也，光明照耀也。」士大夫的黑羔
裘油黑髮亮，格外地好看。《毛傳》：「日出照曜，然後見其如膏。」

〔10〕中心是悼：想起你，讓我心中增添了無限的惦念。是，通寔、實，確實。參見
《邶風・綠衣》注〔13〕。悼，思念。《毛傳》：「悼，動也。」動，即心動。《邶
風・終風》：「謔浪笑敖，中心是悼。」《衛風・氓》：「靜言思之，躬自悼矣。」
一說，「悼」為哀傷之義。《鄭箋》：「悼，猶哀傷也。」此義不可取。

【詩旨說解】

《羔裘》是婚戀情歌歌詞。在婚戀集會場合，一個女子看中了一個儀表
堂堂、風度瀟灑的大夫，欲擇此大夫為偶，便唱一支歌向他傳情。

「羔裘逍遙，狐裘以朝」「羔裘翱翔，狐裘在堂」是誇讚這位大夫在不上
朝時呈現一幅閒適逍遙的模樣，在朝堂上則另有一種莊重瀟灑的姿態。「羔裘
如膏，日出有曜」字面上是誇讚這位大夫的衣服美，實際是誇讚其人美。

「豈不爾思？勞心忉忉」「豈不爾思？我心憂傷」「豈不爾思？中心是
悼」，這些都是周代婚戀情歌的慣用語言。聞一多在《風詩類鈔・甲》中說，
《檜風・羔裘》是「女欲奔男之辭」。此說一語中的。

春秋時期，諸侯國國君、大夫等貴族成員也到民間去參加婚戀集會活動，
在婚戀集會場合自選女子為夫人（或充作妾）；女子可在婚戀集會上自行選擇
男子為丈夫。《春秋・莊公二十三年》：「夏，公如齊觀社。」《穀梁傳・莊公二
十三年》：「『夏，公如齊觀社。』……『觀』，無事之辭也，以是為尸（視）女
也。」魯莊公到齊國觀看祭祀社神的活動，且參加了當地在祭祀社神期間所
舉行的婚戀集會，在集會上有意地選擇了齊襄公的女兒姜氏作夫人。回國後，
他把其父桓公的廟宇修飾一新，準備為姜氏舉辦一個排場的婚禮。《左傳・莊
公二十三年》：「二十三年夏，公如齊觀社。……秋，丹桓宮之楹。」下一年，
莊公到齊國親迎姜氏。《春秋・莊公二十四年》：「夏，公如齊逆女。秋，公至
自齊。八月丁丑，夫人姜氏入。」魯莊公又自尋魯國黨氏女孟任為夫人。《左
傳・莊公三十二年》：「初，公築臺臨黨氏，見孟任，從之。閟，而以夫人言許
之。割臂盟公，生子般焉。」鄭國也有貴族女子自選大夫為偶之事。鄭國大夫

徐吾犯的妹妹容貌很美，鄭國的下大夫公孫楚先已下了聘禮，上大夫公孫黑又到徐家「強委禽」。徐吾犯犯難了，於是便向正卿子產請教。子產讓徐吾犯自作選擇，徐吾犯則讓其妹妹自己去選擇。結果，他的妹妹選中了英姿瀟灑的下大夫公孫楚作丈夫，而未選取上大夫公孫黑。《左傳·昭公元年》：「鄭徐吾犯之妹美，公孫楚聘之矣，公孫黑又使強委禽焉。犯懼，告子產。子產曰：『是國無政，非子之患也。唯所欲與。』犯請於二子，請使女擇焉，皆許之。子晳盛飾入，布幣而出。子南戎服入，左右射，超乘而出。女自房觀之，曰：『子晳信美矣，抑子南夫也。夫夫婦婦，所謂順也。』適子南氏。」公孫黑、公孫楚二大夫未必無妻，他們又爭著聘娶徐妹。這段故事裏面隱藏著「一夫多妻」的實質性內容。

素冠

庶見素冠兮〔1〕，棘人欒欒兮〔2〕，勞心慱慱兮〔3〕！

庶見素衣兮〔4〕，我心傷悲兮〔5〕，聊與子同歸兮〔6〕！

庶見素韠兮〔7〕，我心蘊結兮〔8〕，聊與子如一兮〔9〕！

【注釋】

〔1〕庶見素冠兮：我在夢裏經常見到你戴著一頂素冠的樣子呀。庶見，即數見、屢見，經常見到。庶，「煮」字的初文。于省吾《甲骨文字釋林·釋庶》：「甲骨文『庶』字是『從火、石，石亦聲』的會意兼形聲字，也即『煮』之本字。……『庶』之本義乃以火燃石而煮，是根據古人實際生活而象意依聲以造字的。但因古籍中每借『庶』為『眾庶』之『庶』，又別製『煮』字以代『庶』，『庶』之本義遂湮沒無聞。」《周禮·秋官·序官》「庶氏」鄭玄《注》：「庶讀如藥煮之煮。」庶，又指物多。庶字的「眾多」義，蓋源於用器皿煮物時在煮器中加了很多的石子。《爾雅·釋言》：「庶，侈也。」郭璞《注》：「庶者眾多為奢侈。」《釋詁》：「庶，眾也。」《召南·摽有梅》：「求我庶士。」《大雅·公劉》：「既庶既繁。」《大雅·卷阿》：「君子之車，既庶且多。」庶通數。庶，審母鐸部；數，山母侯部。審、山準雙聲，鐸、侯旁對轉。庶見，同數見。「數見」一詞《戰國策》中一見，《韓非子》中一見，《史記》中四見。素冠，即縞冠，白色生絲帛的帽子。素，白色。冠，頭飾。周代的冠通常為男服。「素冠」及下文的「素衣」「素韠」，皆為春秋時期外交使者的衣著。《周頌·

振鷺》：「振鷺于飛，于彼西雝。我客戾止，亦有斯容。」周王朝在璧雝接待諸侯國的來客。來客身著素衣，正如在璧雝水面上飛行的白鷺之容。《禮記‧曲禮下》：「大夫、士去國，逾竟（境），為壇位鄉（向）國而哭，素衣，素裳，素冠，徹緣，鞮屨，素簚。」《韓詩外傳》卷九：「孔子與子路、子貢、顏淵遊於戎山之上。孔子喟然歎曰：『二三子者各言爾志，予將覽焉。由，爾何如？』對曰：『得白羽如月，赤羽如日，擊鐘鼓者，上聞於天，旌旗翩翻，下蟠於地，使將而攻之，惟由為能。』孔子曰：『勇士哉！賜，爾何如？』對曰：『得素衣縞冠，使於兩國之間，不持尺寸之兵，升斗之糧，使兩國相親如兄弟。』孔子曰：『辯士哉！』」《水經注‧易水注》：「闞駰稱：燕太子丹遣荊軻刺秦王，與賓客知謀者祖道於易水上。《燕丹子》稱，荊軻入秦，太子與知謀者皆素衣冠，送之於易水之上。」祖道，出行者祭祀路神及晏飲送行的儀式。一說，「素冠」為喪服。《毛詩》序：「《素冠》，刺不能三年也。」鄭玄《注》：「喪禮：子為父，父卒為母，皆三年。時人恩薄禮廢，不能行也。」三年，指三年之喪。朱熹《詩集傳》：「縞冠素紕，既祥之冠也。」祥，指祥祭。祥祭，死者去世時間滿十三個月或二十五個月，親屬為死者所做的祭祀。《毛傳》：「素冠，練冠也。」練冠，熟帛所製。大概毛亨也以為「素冠」是喪服。《左傳‧昭公三十一年》：「季孫練冠、麻衣，跣行。」楊伯峻《注》：「練冠蓋喪服斬衰喪十三月服練時所著之冠。」此句歌說，歌者的丈夫去世之後，她在夜裏常夢見其丈夫身著素衣素冠的形象。

〔２〕棘人欒欒兮：未亡人為你哭得站不起身來呀。棘人，上墳的人。「棘人」與下文「我」對文，是上墳者的自謂。棘，代指墓地。墓地多生荊棘。《邶風‧凱風》：「凱風自南，吹彼棘心。」《唐風‧葛生》：「葛生蒙棘，蘞蔓于域。予美亡此，誰與獨息！」《秦風‧黃鳥》：「交交黃鳥，止于棘。誰從穆公，子車奄息。」《陳風‧墓門》：「墓門有棘。」一說，「棘」通急。《毛傳》：「棘，急也。」《鄭箋》：「急於哀戚之人。」欒欒，人哭泣時身體抽搐蜷曲的樣子。欒通彎。欒，來母元部；彎，影母元部。來、影通轉。彎，彎曲。人在墳前哭泣時身體蜷曲。《說文》：「欒，欒木，似欄。」《段注》：「『似欄。』欄者今之棟字……借為圜曲之偁。如鐘角曰欒、屋曲枅曰欒，是。」一說，「欒」通臠，「臠臠」為瘦臞之貌。《毛傳》：「欒欒，（瘦）瘠貌。」《鄭箋》：「形貌欒欒然腂瘠也。」《魯詩》作「臠」。《魯說》：「臠臠，羸瘠也。《詩》曰：『棘人臠臠兮。』」《說文》：「臠，臞也。」《段注》：「《毛詩》傳曰：『欒欒，瘦瘠貌。』」

〔３〕勞心慱慱兮：我的心象被摶揉一般地難受呀！勞心，牽心。慱慱，形容詞，心象被用手摶揉一般地難受。慱，通摶、團。慱、摶、團皆定母元部字。摶，摶揉之義。摶、團同義。《說文》：「摶，以手圜之也。」一說，「慱」為憂勞之義。《毛傳》：「慱慱，憂勞也。」《爾雅·釋訓》：「慱慱，憂也。」

〔４〕素衣：白色的上衣。

〔５〕傷悲：即悲傷，悲痛憂思。傷通愓，憂思。參見《周南·卷耳》注〔12〕。

〔６〕聊與子同歸兮：我願隨你一同歸於黃泉呀！聊，通憀，且。參見《邶風·泉水》注〔６〕。子，你。這是悼亡者稱其亡夫。同歸，歸於同一個墓室之中。《唐風·葛生》：「百歲之後，歸于其室。」

〔７〕素韠：白色的蔽膝。素，白色的。韠，蔽膝。《說文》：「韠，韍也。所以蔽前，以韋。」「市，韠也。上古衣蔽前而已。」市，古文；韍，篆文。韠、韍皆通市。韍、市、韠皆幫母月部字。

〔８〕蘊結：即菀結、鬱結。指氣聚結於胸中不散。蘊，又作「薀」，通菀、鬱。蘊、薀、菀，影母文部；鬱，影母物部。文、物對轉。《集韻·隱韻》：「《說文》：『薀，積也。』引《春秋》傳：『薀利生孼。』或作蘊、菀。」《廣雅·釋詁》：「蘊，積也。」《玉篇·艸部》：「蘊，積也，聚也。」參見《陳風·澤陂》注〔10〕。結，固結。《小雅·都人士》：「我不見兮，我心菀結。」《禮記·祭義》：「結諸心，形諸色。」司馬遷《報任安書》：「意有所鬱結。」

〔10〕聊與子如一：我且與你歸為一處。如一，到一處。如，去、到。一，一處，同一個地方。指入同一個墓穴之中。程俊英《詩經譯注》：「如一，即同歸之義。」春秋時期貴族夫妻一般不同穴埋葬。這句歌詞是歌者表示對其亡夫的愛情生死如一。

【詩旨說解】

　　《素冠》是哀歌歌詞。一位孀婦上墳哀哭其亡夫。亡者蓋為鄭國大夫。這位大夫生前常服「素衣」「素冠」「素韠」出使外國，他或許是因出使外國而亡故的。他雖然辭世了，但他那副神情瀟灑、風度翩翩的外交使者的模樣，總是縈繞在其孀妻的心頭。孀妻在夢裏經常見到他生前身著「素冠」「素衣」「素韠」的樣子，揮之不去，心裏煞是痛苦。上墳之日，孀妻免不了要傾訴一場。

　　聞一多《風詩類鈔·乙》：「《素冠》，悼亡也。」其說可從。

　　《毛詩》序、《毛傳》、《鄭箋》及朱熹《集傳》、高亨《詩經今注》皆認
為，《素冠》詩中的「素冠」「素衣」「素韠」是孝服。

隰有萇楚

隰有萇楚〔1〕，猗儺其枝〔2〕。
夭之沃沃〔3〕，樂子之無知〔4〕。

隰有萇楚，猗儺其華〔5〕。
夭之沃沃，樂子之無家〔6〕。

隰有萇楚，猗儺其實〔7〕。
夭之沃沃，樂子之無室〔8〕。

【注釋】

〔1〕隰有萇楚：山下生長著羊桃。隰，山下的平地。萇楚，又名「羊桃」「陽桃」，
　　一種果樹。《毛傳》：「萇楚，銚弋也。」《釋文》：「銚，音姚。」《說文》：「萇
　　楚，銚弋。一曰羊桃。」青年人在野外婚戀時手持羊桃花枝覓偶。一說，「萇
　　楚」花為紫紅色，其果實不能食用。陸璣《毛詩草木疏》：「萇楚，今羊桃是
　　也。葉長而狹，華紫赤色，其枝莖弱，過一尺引蔓於草上，今人以為汲灌。」
　　陶弘景《本草經集注》卷五「羊桃」下解釋說：「一名鬼桃，一名羊腸，一名
　　萇楚，一名御戈（弋），一名銚戈（弋），生山林川谷及生田野。」陶《注》：
　　「山野多有，甚似家桃，又非山桃，子小細，苦不堪啖，花甚赤。《詩》云『隰
　　有萇楚』者即此也。」一說，「萇楚」即今之獼猴桃。高亨《詩經今注》：「萇
　　楚，木名，又名羊桃、獼猴桃。」程俊英《詩經譯注》：「萇楚，即羊桃，獼
　　猴桃。」周振甫《詩經譯注》同上。獼猴桃樹的枝柯延綿曲折似葡萄枝，似
　　不宜稱「猗儺」。「萇楚」到底為何物，尚須探討。但「萇楚」的果子一定不
　　是「苦不堪啖」。

〔2〕猗儺其枝：樹枝猗儺真好看。猗儺，曲美柔順的樣子。猗儺同猗那、旖旎、婀
　　娜、妸娜。猗、旖、婀、妸皆影母歌部字。儺、那，泥母歌部；旎，泥母脂部。
　　影、泥通轉，歌、脂旁轉。《毛傳》：「猗儺，柔順也。」《魯詩》作「旖旎」。
　　《楚辭·九辯》：「紛旖旎乎都房。」王逸《注》引《詩》：「旖旎其華。」《說
　　文》「移」字《段注》：「倚移，連緜字，疊韻。讀若阿那。……猗儺即阿那。」
　　清吳玉搢《別雅》卷二：「猗儺、阿那、妸娜、猗難、婑㛂、猗狔、猗柅、猗

萋，旖旎也。」「猗那」又用以形容舞者的曲美身姿。《商頌・那》：「猗與那與，
置我鞉鼓。」其，語助詞。枝，樹枝。

〔3〕夭之沃沃：初生的羊桃枝葉多麼柔嫩。夭，樹木幼嫩茂盛。《毛傳》：「夭，少
也。」少即小，指羊桃幼嫩時。夭通枖。夭、枖皆影母宵部字。參見《周南・
桃夭》注〔1〕。沃沃，濕潤而有光澤的樣子。朱熹《集傳》：「沃沃，光澤貌。」
「沃沃」與「沃若」同義。《衞風・氓》：「桑之未落，其葉沃若。」歌者以婀
娜的羊桃花枝比喻美麗的女子。

〔4〕樂子之無知：非常高興你還沒有找到戀愛的對象。樂，動詞，樂意、高興。子，
你。無知，沒有找到戀愛對象，沒有成婚配。知，名詞，婚配對象。參見《衞
風・芄蘭》注〔4〕。《魯說》：「知，匹也。」《鄭箋》：「知，匹也。」《爾雅・
釋詁》：「知，匹也。」

〔5〕猗儺其華：羊桃的花朵很美麗。猗儺，美麗好看的樣子。華，「花」的本字。
參見《周南・桃夭》注〔2〕。

〔6〕樂子之無家：非常高興你還沒有結婚成家。無家，沒有室家，即沒有婚配。《周
南・桃夭》：「之子于歸，宜其室家。」《召南・行露》：「誰謂女無家？」

〔7〕猗儺其實：羊桃的果實也很可愛。實，羊桃的果實。

〔8〕樂子之無室：與「樂子之無家」同義。室，家。

【詩旨說解】

《隰有萇楚》是婚戀情歌歌詞。

「山有……隰有……」「樂子之無知」「樂子之無家」「樂子之無室」，這
些都是上古情歌慣用的語言。男子唱情歌，以比喻性的語言誇讚他所追求的
女子，說她像「夭之沃沃」「猗儺其枝」「猗儺其華」「猗儺其實」的羊桃樹一
樣美。羊桃有美麗的花朵，能結出甜美的果實來。這甜美的果實，是美滿婚
姻、幸福生活的象徵物。

聞一多《風詩類鈔・乙》：「《隰有萇楚》，幸女之未字人也。……萇楚喻
女。」此說近是。

匪風

匪風發兮〔1〕**！匪車偈兮**〔2〕**！**
顧瞻周道〔3〕**，中心怛兮**〔4〕**。**

匪風飄兮〔5〕！匪車嘌兮〔6〕！
顧瞻周道，中心弔兮〔7〕。

誰能亨魚〔8〕，漑之釜鬵〔9〕？
誰將西歸〔10〕，懷之好音〔11〕？

【注釋】

〔1〕匪風發兮：外面的風刮得真強勁呦！匪，通彼。指另一方。參見《鄘風·定之
　　方中》注〔19〕。發，通颰。發，幫母月部；颰，並母月部。幫、并旁紐。颰，
　　風勁疾之貌。發，「發發」之略語。《毛傳》：「發發飄風。」《玉篇·風部》：「颰，
　　疾風。」《小雅·蓼莪》：「南山烈烈，飄風發發。」《毛傳》：「發發，疾貌。」
　　《小雅·四月》：「冬日烈烈，飄風發發。」《鄭箋》：「發發，疾貌。」

〔2〕匪車偈兮：車子在大路上會顛簸得很厲害呦！偈，本義為勇武。《玉篇·人部》：
　　「偈，武貌。」《廣韻·薛韻》：「偈，武也。」《集韻·薛韻》：「偈，武貌。」
　　《廣雅·釋詁》：「偈，健也。」王念孫《疏證》：「偈、揭、桀並通。」清李富
　　孫《詩經異文釋》卷六：「『匪車偈兮。』……《白貼》十一引作『揭』。」「勇
　　武」義在此講不通。偈通揭。偈，群母月部；揭，溪母月部。群、溪旁紐。揭，
　　向上舉起。《說文》：「揭，高舉也。从手，曷聲。」《齊詩》《韓詩》作「揭」。
　　《焦氏易林·渙之乾》：「猋風急起，車馳揭揭。」《漢書·王吉傳》引《詩》：
　　「匪車揭兮。」《韓詩外傳》卷二引《詩》：「匪車揭兮。」此歌詞以「偈」為
　　「偈偈」之略語，形容車輛在大風中顛簸地行進的樣子。《毛傳》：「偈偈疾驅。」

〔3〕顧瞻周道：觀望通往西周京城的大道。顧瞻，觀望。顧，向後看。《鄭箋》：「回
　　首曰顧。」瞻，本義為向下看。《說文》：「瞻，臨視也。」《段注》：「《釋詁》
　　《毛傳》皆曰『瞻，視也』許別之云『臨視』，今人謂仰視曰瞻。此古今義不
　　同也。」此歌詞中「顧瞻」連文，合為觀望之義。周道，即周行，通往西周京
　　城的官修大道。《小雅·四牡》：「四牡騑騑，周道倭遲。」朱熹《集傳》：「周
　　道，大路也。」《小雅·大東》：「周道如砥，其直如矢。」《小雅·何草不黃》：
　　「有棧之車，行彼周道。」馬瑞辰《通釋》：「凡《詩》『周道』皆為大路。」

〔4〕中心怛兮：心中充滿了擔心。怛，憂愁，擔心。《毛傳》：「怛，傷也。」傷通
　　傷，愁思之義。

〔5〕匪風飄兮：外面的風刮得真猛烈啊！飄，又作「飇」，通飆（飇）、猋。飄，滂
　　母宵部；飆，幫母宵部。滂、幫旁紐。飄，旋風，又稱「回風」「扶搖風」。泛

指大風、勁疾之風。《毛傳》:「回風為飄。」《爾雅‧釋天》:「扶搖謂之猋。」「回風為飄。」郭璞《注》:「旋風也。」《說文》:「飆,扶搖風也。」「飄,回風也。」《段注》:「回者,般旋而起之風,《莊子》所謂『羊角』。司馬云:『風曲上行若羊角也。』《釋天》云:『回風為飄。』《匪風》毛傳同。按,《何人斯》傳曰:『飄風,暴起之風。』」羊角,風像羊角上的紋理盤旋而上之形,即龍捲風。《玉篇‧風部》:「飄,旋風也。」《集韻‧宵韻》:「飆,《說文》:『扶搖風也。』或從包從勺。亦作飄,通作猋。」「飄,或作猋。」扶搖,合讀即為「飆」,「扶搖風」即「飆風」。王念孫《讀書雜志‧淮南內篇第十五‧兵略》「發如秋風疾如駭龍」條下:「《管子‧兵法篇》云:『追亡逐遁若飄風。』飄與猋同。《月令》『猋風』,《淮南‧時則篇》作『飄風』。《爾雅》:『回風為飄。』《月令注》作『回風為猋。』」朱駿聲《說文通訓定聲‧小部》:「飄,假借為『飆』。」《小雅‧何人斯》:「其為飄風。」《小雅‧蓼莪》:「南山烈烈,飄風發發。」《小雅‧四月》:「冬日烈烈,飄風發發。」

〔6〕嘌:從口,本義為疾吹。《廣韻‧宵韻》:「嘌,疾吹之貌。」此義講不通。嘌通摽。嘌、摽皆滂母宵部字。摽,拋擲之義。摽通拋。拋,滂母幽部。宵、幽旁轉。《玉篇‧手部》:「拋,擲也。」參見《召南‧摽有梅》注〔1〕。飆風驟起,前往西周鎬京的車子將會被狂風吹得如拋起一般。這是誇張性的語言。一說,「嘌」是漂搖不安的樣子。朱熹《集傳》:「嘌,漂搖不安之貌。」一說,「嘌」為迅疾之義。《說文》:「嘌,疾也。從口,票聲。《詩》曰:『匪車嘌兮。』」一說,「嘌」即「嘌嘌」之略語。「嘌嘌」為無節度之義。《毛傳》:「嘌嘌,無節度也。」一說,「嘌」本作「票」。《釋文》:「嘌,本又作票,匹遙反。」段玉裁《毛詩故訓傳定本》校訂經、傳皆作「票」。票,亦通摽、拋。

〔7〕中心弔兮:讓我們心中充滿了憂思。弔,俗作「弔」。甲骨、文金文「弔」與「弟」字形大致相同,最初為同一個字,象皮線次第纏束弓身與弓柲之形。《說文》:「弟,韋束之次弟也。」弔、弟為聲轉字。其弔問、兄弟之義皆非其本義,為假借義。《說文》:「弔,問終也。從人、弓。古之葬者,厚衣之以薪。故人持弓,會歐禽也。」《段注》:「謂有死喪而問之也。」許慎釋為從人,弓,誤。弔通悼。弔,端母宵部;悼,定母沃部。端、定旁紐,宵、沃對轉。悼,憂思之義。聞一多《詩經通義‧乙》:「弔,讀為悼。」《毛傳》:「弔,傷也。」傷通惕,愁思。《羔裘》:「豈不爾思?中心是悼。」此句歌詞中的「弔」字為憂思、擔心之義。

〔8〕誰能亨魚：誰擅長烹飪魚的技藝？能，通耐，能任事。引申為擅長之義。參見《邶風・柏舟》注〔27〕。亨，讀為烹。亨、享、烹原為同一字，籀文作「亯」。烹，煮物。《集韻・庚韻》：「烹，煮也。」《左傳・昭公二十年》：「水、火、醯、醢、鹽、梅以亨魚肉，燀之以薪。」《詩經》中凡提及「魚」，大都與婚姻和愛情有關。鄶國的烹飪師擅長做美味的魚，在餞別西周婚姻使者時，為客人上了魚這道菜。

〔9〕溉之釜鬵：把釜和鬵洗滌得這麼乾淨？溉，應作「摡」，洗滌之義。《毛傳》：「溉，滌也。」《釋文》：「溉，本又作摡，古愛反，滌也。」段玉裁《毛詩故訓傳定本》校訂經、傳皆作「摡」。《說文》：「摡，滌也。从手，既聲。《詩》曰：『摡之釜鬵。』」《段注》：「滌者，灑也。灑，先禮切。《詩》：『摡之釜鬵。』《傳》曰：『摡，滌也。』今本作溉者，非。凡《周禮》《禮經》摡字本皆從手。《釋文》不誤，而俗本多訛。」朱駿聲《說文通訓定聲・履部》：「溉，假借為摡。《詩・泂酌》：『可以濯溉。』《傳》：『清也。』《禮記・曲禮》：『器之溉者不寫。』《疏》：『滌也。』《長笛賦》：『溉盥污濊。』」之，通此。之，照母之部；此，清母支部。照、清鄰紐，之、支旁轉。釜、鬵，烹飪器。釜，又作「鬴」，烹煮炊器，其功用相當於現在的鍋。《召南・采蘋》：「維錡及釜。」《毛傳》：「有足曰錡，無足曰釜。」段校《說文》：「鬴，鍑屬也。从鬲，甫聲。釜，鬴或从金，父聲。」鬵，又作「甑」「䰝」，從鬲，兓聲，蒸餾炊器。《毛傳》：「鬵，釜屬。」「鬵」字上部的「兓」，是「朁」字的省文。「兓」與「曾」古音近。《爾雅・釋器》：「䰝謂之鬵。」《說文》：「朁，曾也。从曰，兓聲。」甑，又稱「甗」。《方言》第五：「甑，自關而東謂之甗，或謂之鬵。」《說文》：「甑，甗也。从瓦，曾聲。」《廣雅・釋器》：「鬵謂之䰝。」把釜、鬵洗滌乾淨，蒸煮出味道好的魚來，給客人享用。這是鄶人對西周客人表示敬意的做法。

〔10〕誰將西歸：誰將要回到西方的鎬京去？誰，設問詞，何人。實指西周派往鄶國的婚姻使者。將，將要。西歸，返回西方。鄶在周東。西，西方。蓋指西周鎬京。歸，返回到原來的地方。《廣雅・釋言》：「歸，返也。」《論語・先進》：「詠而歸。」《史記・高祖本紀》：「大風起兮雲飛揚，威加海內兮歸故鄉！」西周的婚姻使者結束了這次鄶國的聯姻之行，將要返回西周京城去了。

〔11〕懷之好音：懷中揣著鄶、周聯姻的好音信。懷，本義為思念。《說文》：「懷，念思也。从心，褱聲。」懷通褱。懷，初文作「褱」。褱，從衣從眔，會落淚

灑胸前衣之意，示思念之甚也。引申為人在衣內胸前或袖內腋下藏物之義。《說文》：「裹，俠也。」《段注》：「『俠』當作夾，轉寫之誤。《亦部》曰：『夾，盜竊裹物也。从亦有所持，俗謂蔽人俾夾是也。』」《說文》：「褱，袌也。一曰臧也。」臧，古藏字。褱，或作袖，亦為藏義。此歌詞的「懷」為衣內揣物之義。《馬王堆漢墓帛書·老子乙本》：「是以聖人被褐而褱玉。」之，通此，代詞。指懷中所藏之物。西周使者所懷藏的，是鄶、周聯姻的婚書。好音，好信息。指結親的信息。西周的使者懷揣著周、鄶聯姻的婚書，帶著鄶國一方的聯姻誠意，將要返回西周京城。這句歌詞讚揚西周婚姻使者不辱使命。

【詩旨說解】

《匪風》是送別周王族聯姻使者的樂歌歌詞。周王族的使者前往鄶國求婚，事畢，要乘車返回鎬京。在一個有大風的天氣裏，鄶國人設宴為使者餞行，並創作了《匪風》這篇樂歌，在餞別儀式上讓樂工演唱。

「匪風發兮！匪車偈兮！」「匪風飄兮！匪車嘌兮！」這些描繪壞天氣的說辭，表達了鄶國人對王族使者冒著大風返程的關切，也透露了鄶國人對此次周、鄶聯姻的隱憂。

「誰能亨魚，溉之釜鬵」這句歌詞表達了鄶國人待客的敬意和對周、鄶聯姻的誠意。鄶國國君讓烹飪師用乾淨的釜甑烹飪出美味的魚，熱情餞別周王族的求婚使者。

「誰將西歸，懷之好音」，這句歌詞表達了鄶國人與周王族聯姻的期望。鄶國人希望王族使者回到鎬京之後，為鄶、周聯姻多添美言，使此次鄶、周聯姻獲得成功。鄶國作為周王朝的一個小諸侯國，當然希望加深本國與王朝的親密關係。

此歌詞表達了鄶人親周的願望。

曹　風

　　曹，古國。夏朝時有曹方國。《呂氏春秋·恃君覽·召類》說：「禹攻曹、魏、屈驁、有扈，以行其教。」曹地的得名，蓋始於夏代。《史記·楚世家》及《世本》《大戴禮記》等書記述上古傳說，說黃帝生昌意，昌意生高陽（帝顓頊），高陽生稱，稱生卷章，卷章生重黎和吳回，吳回生陸終，陸終第五子名安。安是大禹時代看守「圜土」（監獄）的曹官，因佐政有功，被禹封在「桃林之水」（故地在今河南省靈寶市一帶），其地曰「曹陽」。殷初，商湯又在楚丘（其地在今河南省滑縣東）附近封立了一個「曹」方國。《史記·管蔡世家》：「武王已克殷紂，平天下，封功臣昆弟。於是封叔鮮于管，封叔度於蔡：二人相紂子武庚祿父，治殷遺民。封叔旦於魯而相周，為周公。封叔振鐸於曹，封叔武於成，封叔處於霍。康叔封、冉季載皆少，未得封。」西周初，周武王封其弟振鐸於楚丘旁之曹地。三鬷國原是夏朝陶丘一帶的一個小方國。周成王遷陶丘三鬷人於邾（故地在今山東鄒城市），而將其叔振鐸從曹地遷封至陶丘一帶，其國名仍為「曹」。西周時，曹國比較安定。到了春秋中葉以後，曹國土地日削，經濟上和軍事上的實力都很弱，多次受到晉國和宋國的討伐。周敬王三十三年（公元前 487 年），宋景公率兵攻曹，曹亡。

　　《曹風》共四篇詩文。其中，《蜉蝣》《候人》是婚戀情歌歌詞，《鳲鳩》是冠禮祝詞，《下泉》是餞別外交使者的樂歌歌詞。

蜉蝣

蜉蝣之羽〔1〕，衣裳楚楚〔2〕！
心之憂矣〔3〕，於我歸處〔4〕。

蜉蝣之翼〔5〕，采采衣服〔6〕！
心之憂矣，於我歸息〔7〕。

蜉蝣掘閱〔8〕，麻衣如雪〔9〕！
心之憂矣，於我歸說〔10〕。

【注釋】

〔1〕蜉蝣之羽：真像蜉蝣的羽翼一樣好看呀。蜉蝣，亦作「蜉蚰」，又稱「蝶蟧」，
一種薄翼的昆蟲。《毛傳》：「蜉蝣，渠略也。」《魯說》：「蜉蝣，渠略也。」《方
言》第十一：「蜉蚰，秦晉之間謂之蝶蟧。」陸璣《毛詩草木疏》：「蜉蝣，方
土語也。通謂之渠略。似甲蟲，有角，大如指，長三四寸。甲下有翅能飛。夏
月陰雨時地中出。今人燒炙之，美如蟬也。」《爾雅·釋蟲》：「蜉蝣，渠略。」
邢昺《疏》引舍人曰：「蜉蝣，一名渠略。南陽以東曰蜉蝣，梁、宋之間曰渠
略。」曹國在南陽的東北方向，地近「梁、宋之間」，稱「蜉蝣」而不稱「渠
略」。羽，本指鳥翅上的長毛。《說文》：「羽，鳥長毛也。象形。」《玉篇·羽
部》：「羽，鳥毛羽也。」羽通翼。參見《周南·螽斯》注〔1〕。翼，鳥翅膀。
所以，「羽」字又有翅膀之義。《廣韻·遇韻》：「羽，鳥翅也。」《邶風·燕燕》：
「燕燕于飛，差池其羽。」《邶風·雄雉》：「雄雉于飛，泄泄其羽。」《小雅·
鴻雁》：「鴻雁于飛，肅肅其羽。」《大雅·卷阿》：「鳳皇于飛，翽翽其羽。」
此歌詞中「羽」，指蜉蝣的羽翅。蜉蝣非鳥類，但其翅膀長在身體兩旁如鳥翼，
故其翅膀以「羽」稱之。莎雞非鳥，亦以「羽」稱其翼。《豳風·七月》：「五
月斯螽動股，六月莎雞振羽。」

〔2〕衣裳楚楚：你的衣裳多麼鮮潔出眾！楚楚，衣服鮮潔出眾的樣子。《毛傳》：「楚
楚，鮮明貌。」楚，從木，足聲，本是一種有刺的叢木，名「牡荊」。《說文》：
「楚，叢木。一名荊也。从林，足聲。」楚通黼。楚、黼皆初母魚部字。黼，
從黹（用針線在布帛上繡出的花紋），三家《詩》作「黼」。《說文》：「黼，會
五彩鮮貌。从黹，盧聲。《詩》曰：『衣裳黼黼。』」《段注》：「本作『會五彩鮮
色』，今依《廣韻》《韻會》訂。《曹風·蜉蝣》曰『衣裳楚楚』，《傳》曰『楚
楚，鮮明貌』，許所本也。黼，其正字。楚，其假借字也。」《玉篇·黹部》：
「黼，《詩》云：『衣裳黼黼。』今作楚。」《釋文》：「楚楚，如字，鮮明貌。
《說文》作『黼黼』，云：『會五彩。鮮色也。』」郭沫若《兩周金文辭大系圖
錄考釋·黼簋》：「『黼』當即《說文·黹部》之『黼』，云『合五采鮮貌，從黹，

盧聲。《詩》曰「衣裳齓齓」」，語在《曹風・蜉蝣》，今《詩》作楚。」「蜉蝣之羽，衣裳楚楚」是「衣裳楚楚，蜉蝣之羽」的倒裝句，意思是說貴族女子的衣裳鮮潔得像蜉蝣的羽翼一樣。

〔３〕心之憂矣：我心裏想你想得厲害呀。憂，憂思，想念。

〔４〕於我歸處：你跟隨我一起回家吧。於，通與。於，影母魚部；與，喻母魚部。影、喻通轉。與，跟隨一起。《召南・江有汜》：「之子歸，不我與！」歸處，回到我那裡一起住。歸，歸家。處，通尻。參見《邶風・旄丘》注〔５〕、《邶風・擊鼓》注〔９〕。求偶的男子說，他願意帶女子回家一起生活。

〔５〕翼：字又作「𦒝」，本義為鳥翅膀。《說文》：「𦒝，䎉也。」「䎉，翼也。」《唐風・鴇羽》：「肅肅鴇翼。」《候人》：「維鵜在梁，不濡其翼。」《小雅・鴛鴦》：「鴛鴦在梁，戢其左翼。」此句歌詞的「翼」，與首句的「羽」同義。

〔６〕采采衣服：即「粲粲衣服」，漂亮耀眼的衣裳。采采，即粲粲，衣服潔白耀眼的樣子。采通粲。采，清母之部；粲，清母元部。之、元旁通轉。粲，本義精白米。又引申為鮮白之義。參見《鄭風・緇衣》注〔４〕。《小雅・大東》：「西人之子，粲粲衣服。」

〔７〕於我歸息：與「於我歸處」同義。歸息，回家一起住。息，「憩」字的省形，與「愒」同義，歇息。《說文》：「愒，息也。」《段注》：「『息也。』此『休息』之『息』。」《召南・甘棠》：「召公所憩。」

〔８〕蜉蝣掘閱：真像蜉蝣剛出穴時的嫩翅膀一樣美麗呀。掘閱，即掘穴、掘隧。掘，通堀，挖穴。掘，群母物部；堀，溪母物部。群、溪旁紐。段玉裁《毛詩故訓傳定本》校訂經、傳皆作「堀閱」。《說文》：「堀，突也。《詩》曰：『蜉蝣堀閱。』」突，洞穿。《墨子・節用》：「堀穴，深不通於泉。」《荀子・法行》：「夫魚鱉黿鼉猶以淵為淺而堀其中。」堀又通闕。闕，溪母月部。物、月旁轉。《左傳・隱公元年》：「闕地及泉。」《國語・吳語・吳晉爭長未成句踐襲吳》：「闕為深溝。」閱，通穴。閱，喻母月部；穴，匣母質部。喻、匣通轉，月、質旁轉。《說文解字》「閱」字《段注》：「古假『閱』為『穴』。《詩》『蜉蝣堀閱』，《傳》曰：『堀閱，容閱也。』閱即穴。宋玉《賦》『空穴來風』，《莊子》作『空閱來風』。」《文選》宋玉《風賦》李善《注》引《莊子》佚文：「空閱來風，桐乳致巢。」馬瑞辰《通釋》：「老子《道德經》：『塞其兌，閉其門。』兌即閱之渻。謂塞其穴也。《管子・山權數》：『北郭有掘閱而得龜者。』即穿穴而得龜也。」蜉蝣從土中掘穴而出，它剛剛羽化的翅膀白嫩而薄。《鄭箋》：

「掘閱，堀地解閱，謂其始生時也。」《孔疏》：「此蟲土裏化生。閱者，悅懌
之義。掘閱者，言其掘地而出，形容鮮閱也。麻衣者，白布衣。如雪者，言甚
鮮潔也。」孔穎達對「掘」字的釋義是正確的，但「閱」字解釋錯了。此句歌
詞以剛出土穴的蜉蝣的鮮嫩羽翅，來形容女子衣服的白而薄。這是極度誇讚之
語。

〔9〕麻衣如雪：你身上所穿的麻布衣服像雪一樣白。麻衣，用麻布做的衣服。如
雪，像雪一樣白。《毛傳》：「如雪，言鮮潔。」聞一多《風詩類鈔·甲》：「蜉
蝣的羽極薄而有光澤，幾乎是透明的。古人形容麻織品做成的衣服，往往比成
蜉蝣的羽，因此便稱這種衣服為『羽衣』。」聞一多《詩經通義·乙》：「《左傳·
襄十二年》：『秦復陶。』《注》：『復陶，秦所遺羽衣也。』又《三十年》：『使
君為復陶。』《注》：『復陶，主衣服之官。』蓋復陶之羽薄白而美，有似綺紈
之類，故衣之輕美者，謂之『羽衣』，亦名『復陶』，因之主之官亦名『復陶』，
與《詩》曰『衣裳楚楚』『麻衣如雪』正合。」復陶，「蜉蝣」的音轉詞。春秋
時期女子多穿白而鮮潔的衣服參加婚戀集會活動。《鄭風·出其東門》：「出其
東門，有女如雲。……出其闉闍，有女如荼。」《唐風·揚之水》：「素衣朱襮，
從子于沃。」

〔10〕於我歸說：與「於我歸處」「於我歸息」同義。歸說，即歸脫，回家之義。說，
通脫。說，審母月部；脫，透母月部。審、透準旁紐。脫，車馬歸來，脫下駕
具。《鄭箋》：「脫，猶舍息也。」舍息，停下車，解馬，脫下駕具而休息。舍
通釋。春秋時期貴族男子往往乘大車到野外參加婚戀集會，故說「歸脫」。這
句歌詞說，男子願意與他所追求的女子一同乘車回家，亦即成婚之意。

【詩旨說解】

《蜉蝣》是婚戀情歌歌詞。仲春之月，氣候溫和，一些貴族女子身穿薄
如蜉蝣之翼的麻布衣服去野外參加婚戀集會。一個貴族男子見此情景，心中
衝動，就編唱了《蜉蝣》這首情歌，來表示他對美女的追求之意。

「蜉蝣之羽，衣裳楚楚！」「蜉蝣之翼，采采衣服！」「蜉蝣掘閱，麻衣
如雪！」歌者以蜉蝣之羽比喻貴族女子身上的「麻衣」之薄，誇讚參加婚戀
集會的貴族女子妖冶美麗。「心之憂矣，於我歸處」「心之憂矣，於我歸息」
「心之憂矣，於我歸說」，這幾句是歌者直接向貴族女子表達他的求偶之意。
女子們聽到了男子求偶的歌聲，有意與他婚戀者，便會唱歌作答。

候人

彼候人兮〔1〕，何戈與祋〔2〕。
彼其之子〔3〕，三百赤芾〔4〕。

維鵜在梁〔5〕，不濡其翼〔6〕。
彼其之子，不稱其服〔7〕。

維鵜在梁，不濡其咮〔8〕。
彼其之子，不遂其媾〔9〕。

薈兮蔚兮〔10〕，南山朝隮〔11〕。
婉兮孌兮〔12〕，季女斯飢〔13〕。

【注釋】

〔1〕彼候人兮：那一幫在邊防關口負責守衛和盤查的人啊。彼，那、那些。候人，
在邊防關口負責治安、迎送外國使臣的官員。《毛傳》：「候人，道路送迎賓客
者。」《國語·周語·單襄公論陳必亡》：「候不在疆。」韋昭《注》：「候，候
人，掌送迎賓客者。疆，境也。」《單襄公論陳必亡》：「周之《秩官》有之曰：
『敵國（實力大小及地位相當之國）賓至，關尹以告，行理以節逆之，候人為
導。』韋昭《注》：「行理，小行人也。（候人）導賓至於朝，出送之於境也。」
《周禮·夏官·序官》「候人」鄭玄《注》：「候，候迎賓客之來者。」《周禮·
夏官·候人》：「候人各掌其方之道治，與其禁令。」此歌詞的「候人」，蓋指
曹、宋兩國在邊境交通關口守衛和巡查執勤的貴族男子，他們是「候人」的屬
徒。《孔疏》：「此說賢者為候人，乃身荷戈祋，謂作候人之屬徒，非候人之官
長也。」在曹、宋交通的大道上，兩國各自設立的關口相鄰。

〔2〕何戈與祋：你們的肩上扛著戈或祋。何，本義為用肩扛擔東西。《說文》：「何，
儋也。」《段注》：「何俗作荷，猶佗之俗作駝，儋之俗作擔也。」何，《齊詩》
作「荷」。《毛傳》：「何，揭。」《孔疏》：「荷揭戈與祋在於道路之上。」荷、
揭皆通何。揭，溪母月部；何、荷，匣母歌部。溪、匣旁紐，月、歌對轉。《廣
雅·釋詁》：「揭，擔也。」《釋文》：「揭，《三倉》云：『擔也。』」戈，古代的
一種長兵器，有橫刃，長柄，可勾可擊。《說文》：「戈，平頭戟也。从弋，一
衡之。象形。」「戟，有枝兵也。从戈、倝。《周禮》：『戟長丈六尺。』讀若棘。」
祋，從示從殳，示亦聲，本義為懸掛著羊皮的殳。此歌詞的「祋」字蓋是「杸」

字之訛，或是「杸」「殳」的通假字。杸，字本作「殳」，古代的一種兵器。殳長一丈二尺，用竹或木做成，有棱無刃，可投擲或砸擊。《毛傳》：「殳，杸也。」《說文》：「殳，杸也。从又，示聲。」「殳，以杖殊人也。」「杸，軍中士所持殳也。」此句歌詞說，「候人」的屬徒們肩上扛著戈或杸。

〔3〕彼其之子：那邊「何戈與殳」的男子們。彼，那裡、那邊。其，語助詞。之子，是子，此子。指「何戈與殳」的那些貴族男子們。《鄭箋》：「之子，是子也。」《左傳·僖公二十四年》引《曹風·候人》作「彼己之子」。己通其。參見《鄭風·羔裘》注〔3〕。一說，「彼」指曹國的朝堂。《毛傳》：「彼，彼曹朝也。」此說不可取。

〔4〕三百赤芾：都是貴族公子哥兒。三百，言其多，誇張之語，非實數。赤芾，紅色的蔽膝，乃貴族所佩。赤，大紅色。芾，本為草遮蔽之義。芾通市。芾、市、韍皆幫母月部字。市，又作「韍」，蔽膝。《毛傳》：「芾，韠也。」《說文》：「市，韠也。上古衣蔽前而已，市以象之。」「韠，韍也，所以蔽前。」《說文》「市」字《段注》：「韠之言蔽也。韍之言亦蔽也。祭服偁韍。玄端服偁韠。上古衣蔽前而已。」市，又稱「韠」「褘」「襜（袥）」，一物多名，方言不同而已。《爾雅·釋器》：「衣蔽前謂之襜。」郭璞《注》：「今蔽膝也。」《方言》第四：「蔽膝，江淮之間謂之褘，或謂之袥。魏、宋、南楚之間謂之大巾。自關東西謂之蔽膝。齊魯之郊謂之袥。」《釋名·釋衣服》：「韍，韠也。韠，蔽膝也，所以蔽膝前也。婦人蔽膝亦如之。齊人謂之巨巾。」《廣雅·釋器》：「大巾、褘、蔽膝也。」在曹、宋交通主道上，曹、宋兩國邊境的關口相距不遠，中間隔一個緩衝地帶。曹國的女子前往曹、宋邊境處參加婚戀集會，能夠看到曹、宋兩國的邊境守衛巡查人員在走動。一說，「三百赤芾」是指曹國大夫。《毛傳》：「一命縕芾黝珩，再命赤芾黝珩，三命赤芾蔥珩。大夫以上赤芾乘軒。」《鄭箋》：「佩赤芾者三百人。」鄭玄未明說「佩赤芾者」是大夫，或是暗自同意毛亨的說法。《孔疏》：「彼曹朝上之子三百人皆服赤芾。」孔穎達說「三百赤芾」是曹共公所封的三百個身佩「赤芾」的大夫，蓋是依據《左傳》。《左傳·僖公二十八年》：「晉侯圍曹，門焉，多死，曹人屍諸城上，晉侯患之，聽輿人之謀曰：『稱舍於墓。』師遷焉，曹人凶懼，為其所得者棺而出之，因其凶也而攻之。三月丙午，入曹。數之，以其不用僖負羈而乘軒者三百人也。」說曹共公封了「三百大夫」，純屬子虛烏有之事。曹國是周王朝的一個小諸侯國，不可能有三百個執政的大夫。清人魏源《詩古微·陳曹答問》說：「『三百赤芾』即

《左傳》『不用僖負羈，而乘軒者三百人』，為《毛傳》大夫乘軒之所本。是此詩與《左傳》相證，尚有可疑乎？曰：左氏不言乘軒者何人，《毛傳》謂『大夫以上』。諸侯之制，夫小國皆大夫五人。以蕞爾之曹，即兵車且未必三百乘，而有此乘軒赤芾之大夫，十倍王朝之數（原注：天子二十七大夫），則盡國賦所入，不足供其半，何待晉師之入乎？考《晉世家》晉師入曹，數其不用僖負羈而美女乘軒者三百人，則是盛於女寵，非大夫三命赤芾乘軒之謂也。」司馬遷《史記·晉世家》說：「晉侯圍曹。三月丙午，晉師入曹，數之以其不用釐負羈言，而用美女乘軒者三百人也。令軍毋入僖負羈宗家以報德。」按照司馬遷的說法，「乘軒者三百人」是美女而非大夫。此歌詞的「赤芾」是貴族的代稱，「三百赤芾」代指曹、宋兩國在邊境巡查的貴族子弟。

〔5〕維鵜在梁：鵜鶘站在魚壩上。維，通其，代詞，那、那些。參見《周南·葛覃》注〔3〕。鵜，即鵜鶘，俗稱「淘河」，巨型水鳥，鳥羽多白色，成年者身長可達 1.7 米甚或 2 米，翼展 2 米餘，蹼足，能遊善潛；嘴長，嘴下有一個皮囊，可用以兜食魚類。鵜鶘通常棲息在湖沼河川地帶。《毛傳》：「鵜，洿澤鳥也。」《魯說》：「鵜，鴮鸅。」《爾雅·釋鳥》：「鵜，鴮鸅。」郭璞《注》：「今之鵜鶘也。好群飛，沉水食魚，故名洿澤。俗呼之為淘河。」《莊子·外物》：「魚不畏網，而畏鵜鶘。」陸璣《毛詩草木疏》云：「鵜，水鳥，形如鶚而極大，喙長尺餘，直而廣，口中正赤，頷下胡大如數升囊。若小澤中有魚，便群共抒水滿其胡而棄之，令水竭盡，魚在陸地，乃共食之，故曰淘河。」朱熹《集傳》：「鵜、污澤，水鳥也。俗所謂淘河也。」梁，用來捕魚的擋水壩。參見《邶風·谷風》注〔20〕。《毛傳》：「梁，水中之梁。」

〔6〕不濡其翼：不願意沾濕它的翅膀。濡，濕。《毛傳》：「鵜在梁，可謂『不濡其翼』乎！」《鄭箋》：「鵜在梁，當濡其翼，而不濡者，非其常也。」「不濡其翼」即不下水捉魚。歌者以鵜鶘站在水梁上不下水捉魚，比喻男子不到婚戀集會場所去尋找對象。一說，「鵜」比為女子。聞一多《朝雲考》：「鵜是食魚的鳥，鵜在梁上『不濡其咮』，可見其沒吃著魚。詩人是以鵜不得魚比女子沒得著配偶，所以下文說『彼其之子，不遂其媾』。」此說大誤。

〔7〕不稱其服：這與你們的貴族服飾不相稱呀。稱，本作「爯」，本義為權衡重量。參見《豳風·七月》注〔81〕。衡配以權（秤砣），可稱物重。故「稱」字引申為相等、相副、相匹配之義。《左傳·襄公二十七年》：「服美不稱，必以惡終。」《孟子·公孫丑下》：「古者棺槨無度，中古棺七寸，槨稱之。」服，指衣裳、

弁冕等身體所佩之物。參見《周南・葛覃》注〔10〕。歌者對在曹、宋兩國邊境交通關口執勤的貴族子弟們說：「你們這些人不到婚戀集會上去風光，真是枉穿了一身漂亮的衣服呀。」這句歌詞是挑逗性的情歌語言。

〔8〕不濡其味：不願沾濕它的嘴。味，鳥的嘴。《韓詩》作「噣」。《毛傳》：「味，喙也。」《說文》：「味，鳥口也。」「噣，喙也。」「喙，口也。」《玉篇・口部》：「噣，喙也。《詩》曰：『不濡其噣。』」此句歌詞也是說鵜鶘站在魚壩上不下水捉魚之事。

〔9〕不遂其媾：不能順利地找到對象。不遂，不遂意，不順意。即不能實現願望。遂通循、順。遂，邪母物部；循，邪母文部；順，神母文部。邪、神鄰紐，物、文對轉。王念孫《讀書雜志・晏子春秋第一・內篇諫下》「修哀」條下：「《墨子・非儒篇》曰：『宗喪循哀，不可使慈民。』……循、遂一聲之轉。《史記・孔子世家》及《孔叢子・詰墨篇》皆作『宗喪遂哀』，是『循哀』即『遂哀』也。」《釋名・釋言語》：「順，循也。」《大雅・江漢》：「武夫滔滔。」《鄭箋》：「使循流而下。」《釋文》：「循流，本亦作『順流』。」《尚書・周書・顧命》：「率循大卞。」清劉逢祿《尚書今古文集解》：「循、順為同音假借。」此歌詞中「遂」字為順利之義。順，順利成事。媾，本義為交互為婚。《說文》：「媾，重婚也。從女，冓聲。《易》曰：『匪寇，婚媾。』」《國語・晉語・重耳婚媾懷嬴》：「今將婚媾以從秦。」媾通遘、遇。媾、遘皆見母侯部；遇，疑母侯部。見、疑旁紐。遘，相遇。《爾雅・釋詁》：「遘，遇也。」《說文》《廣雅》同上。朱駿聲《說文通訓定聲・需部》：「媾，叚借為遘。《詩・候人》：『不遂其媾。』按，猶遭遇也。」遇，遇見，相遇，相會。此歌詞的「媾」字指男女在婚戀集會場合相遇、戀愛。

〔10〕薈兮蔚兮：遠遠地望去一片鬱鬱蔥蔥啊。薈，草木薈萃的樣子。《說文》：「薈，艸多貌。從艸，會聲。《詩》曰：『薈兮蔚兮。』」《玉篇・艸部》：「薈，草盛貌。」薈，《魯詩》作「嬒」。嬒，本義為女子皮膚黑。《說文》：「嬒，女黑色也。」《魯詩》用字與「蔚」字不諧，不可取。蔚，本義為蒿草的一種。《爾雅・釋草》：「蔚，牡菣。」《說文》：「蔚，牡蒿也。」「菣，香蒿也。」《廣雅・釋草》：「蔚，香蒿本也。」《廣韻・物韻》：「蔚，草名。又曰無子菣也。」《小雅・蓼莪》：「匪莪伊蔚。」《毛傳》：「蔚，牡菣。」蔚通鬱，草木濃密茂盛的樣子。蔚、鬱皆影母物部字。參見《秦風・晨風》注〔2〕。《廣雅・釋訓》：「蔚蔚，茂也。」王念孫《疏證》：「蔚蔚，猶鬱鬱耳。」朱駿聲《說文通訓定聲・履部》：

「蔚，假借為『鬱』。《倉頡篇》：『蔚，草木盛貌也。』」《後漢書・仲長統傳》：「彼之蔚蔚。」李賢《注》：「蔚與鬱古字通。」《廣雅・釋詁》：「蔚，翳也。」朱熹《集傳》：「蔚，草木盛多之貌。」一說，「薈」「蔚」為雲興起之貌。《毛傳》：「薈、蔚，雲興貌。」「南山」是曹、宋兩國青年人婚戀集會的一處會場，山不高，難見興雲。毛說誤。此句歌詞說，南山草木蔥蘢，實則暗喻山上參加婚戀集會的人很多，場面熱鬧。

〔11〕南山朝隮：南邊的山上早晨出現彩虹啦。南山，曹國邊境關口南邊的一座山。南，曹國邊境關口之南。山，甲骨文字象三座山峰並立之形。《毛傳》：「南山，曹南山也。」毛亨蓋說「南山」是曹國南邊之山。其意朦朧不明，值得深榷。一說，「南山」名為「曹南山」。唐李泰《括地志》：「曹有曹南山，因名曹。」李吉甫《元和郡縣圖志》卷第十一「曹州濟陰縣」下：「曹南山，在縣東二十里。」唐杜佑《通典》卷一百七十七「濟陰郡、曹州」下：「濟陰縣有曹南山。」《太平御覽》卷第一百五十九「州郡部・曹州」下：「《十道志》曰：『曹州，濟陰郡，置在濟陰縣。《禹貢》豫州之域。』周為曹國地，後屬宋，七國時屬齊。漢為濟陰郡，地在濟水之南，故以為名。《曹詩》曰『薈兮蔚兮，南山朝隮』，曹南山也。」《太平御覽》卷第四十二「地部・曹南山」下：「《十道志》曰：『曹南山，《曹風》詩所謂「薈兮蔚兮，南山朝隮」是也。』」《太平寰宇記》卷之十三「定陶縣」下：「曹南山在縣南二十里。」北宋王存《元豐九域志》也說濟陰縣有「曹南山」。《新定九域志》「曹州」下：「曹南山，《春秋》『盟於曹南』。」《金史・地理志》「濟陰縣」下有「曹南山」。明天順《大明一統志》：「曹縣在（曹）州南一百二十里。」「曹南山在（曹）州南一百里。」明萬曆《兗州府志・山水志》：「曹縣曹南山，在縣南八里，俗名『土山』。《詩》『薈兮蔚兮，南山朝隮』、《春秋》『盟於曹南』，皆其地也。《論衡》云：『大山雨天下，小山雨一國。』曹之南山則雨一國之山也。」明曹縣知縣錢達道於萬曆年間所寫《登左山記》一文說：「一登曹南山，再登青、景諸山，直卑卑丘垤耳。」顧炎武《肇域志》「曹縣」下：「曹南山，在縣南十八里。上有宋襄公盟壇。《詩》：『南山朝隮。』」清顧祖禹《讀史方輿紀要》卷三十三「曹縣」下：「曹南山，在縣南八十里，《詩》『薈兮蔚兮，南山朝隮』、《春秋》僖十九年『盟於曹南』是也。俗謂之『土山』。」清嘉慶《重修一統志》說「曹南山」在縣南八里。清末民初徐繼孺《曹南文獻錄・山水考》說：「曹南山，曹縣左城東二十里。《詩・曹風》：『薈兮蔚兮，南山朝隮。』《毛傳》：『南山，曹南山也。』《春秋》：

『僖公十九年，宋人、曹人、邾人盟於曹南。』范氏曰：『曹南，曹之南鄙是也。』《論衡》：『大山雨天下，小山雨一國。』曹南之山，則雨一國之山也。阜巒起伏，高八九丈，橫亙數里，山下有會盟壇，宋與曹、邾會盟處。」《辭海》「亳」字下：「北亳，……為湯受命之地，漢於此置薄縣，故城在今山東省曹縣，曹南山之陽，與河南省商丘縣北境接界處。」楊伯峻《春秋左傳注》僖公十九年經文「曹南」下注曰：「曹南山在今山東省曹縣南。」以上所列這些材料，皆將此歌詞的「南山」稱之為「曹南山」，且所述「曹南山」的地理位置不一。古代的學者把此情歌的「南山」、《毛傳》「曹南山也」與《春秋》的「曹南」聯繫起來，創造了「曹南山」這個新名詞。《括地志》說曹國因「曹南山」而得名，更是本末倒置的說法。他們把「南山」的稱謂及「南山」所處的地理位置全都搞亂了。《毛傳》「曹南山也」，應是說此山為曹國南部之一座山，並非其名為「曹南山」。春秋時期，曹國南部有數座山，沒有哪一座山被固定地稱為「曹南山」。此歌詞所稱「南山」，到底在何處？有以下四種說法。一說，「南山」在曹縣城南土山集村附近，即曹縣「土山」。顧炎武、高士奇主此說。萬曆《兗州府志·山水志》、顧祖禹及嘉慶《重修一統志》的說法與此說接近。一說，「南山」在曹城北二十里。明天順《一統志》主此說。一說，「南山」在濟陰縣東二十里（即今定陶城南二十里許）。《元和志》《太平御覽》《曹南文獻錄》主此說。一說，「曹南山」即陶丘。《清史稿·地理志》說「曹南山」在曹縣縣城北，即《禹貢》之「陶丘」。以上四說，到底哪一說可取？曹國女子前往曹、宋邊境參加婚戀集會，見到了在曹、宋邊防關口執勤的「候人」，說明她已行至或越過了曹國南部邊境的關口。她在此時此地稱有婚戀集會的那座山為「南山」，可見「南山」是在曹國南部邊境關口之南。今定陶與商丘之間的地表上，仍存有一些「山」和「堌堆」，它們皆是古代山丘的遺跡。其中，燕陵堌堆在定陶城南二十里許；鄩堌堆在定陶城南三十里許稍偏西；郗堌堆在定陶城南約四十里稍偏東；青山堌堆在郗堌堆東南二里；梁堌堆在定陶城東南六十五里許；土山在曹縣城南二十里；曹縣城北的普連集村北還有一個堌堆。這些堌堆都在曹國都城之南或偏南，到底哪一個是「南山」呢？春秋曹國故城尚未探測。據史籍記載，秦所置定陶縣及西漢初年所置濟陰國、濟陰郡，治所故址皆在今定陶縣城西北四里許。譚其驤先生《漢書地理志選譯》認為，春秋時期曹國的都城在今定陶城西北四里處。現考古已探明，春秋宋國故城址在今商丘城南偏西十里許。燕陵堌堆北距曹國的國都約二十里許，南距宋

國都城一百四十里許。若說此處是曹國的南部邊境，很不可信。曹國的國土怎會如此狹窄？曹國的始封君曹叔振鐸是周武王的親弟弟，他的封地難道比降臣微子啓的封地還狹小嗎？曹縣普連集村北的那處山丘遺跡，北距曹國都城約四十里，南距宋國都城約一百二十里，此處也不大可能是「南山」的所在。曹縣城南二十里的「土山」，北距今定陶縣城、南距今商丘城各八十里許，此山最有可能是此歌詞所稱的「南山」。《左傳‧襄公十年》：「宋公享晉侯於楚丘。」周靈王十年（公元前562年），宋平公在楚丘為到訪的晉悼公餞行。楚丘在曹縣東南四十里，距宋國都城約九十里，為一日之程。自楚丘至土山一線，正是宋國的北境。曹縣城南的土山，約處在曹、宋兩國都城聯線的中點位置。土山之南便是宋國的亳（薄）邑和湯陵所在地。土山作為宋國陵墓宗廟的依靠之山，又在曹國邊境關口之南，當屬於宋國，或者在曹、宋兩國之間的緩衝地帶上。朝隮，早晨的虹。隮，虹。《周禮‧春官‧眡祲》：「眡（視）祲，掌十輝之法，以觀祥妖，辨吉凶。……九曰隮。」鄭玄《注》：「隮，虹也。」春秋時期，人們認為地上的氣升到天上，與天上的氣交合，產生彩虹，於是便把彩虹作為男女愛情與婚姻的象徵。參見《鄘風‧蝃蝀》注〔5〕。一說，「隮」是雲氣。《毛傳》：「隮，升雲也。」《玉篇‧阜部》：「隮，氣也。」

〔12〕婉兮變兮：南山聚滿了漂亮的女子！婉、變，人物體態貌相好看的樣子。參見《齊風‧甫田》注〔7〕。

〔13〕季女斯飢：她們已經「飢餓難耐」了。季女，少女。即美女。季，年幼。《毛傳》：「季，人之少子也。」《說文》：「季，少稱也。从子从稚省，稚亦聲。」《段注》：「叔、季皆謂少者，而季又少於叔。」女，女子。斯，通是。斯，心母支部；是，禪母支部。心、禪鄰紐。飢，飢餓。「飢」是對性飢渴的一種變相說法。《周南‧汝墳》：「未見君子，惄如調飢。」《陳風‧衡門》：「泌之洋洋，可以樂飢。」歌者到「南山」參加婚戀集會，她自然也可算作「季女」中的一員。她自稱「季女」，是自我讚美之詞。這句歌詞是歌者故意挑逗「候人」，吸引他們參加「南山」的婚戀集會。

【詩旨說解】

《候人》是婚戀情歌歌詞。春秋時期，在曹國、宋國交界處的一座山上，有一場婚戀集會。曹國有一女子前往此山參加仲春集會，當她走到曹、宋邊境附近時，看到曹國和宋國在邊境關口執勤的貴族小夥子們個個長得帥氣，就編唱了一支情歌，以挑逗的方式邀請他們前往此山參加婚戀集會。

　　第一章:「彼候人兮,何戈與祋。彼其之子,三百赤芾。」這是曹國女子用歌聲向在曹、宋邊境執勤的貴族小夥子打招呼,誇讚他們是貴族,求偶的條件優越。

　　第二章、第三章:「維鵜在梁,不濡其翼。彼其之子,不稱其服。」「維鵜在梁,不濡其咮。彼其之子,不遂其媾。」這個曹國的女子見在曹、宋邊境關口執勤的貴族小夥子無動於衷,於是挑逗他們,說他們在仲春集會的日子裏只知道扛著兵器巡邏,不打算前往南面的山上參加婚戀集會,簡直就像站在河岸上不下水捉魚的鵜鶘一樣傻!她用這種挑逗性的語言,刺激那些貴族小夥子,邀請他們一同前去參加集會,以便從他們中間挑選合適的婚戀對象。

　　第四章:「薈兮蔚兮,南山朝隮。婉兮孌兮,季女斯飢。」女子直白地向那些在曹、宋邊境執勤的貴族小夥子們說,南面的山上很熱鬧,來這裡婚戀求偶的人很多,到山上來的女子們,個個都很漂亮,都很放得開。這是希望在邊境巡邏的那些貴族小夥子們跟她一起去參加婚戀活動。

　　這首情歌的語言誇張,有強烈的挑逗性。它反映了春秋時期曹、宋地區民間的婚戀風情。

鳲鳩

鳲鳩在桑〔1〕,其子七兮〔2〕。
淑人君子〔3〕,其儀一兮〔4〕。
其儀一兮,心如結兮〔5〕。

鳲鳩在桑,其子在梅〔6〕。
淑人君子,其帶伊絲〔7〕。
其帶伊絲,其弁伊騏〔8〕。

鳲鳩在桑,其子在棘〔9〕。
淑人君子,其儀不忒〔10〕。
其儀不忒,正是四國〔11〕。

鳲鳩在桑,其子在榛〔12〕。
淑人君子,正是國人〔13〕。
正是國人,胡不萬年〔14〕?

【注釋】

〔1〕鳲鳩在桑：布穀鳥在桑樹上搭了個窩。鳲鳩，鳥名。今稱「布穀鳥」。《毛傳》：「鳲鳩，秸鞠也。」《爾雅·釋鳥》：「鳲鳩，鵲鵴。」郭璞《注》：「今江東呼為『獲穀』。」郝懿行《義疏》：「《御覽》引陸璣《疏》云：『今梁宋之間謂布穀為鵲鵴，一名擊穀，一名桑鳩。』然則『鵲鵴』『擊穀』聲相轉，『桑鳩』『鳲鳩』亦聲相轉矣。」《左傳·昭公十七年》「鳲鳩氏」杜預《注》：「鳲鳩，鵲鵴也。」《方言》第八：「布穀，自關而東梁楚之間謂之『結誥』，周魏之間謂之『擊穀』，自關而西或謂之『布穀』。」桑，桑樹。鳲鳩喜歡在大桑樹上搭窩。

〔2〕其子七兮：它的窩裏養育了七個幼仔。子，布穀鳥的幼仔。七，七個。這是言其育子多，非實指。古代傳說，鳲鳩待子平均。《齊說》：「鳲鳩七子，均而不殆。」《韓說》：「七子均養者，鳲鳩之仁也。」

〔3〕淑人君子：凡是貴族的好子弟。淑人，善人，有教養的人。淑，本義為水清。《說文》：「淑，清湛也。」淑通俶，善。參見《邶風·谷風》注〔16〕。君子，貴族男子。

〔4〕其儀一兮：儀表都要始終保持一種良好的狀態。儀，字本作「義」，本義為儀仗。引申為人的儀表儀容之義。參見《邶風·柏舟》注〔16〕。《集韻·支韻》：「儀，容也。」《大雅·烝民》：「令儀令色。」一說，「儀」通義。《鄭箋》：「儀，義也。善人君子，其執義當如一也。」一，數目字。引申為一律、始終一樣之義。一通壹。一、壹皆影母質部字。壹，一律，一樣。《玉篇·壹部》：「壹，皆也。」兮，同也，句末語氣助詞。《淮南子·詮言訓》引《詩》作「淑人君子，其儀一也。其儀一也，心如結也」。參見《鄭風·遵大路》注〔4〕。

〔5〕心如結兮：內心就會無比堅實。結，結實、固結、堅實。《毛傳》：「言執義一，則用心固。」朱熹《集傳》：「如結，如物之固結而不散也。」

〔6〕其子在梅：它們的幼仔已經能從大桑樹上飛到較矮的梅樹上去了。梅，梅樹。參見《召南·摽有梅》注〔1〕。馬瑞辰《通釋》：「梅，當為『梅杏』之『梅』。」幼鳥成長到已經能作短程飛行，它自己就飛出去覓食了。《毛傳》：「飛在梅也。」

〔7〕其帶伊絲：貴族男子舉行冠禮時，腰間所繫的帶子都是絲製的。其，代詞，那些人。指「淑人君子」。伊，通乃，是。參見《邶風·雄雉》注〔4〕。伊又通繄。《秦風·蒹葭》：「所謂伊人。」《鄭箋》：「伊，當作繄。繄猶是也。」伊、繄皆影母脂部字。帶，束腰的大帶。貴族男子舉行冠禮時所佩的大帶為絲帶。

《鄭箋》:「『其帶伊絲』,謂大帶也。大帶用素絲,有雜色飾焉。」春秋時期的
冠禮,大概有「束帶」這個程序。

〔8〕其弁伊騏:貴族男子舉行冠禮時,頭上所戴的皮帽子都綴著漂亮的玉飾。弁,
白鹿皮冠。《毛傳》:「弁,皮弁也。」《儀禮·士冠禮》「皮弁服」鄭玄《注》:
「皮弁者,以白皮為冠,象上古也。」清黃以周《禮書通故·名物圖》:「《釋
名》云:『弁如兩手相合抃時也。以爵韋為之,謂爵弁;以鹿皮為之,謂皮弁;
以靺韋為之,謂之韋弁。』據《釋名》說,三弁之製相同,惟其所為皮色為異
耳。」爵弁,即雀弁。弁如麻雀頭之色,即絳紅色的皮帽子。皮弁,白色的皮
帽子。韋弁,赤黃色的熟皮帽子。《說文》:「靺,茅搜染韋也。一入曰靺。」
騏,本義為身體上有青黑色紋的馬。《說文》:「騏,馬青驪。」騏通琪、璂、
璘。騏、琪、璂、璘皆群母之部字。琪、璂、璘,異體字。璘,帽縫上的綴
玉。《鄭箋》:「綦,當作璂,以玉為之。」段校《說文》:「璂,弁飾也。往往
冒玉也。從玉,綦聲。璂,璘或從基。」《周禮·夏官·弁師》:「王之皮弁,
會五采玉璂。」鄭玄《注》:「會,縫中也。璂,讀如『薄借綦』之『綦』。綦,
結也。皮弁之縫中,每貫結五采玉十二以為飾。詩曰『會弁如星』,又曰『其
弁伊綦』是也。」貴族冠禮專用的冠以彩玉飾帽縫,舉行冠禮儀式時,將禮儀
專用的冠加戴在受禮男子的頭上。一說,「騏」為皮帽上青灰色的花紋。《毛
傳》:「騏,綦文也。」《釋文》:「騏,音其。騏,綦文也。」此說非是。

〔9〕其子在棘:它們的幼仔已經能從大桑樹上飛到低矮的棘叢上去了。棘,本義為
野棗樹。《說文》:「棘,小棗叢生者。」棘,又指低矮的針刺類叢木。參見《邶
風·凱風》注〔2〕。

〔10〕其儀不忒:儀表儀容不走樣。不忒,不差,沒有改變,不走樣。忒,變更,差
錯。《說文》:「忒,更也。」《魯頌·閟宮》:「春秋匪解,享祀不忒。」《鄭箋》:
「忒,變也。」忒又訓差。《爾雅·釋言》:「爽,差也。」「爽,忒也。」《廣
雅·釋詁》:「忒,差也。」《呂氏春秋·季春紀·先己》引《詩》「其儀不忒」,
高誘《注》:「忒,差也。」《禮記·大學》引《詩》「其儀不忒」,孔穎達《疏》:
「忒,差也」。《大雅·抑》:「昊天不忒。」《釋文》:「忒,差也。」

〔11〕正是四國:為別國的貴族成員做榜樣。正,動詞。此處為使動用法,使其端正。
冠禮儀式的實質,在於讓受禮者懂得修養儀表儀容的重要性,嚴格遵守周朝的
道德行為規範。一說,「正」通政。《毛傳》:「正,長也。」《鄭箋》:「執義不
疑,則可為四國之長。言任為侯伯。」曹國人焉能到他國作侯伯?四國,周邊

的諸侯國。諸侯國的貴族公子經教育成長優秀者，可以成為卿大夫，也便有機會出使其他國家，或參加諸侯會盟，或率領軍隊勤王及參加諸侯國的聯合作戰。他們與別國貴族成員交往的機會很多。「正是四國」意即為天下的人做榜樣。《大雅‧抑》：「有覺德行，四國順之。」

〔12〕其子在榛：它們的幼仔已經能從大桑樹上飛到小叢木上去了。榛，低矮且有刺針的樹叢。馬瑞辰《通釋》：「此詩上言『在棘』，則『在榛』宜訓叢木，不得讀為『亲栗』之『亲』。」《說文》：「榛，木也。从木，秦聲。一曰叢木也。」慧琳《一切經音義》卷第四十九「深榛」下：「榛，仕巾反。《說文》『叢木也』，《廣雅》『木藂生曰榛』是也。」《小雅‧青蠅》：「營營青蠅，止于樊。……營營青蠅，止于棘。……營營青蠅，止于榛。」棘、榛皆為有刺針的叢木。典籍中多見「棘榛」「荊榛」「榛莽」「榛薄」連文。

〔13〕正是國人：為國都六鄉的人做榜樣。國人，國都六鄉之人。參見《陳風‧墓門》注〔4〕。「正是國人」即為國民立則。《大雅‧抑》：「敬慎威儀，維民之則。」

〔14〕胡不萬年：怎麼能不健康長壽？萬年，即壽期萬年，長壽之義。《鄭箋》：「人慾其壽考。」朱熹《集傳》：「胡不萬年，願其壽考之辭也。」這句祝詞是對受冠禮男子的祝福語。

【詩旨說解】

《鳲鳩》是冠禮祝詞。

第一章：冠禮讚禮人向受禮者申明：冠禮是對貴族男子普適的一種禮儀，舉行冠禮的意義在於讓貴族子弟人人都講究儀表儀容，樹立堅定遠大的志向。

第二章：冠禮讚禮人向受禮者申明冠禮的程序，為受禮者加絲帶和冠。

第三、四章：冠禮讚禮人向受禮者強調貴族男子講究儀表儀容的倫理意義和政治意義，要求受禮者在禮成之後注重儀表修養，在國內能夠「正是國人」，將來從事外事活動能夠「正是四國」。只有注重儀表，給人們做榜樣，自己才能夠在社會上站穩腳跟，安定地生活，享受福祿，益壽延年。

這篇祝詞用鳲鳩的成長作比喻，闡明了人長大以後須加入社會、成家立業獨立生活的道理。幼鳥成長到一定的程度，就要學飛，就要飛離巢穴，到外面去覓食；每個男孩子都要長大成人，長大後須獨立地生活並承擔一定的社會責任。此祝詞向受禮者著重強調了冠禮的意義和重要性，也強調了人的儀表與心性的關係，要求受禮者加深修養，將來成為國家的棟樑。

　　冠禮的起源很早。據古籍記載，夏、殷就有了冠禮。《儀禮·士冠禮》：「公侯之有冠禮也，夏之末造也。天子之元子，猶士也，天下無生而貴者也。」周代貴族男子通常二十歲舉行冠禮。《禮記·內則》：「二十而冠，始學禮。」天子的世子或已繼位者為了早日執掌政權，往往提前舉行冠禮。傳說周文王十二歲而冠，周成王十五歲而冠。周朝各個諸侯國也普遍實行冠禮。《儀禮·士冠禮》「《士冠禮》第一」賈公彥《疏》：「諸侯十二而冠也。若天子，亦與諸侯同十二而冠……又《大戴禮》云：『文王十三生伯邑考。』《左傳》云：『冠而生子，禮也。』」對受冠禮者所加之冠，稱為「元服」。《漢書·昭帝紀》「帝加元服」顏師古《注》：「元，首也。冠者，首之所著，故曰『元服』。」

　　庶人不戴冠，只佩戴頭巾，所以貧民不舉行冠禮。《釋名·釋首飾》：「士冠，庶人巾。」貴族淪為庶人但五廟未毀者，仍可舉行冠禮。《禮記·文王世子》：「五廟之孫，祖廟未毀，雖為庶人，冠。」這是庶人舉行冠禮的一個特例。

　　冠禮有一定的程序。古代冠禮二月裏在宗廟內舉行。舉行冠禮前十天內，要先卜筮選擇吉日。若十日內無吉日，則筮選下一旬的吉日。選定吉日後，將吉日告知相關的親友。冠禮前三日，要用筮法選擇主持冠禮的大賓，並選一位「贊冠」者協助舉行冠禮儀式。行禮時，主人（一般是受冠禮者之父）、大賓及受冠者都穿禮服，先給受冠禮的男子加緇布冠，次授以皮弁，最後授以爵弁。每次加冠畢，皆由大賓對受冠者朗誦一章祝詞。而後，受禮者拜見其母親，並且由大賓為他取字。《儀禮·士冠禮》中對冠禮的程序內容有這樣的記述：「始加，祝曰：『今月吉日，始加元服。棄爾幼字，順爾成德。壽考惟祺，介爾景福。』再加，曰：『吉月令辰，乃申爾服。敬爾威儀，淑慎爾德，眉壽萬年，永受胡福。』三加，曰：『以歲之正，以月之令，咸加爾服。兄弟具在，以成厥德。黃者無疆，受天之慶。』」上面這段文字，涉及了冠禮的擇吉日、三加元服、取字等程序以及要求受冠禮者注重儀表、講究德性修養和為受冠禮者祈福等內容。

　　《鳲鳩》篇所顯示的春秋時期曹國貴族冠禮的程序和內容，與《士冠禮》所述的冠禮程序和內容有相同之處，但又不完全一致。《士冠禮》中的冠禮祝詞是四言體，分為三章。《鳲鳩》也是四言體，分為四章。《士冠禮》的祝詞較直白，不如《鳲鳩》篇有文采。

下泉

洌彼下泉〔1〕，浸彼苞稂〔2〕。
愾我寤嘆〔3〕，念彼周京〔4〕。

洌彼下泉，浸彼苞蕭〔5〕。
愾我寤嘆，念彼京周〔6〕。

洌彼下泉，浸彼苞蓍〔7〕。
愾我寤嘆，念彼京師〔8〕。

芃芃黍苗〔9〕，陰雨膏之〔10〕。
四國有王〔11〕，郇伯勞之〔12〕。

【注釋】

〔1〕洌彼下泉：那冰涼的狄泉水。洌，「冽」的訛字或通假字。洌、冽皆來母月部字。洌，本義為水清。《說文》：「洌，水清也，从水，列聲。」《段注》：「案許書有洌、冽二篆。《毛詩》有『冽』無『洌』。『洌彼下泉』《傳》云：『冽，寒也。』『有冽氿泉』《傳》云：『冽，寒意。』『二之日凓冽』《傳》云：『凓冽，寒氣也。』皆不從水。」冽，從仌（冰），列聲，本義為寒冷之氣。引申為寒冷之義。《毛傳》：「洌，寒也。」段玉裁《毛詩故訓傳定本》校訂經、傳皆作「冽」。段校《說文》：「冽，凓冽也。」《玉篇・仌部》：「冽，寒氣也。」彼，那個。下泉，即狄泉。乃洛陽東周成周城下的一處水池，蓋因其在城旁左下，故又稱其為「下泉」。狄泉在東周成周城東郊。此處因有狄人居住，故稱「狄泉」。狄泉，亦作「翟泉」。《春秋・僖公二十九年》：「夏，六月，會王人、晉人、宋人、齊人、陳人、蔡人、秦人，盟于翟泉。」《左傳・昭公三十二年》：「冬，十一月，晉魏舒、韓不信如京師，合諸侯之大夫于狄泉，尋盟，且令城成周。」

〔2〕浸彼苞稂：浸泡了東周王城郊野的茂草。浸，浸灌、浸泡、澆浸。《廣韻・沁韻》：「浸，漬也。」《廣韻・侵韻》：「浸，浸淫也。」《集韻・侵韻》：「浸，浸淫，漸漬。」《小雅・大東》：「有冽氿泉，無浸穫薪。」《小雅・白華》：「滮池北流，浸彼稻田。」《莊子・天地》：「一日浸百畦。」苞稂，一墩墩的狼尾草。苞，通茂。參見《唐風・鴇羽》注〔2〕。稂，又作「蒗」，莠草，俗稱「狼尾草」或「貓尾草」。《毛傳》：「稂，童粱。」《爾雅・釋草》：「稂，童粱。」郭

璞《注》：「稂，莠類也。」《說文》：「䅩，禾粟之莠生而不成者，謂之董䅩。從艸，郎聲。稂，䅩或從禾。」童梁，即董䅩。《小雅‧甫田》：「不稂不莠。」此歌詞中的「稂」「蕭」「蓍」皆是野草。史載，周景王晚年立王子姬猛為太子，但他又十分寵愛他的另一個兒子姬朝。周景王二十五年（公元前 520 年）夏四月，景王因突發疾病死於寵臣榮錡氏的家裏，王子猛繼承了王位。於是王子朝便糾集一些失去官職的舊官吏和王城裏失去王朝供奉的工匠一起作亂，與王子猛爭奪王位。周王的大臣單旗、劉子擁立王子猛。在晉國軍隊的保護下，王子猛進入王城，是為周悼王。是年十一月，周悼王卒，單、劉又擁立王子匄，是為周敬王。由於戰亂，周敬王避居於成周城。此歌詞以寒涼的狄泉水浸泡了周王城東郊的野草，比喻周敬王遭受了禍難。

〔3〕愾我寤嘆：我們慨然歎息難以入眠。愾，同慨、嘅，本義為胸中氣滿而長歎息的樣子。《魯詩》作「慨」。《魯說》：「慨，歎貌也。」《韓詩》作「嘅」。《韓說》：「嘅，滿也。」滿，指胸中氣滿。《鄭箋》：「愾，歎息之意。」嘅、愾、慨皆溪母物部字。《說文》：「愾，大息貌。」「嘅，歎也。從口，既聲。《詩》曰：『嘅其嘆矣。』」《段注》：「大息者，呼吸之大者也。呼，外息也；吸，內息也。」《王風‧中谷有蓷》：「有女仳離，嘅其嘆矣。」此歌詞的「愾」字作「愾然」「慨然」解。我，曹國人自稱。寤歎，睡不著或夢醒後起來歎息。《鄭箋》：「寤，覺也。」寤歎，即深歎。人深度思念、寢食不安時才會這樣的狀態。《小雅‧大東》：「契契寤歎，哀我憚人。」契通愾。契，溪母月部。物、月旁轉。

〔4〕念彼周京：心裏惦念著東周的京城。念，思念、惦念。《說文》：「念，常思也。」周京，東周的王城。此時周敬王居於成周城，不在王城。但在晉國、曹國人看來，他是應該回到王城居住的。這句歌詞說，曹國人對東周京城的危險情勢深切地掛念。

〔5〕蕭：一種蒿類植物，有香氣。《毛傳》：「蕭，蒿也。」參見《王風‧采葛》注〔3〕。蕭作為祭祀之草，處於寒水之中，這預示著有礙於祭祀，也即有礙於周敬王繼承大統。

〔6〕京周：同周京。這是為協韻而變動了詞序。

〔7〕蓍：一種多年生的野草。易家常用蓍草作為算卦的道具。《毛傳》：「蓍，草也。」朱熹《集傳》：「蓍，巫草也。」陳奐《傳疏》：「蓍為叢生之草矣。」《說文》：「蓍，蒿屬。生十歲，百莖。《易》以為數。」《藝文類聚》卷第八十二引逸《禮》：「蓍千歲三百莖。」並引《尚書大傳‧洪範五行傳》：「蓍之為言耆也，

百年一本生百莖。」《周易・說卦》:「幽贊於神明而生蓍。」《周易釋文》引陸璣《毛詩草木疏》云:「蓍,似藾蕭,青色,科生。」科生,叢生。蓍草處在寒水之中,不利於占卜。這仍是暗示周敬王繼承大統不順利。

〔8〕京師:指東周王城。《公羊傳・桓公九年》:「京師者何?天子之居也。京者何?大也。師者何?眾也。」蔡邕《獨斷》:「天子所都曰京師。……京,大;師,眾也。故曰京師也。」《大雅・文王》:「祼將于京。」《大雅・民勞》:「惠此京師,以綏四國。」京師,本義為有水環繞的山丘之地。京,甲骨文字象丘上有高大建築物之形。轉指高丘。參見《鄘風・定之方中》注〔11〕。《爾雅・釋丘》:「(丘)絕高曰京。」《說文》:「京,人所為絕高丘也。」師,從自從匝,軍隊周匝駐紮之義。有軍隊環繞山丘駐紮之地亦稱為「京師」。《大雅・公劉》:「篤公劉,逝彼百泉,瞻彼溥原。迺陟南岡,迺覯于京。京師之野,于時處處,于時廬旅……」朱熹《集傳》曰:「京師,高丘而眾居也。」《春秋》《左傳》中屢稱東周王城為「京師」。周人稱豐、鎬和東周王城為「京師」,蓋是沿襲了先周人對都城的稱呼。一說,「京師」本指陝西鳳翔周人舊都。顧炎武《肇域志》:「陝西鳳翔有山曰京,有水曰師,周文王、武王建都於此,統名之曰京師。」

〔9〕芃芃黍苗:田野裏的黍子苗多麼茂盛。芃芃,繁多茂盛的樣子。芃,本義為草茂盛。引申為茂盛之義。段校《說文》:「芃,艸盛貌。從艸,凡聲。」芃,通蓬、繁。芃,並母冬部;蓬,並母東部;繁,並母元部。冬、東旁轉,與元部旁通轉。芃、繁皆有繁多茂盛之義。《鄘風・載馳》:「我行其野,芃芃其麥。」《毛傳》:「麥芃芃然方盛長。」《小雅・采菽》:「維柞之枝,其葉蓬蓬。」一說,「芃芃」為美義。《毛傳》:「芃芃,美貌。」黍苗繁盛,當然也美觀。黍苗,黍子苗。黍子是中國古代北方地區廣泛種植的一種農作物。此歌詞以「芃芃黍苗」比喻昔日強盛的周王朝。

〔10〕陰雨膏之:這是因為綿綿的春雨滋潤了它。陰雨,天濃陰而有雨。此蓋指春雨。先秦時黍子一般在春天播種,壯苗急需雨水。此歌詞把春雨比作脂膏,是說春雨珍貴。膏,動物油脂。動物油脂稀釋後可以潤物。此歌詞中「膏」為動詞,滋潤之義。《廣韻・豪韻》:「膏,澤也。」《集韻・豪韻》:「膏,潤也。《詩》:『陰雨膏之。』」春雨如脂膏,能潤澤莊稼。《小雅・黍苗》:「芃芃黍苗,陰雨膏之。」這句歌詞以春雨滋潤禾苗作比喻,讚揚晉國長期保護周王室的功德。

〔11〕四國有王：為了讓四方諸侯共同輔佐周敬王。四國，周王朝周邊的諸侯國。
有，通右。有、右皆匣母之部字。右，說明、輔佐。《說文》：「右，助也。从
口，從又。」王，周天子。此指周敬王姬匄。

〔12〕郇伯勞之：晉國的郇伯受了許多的勞纍之苦呀。郇伯，晉國郇氏一族的宗長。
郇，古國名。《說文》：「郇，周文王子所封國，在晉地。」《段注》：「《左傳》
曰『軍於郇』，曰『盟於郇』，曰『必居郇瑕氏之地』，皆是也。郇國為晉所併。
在二《志》之河東解縣。今山西蒲州府臨晉縣東北十五里有故郇城。」按，
古郇國在山西運城鹽湖之陽。《左傳・僖公二十四年》「軍于郇」杜預《注》：
「解縣西北有郇城。」楊伯峻《注》：「郇，地當在今山西臨猗縣西南不遠之
地。」解縣西北與臨猗縣西南實為一地。《左傳・僖公二十四年》：「管蔡郕
霍，魯衛毛聃，郜雍曹滕，畢原酆郇，文之昭也；邗晉應韓，武之穆也；凡
蔣邢茅胙祭，周公之胤也。」《廣韻・諄韻》：「荀，本姓郇，後去『邑』為
『荀』。」荀通郇。郇、荀皆心母真部字。《逸周書・王會解》：「成周之會，
壇上張赤帟陰羽，天子南面立，……唐叔、荀叔、周公在左，太公望在右。」
周釐王五年（公元前 677 年），晉武公滅郇，將郇地賜給了晉大夫原黯，原
黯後人改姓荀氏。《水經注・汾水注》引《汲郡古文》：「晉武公滅荀，以賜大
夫原氏也。」《文選》班彪《北征賦》「郇」字李善《注》：「臣贊曰：按《汲
郡古文》：『晉武公滅郇，以賜大夫原黯，是為郇叔。』又云：『（晉）文公城
荀。』然則當在晉之境內，不得在右扶風之界。今河東有郇城，即古郇國
也。」伯，長。此為族長之稱。《說文》：「伯，長也。」《段注》：「凡為長者
皆曰伯。」《釋名・釋親屬》：「伯，把也，把持家政也。」《國語・周語中》
及《左傳》文公七年、成公十六年文稱晉國的大將荀林父（荀躒的族高祖父）
為「荀伯」。魯文公、成公之時，荀林父已由荀氏別為中行氏，因其大宗為荀
氏，又為晉卿，故仍稱其為「荀伯」。荀躒的族伯父中行氏荀吳於周敬王元年
（公元前 519 年）去世，荀躒繼其位，列晉六卿之一，成為荀族的宗長。籍
談、荀躒護祐周敬王之事，見於《左傳・昭公二十二年》。此歌詞中的「郇
伯」即荀躒。勞之，為輔佐周敬王而操勞。荀躒積極聯合諸侯拯救周王室，
故曹人說「郇伯勞之」。

【詩旨說解】

《下泉》是曹國人送別晉國邀盟使者的樂歌歌詞。這篇歌詞的創作與周
景王時王子爭立、王城動亂和晉國出面平定周亂之事密切相關。

　　周景王晚年耽於逸樂，把東周王朝的朝政搞得一團糟，立嗣大事不決，大臣分裂成兩派，朝內危機四伏。周景王二十五年（公元前 520 年），景王在遊獵途中，突發病崩逝。周景王的庶子王子朝，在大臣尹氏、召伯、毛伯的支持下自立為王。大臣劉子、單子則擁立王子猛（周悼王）。在這段時間裏，東周王城地區攻殺頻仍，戰亂不息。此年六月，王子朝率領失去了俸祿的舊官、百工及靈王、景王的族人，擊敗了王師。周悼王姬猛出奔，告急於晉。十月，晉大夫籍談、荀躒率軍護送姬猛返歸王城。《左傳・昭公二十二年》：「冬十月，丁巳，晉籍談、荀躒帥九州之戎及焦、瑕、溫、原之師，以納王于王城。」十一月，姬猛卒。晉國及周重臣又擁立姬猛的弟弟王子匄，是為周敬王。晉軍攻打王子朝的軍隊。王子朝受挫，退守於京地。周敬王元年（公元前 519 年）正月，晉軍撤走，六月，王子朝的勢力復振，敗敬王師，佔據了王城，周敬王被迫退居於劉國，後居於狄泉附近的成周城。周敬王二年（公元前 518 年）六月，鄭定公出使晉國，請晉國再度出兵救周。晉頃公命荀躒率領晉國的軍隊救周平亂，擁立周敬王。此時荀躒大約三十歲左右，正值英年，他這次勤王平亂功績顯赫，播譽海內。周敬王三年（公元前 517 年）春，晉國、鄭國發起了拯救周敬王的「黃父會盟」。夏，魯、宋、衛、鄭、曹、邾、滕、薛、小邾等國會於黃父（今山西省沁水縣西北），商議平亂事宜，主會者是晉國的卿士趙鞅。他要求與會的各諸侯國向周敬王輸送糧草，籌派戍卒，並商定次年納敬王於王城。周敬王四年七月，荀躒、趙鞅率晉軍入周，攻王子朝。王子朝兵敗，與召伯族人、尹氏、毛伯攜帶著周王室大量的典籍逃奔楚國。周敬王進入王城。為使周敬王姬匄坐穩江山，周敬王十年（公元前 510 年），晉魏舒、韓不信又召集有關諸侯國的大夫會於狄泉，重溫舊盟，發起了「城成周」援助敬王的活動。晉國在發起「黃父會盟」之前，派荀躒的族人到曹國邀請曹國參加會盟。

　　曹國人也十分關心王室的安危。當荀躒的族人在曹國完成了邀盟使命將要返程時，曹悼公按外交禮節為其舉行送別儀式，設宴餞行。在送別儀式上，曹國的樂師演唱了《下泉》這首樂歌。

　　此歌第一、二、三章以冰涼的狄泉水浸泡東周京城郊野的野草作為比喻，憫歎周王室處在危難之中，表示了曹國人對周王室的深切憂慮和對周王室的命運前途的高度關注；第四章對晉國長期以來扶持周王室的做法和荀躒個人

勤王救周的功績予以高度的讚揚，表示了曹國人對於晉國政治路線的擁護和支持。

《下泉》是外交樂歌，政治色彩濃厚。作者運用生動的文學語言，高度讚揚了晉國的救周功績，也清楚地表達了曹國公室同情、關切周王室和擁護晉國的政治路線，積極匡扶王室的外交態度。

《下泉》這篇樂歌歌詞是為送別邀盟使者而創作的，它是《詩經》中創作時間最晚的一篇作品。《焦氏易林·蠱之歸妹》說：「下泉苞糧，十年無王；苟伯遇時，憂念周京。」《左傳·昭公三十二年》：「秋八月，王使富辛與石張如晉，請城成周。天子曰：『天降禍于周，俾我兄弟並有亂心，以為伯父憂。我一二親昵甥舅，不遑啟處，於今十年，勤戍五年。余一人無日忘之，閔閔焉如農夫之望歲，懼以待時。』」焦氏蓋據《左傳》，以魯昭公二十二年（公元前520年）王子朝作亂至魯昭公三十二年（公元前510年）城成周這段時間為十年「天下無王」時期。明何楷《詩經世本古義·軫部》：「《下泉》，曹人美苟躒納周敬王也。」「今考詩與《春秋》事相符合。焦氏所傳確矣，當從之。」清馬瑞辰《毛詩傳箋通釋》：「據《易林·蠱》『歸妹』卦云：『下泉苞糧，十年無王；苟伯遇時，憂念周京。』此詩當為曹人美晉苟躒納敬王於成周而作。」清王先謙《詩三家義集疏》：「明何楷《世本古義》以為曹人美晉苟躒納敬王於成周而作此詩。……苟伯，即苟躒也。……何氏闡明《齊》說，深於《詩》義有裨，今從之。」高亨《詩經今注》、程俊英《詩經譯注》亦主此說。

關於《下泉》的主旨，還有以下兩種說法：

一，思明賢說。《毛詩》序：「《下泉》，思治也。曹人疾共公侵刻下民，不得其所，憂而思明王賢伯也。」孔穎達《疏》：「此謂思上世明王賢伯治平之時。若有明王賢伯，則能督察諸侯，共公不敢暴虐，故思之也。上三章皆上二句疾共公侵刻下民，下二句言思古明王；卒章思古賢伯。」

二，傷周衰說。朱熹《集傳》：「王室陵夷而小國困弊，故以寒泉下流而苞稂見傷為比，遂興其愾然以念周京也。」清方玉潤《詩經原始》：「《下泉》，傷周無王，不足以制霸也。」劉沅《詩經恒解》：「《下泉》四章，章四句。周衰，大國侵陵，小國日削，王綱解而方伯無人，賢者傷之而作。」

豳　風

　　豳，周人舊地，在今甘肅慶陽一帶。周人的先祖名「棄」。夏代末年，棄的後裔不窋失掉了夏朝的農稷官職，流竄於戎狄之間，定居於豳地。《國語・周語上・祭公諫穆王征犬戎》載周穆王的大臣祭公謀父對穆王說：「昔我先王世后稷，以服事虞、夏。及夏之衰也，棄稷弗務，我先王不窋用失其官，而自竄於戎狄之間，不敢怠業。」《史記・秦本紀》秦惠文君十一年「縣義渠」張守節《正義》引《括地志》：「寧、原、慶三州，秦北地郡，戰國及春秋時為義渠戎國之地，周先祖公劉、不窋居之，古西戎也。」方志稱慶陽、寧縣一帶為「北豳」。明嘉靖《慶陽府志》載：「慶陽乃古唐虞雍州之域，周之先稷子不窋所居，號北豳。」窋，「窟」字的古體。不窋，大窟之義。不，通丕。不，幫母之部；丕，滂母之部。幫、滂旁紐。《說文》：「丕，大也。」周先祖不窋是首創窯洞大室的人。周人在北豳先是依山穴居，而後築城邑。今慶城縣（秦義渠縣，漢義渠、郁郅縣，隋弘化郡，唐慶州，唐弘化、安化、順化郡縣，宋元明清慶陽府、安化縣，民國慶陽縣）東三里有不窋城遺址。《史記・周本紀》「子不窋立」張守節《正義》引《括地志》：「不窋故城在慶州弘化縣南三里，即不窋在戎狄所居之城也。」唐《元和郡縣圖志》卷三「慶州」下：「今州理東南三里有不窋故城是也。」「順化縣」下：「不窋墓，在縣東二里。」顧炎武《肇域志》「慶陽府安化縣」下：「不窋墓，在城東三里。碑刻剝落，上有片石，大書『周祖不窋氏陵』。」不窋孫公劉率其族人自北豳南遷，其遷居地在今陝西邠縣、郇邑縣之間，仍稱為「豳」。周史詩《大雅・公劉》篇記述了「公劉遷豳」的歷史事件：「篤公劉，既溥且長，既景迺岡。相其陰陽，觀其流泉，其軍三單。度其隰原，徹田為糧。度其夕陽，豳居允荒。」《公劉》篇所稱「豳」，

乃是豳地名稱的南移。《史記・周本紀》:「后稷卒,子不窋立。不窋末年,夏后氏政衰,去稷不務,不窋以失其官而奔戎狄之間。不窋卒,子鞠立。鞠卒,子公劉立。公劉雖在戎狄之間,復修后稷之業,務耕種,行地宜,自漆、沮度渭,取材用,行者有資,居者有畜積,民賴其慶。百姓懷之,多徙而保歸焉。周道之興自此始,故詩人歌樂思其德。公劉卒,子慶節立,國於豳。」公劉在「南豳」帶領族人開發農業,壯大族群勢力。而後,公劉的玄孫公亶父率領其族人南遷到岐山周原一帶。

先周豳人崇尚夏文化,也吸收戎狄文化,融合而成為先周文化。周人從北豳遷至南豳,而後又遷至岐山之南的周原,他們一直使用著豳樂。豳歌、豳舞再加上豳器演奏的曲調,統稱「豳樂」。豳樂是先周古樂。相對於春秋時期而言,先周豳樂所使用的樂器為古樂器,樂調也十分古樸。《周禮・春官・籥章》:「籥章:掌土鼓、豳籥。中春,晝擊土鼓、歙《豳詩》,以逆暑。中秋,夜迎寒,亦如之。凡國祈年于田祖,歙《豳雅》,擊土鼓,以樂田畯。國祭蠟,則歙《豳頌》,擊土鼓,以息老物。」鄭玄《注》:「杜子春云:『土鼓,以瓦為匡,以革為兩面,可擊也。』」《周禮》所謂的「《豳詩》」「《豳雅》」「《豳頌》」,本是用樂器單獨演奏的古樂曲。《豳詩》《豳雅》《豳頌》蓋皆為詩章,故可唱可誦,也有配曲,可用樂器單獨演奏。從音樂方面說,「《豳詩》」殆即民間曲調,「《豳雅》」殆即夏朝所傳的宮廷貴族用樂,「《豳頌》」殆即祭祀誦詞所配的清音樂。

隨著周人的東進,豳樂也東漸之豐、鎬和魯國。魯國用周樂,其中也包括周王朝頒給魯國的豳樂。春秋時期的魯樂中,還保留著先周的豳樂。據《左傳・襄公二十九年》所述,春秋吳公子季札在魯觀周樂,樂工「為之歌《豳》」,季札聽了之後評價說:「美哉,蕩乎!樂而不淫,其周公之東乎?」《左傳》此文的作者認為,豳樂是伯禽秉承周公的旨意,從西周王室帶往東方魯國的古樂。伯禽在魯國採取了推行周制的立國政策,使部分先周古樂得以保存於魯國。東周時期新樂流行,古樂衰微,各諸侯國的貴族都喜用新樂,保存下來的先周古樂如鳳毛麟角。

《豳風》共七篇詩文。其中,《破斧》是西周人所作;《七月》《鴟鴞》是先周人所作,但有魯國人修改的痕跡;《狼跋》的寫作時間不明,或為先周岐人所作,或先周只有《狼跋》舞蹈,周人補寫了《狼跋》樂詞;《東山》《伐柯》《九罭》三篇,皆是魯國人所作。

七月

七月流火〔1〕，九月授衣〔2〕。
一之日觱發〔3〕，二之日栗烈〔4〕。
無衣無褐〔5〕，何以卒歲〔6〕？
三之日于耜〔7〕，四之日舉趾〔8〕。
同我婦子〔9〕，饁彼南畝〔10〕，田畯至喜〔11〕。

七月流火，九月授衣。
春日載陽〔12〕，有鳴倉庚〔13〕。
女執懿筐〔14〕，遵彼微行〔15〕，爰求柔桑〔16〕。
春日遲遲〔17〕，采蘩祁祁〔18〕。
女心傷悲〔19〕，殆及公子同歸〔20〕。

七月流火，八月萑葦〔21〕。
蠶月條桑〔22〕，取彼斧斨〔23〕，
以伐遠揚〔24〕，猗彼女桑〔25〕。
七月鳴鵙〔26〕，八月載績〔27〕。
載玄載黃〔28〕，我朱孔陽〔29〕，為公子裳〔30〕。

四月秀葽〔31〕，五月鳴蜩〔32〕。
八月其穫〔33〕，十月隕蘀〔34〕。
一之日于貉〔35〕，取彼狐狸，為公子裘〔36〕。
二之日其同〔37〕，載纘武功〔38〕。
言私其豵〔39〕，獻豣于公〔40〕。

五月斯螽動股〔41〕，六月莎雞振羽〔42〕。
七月在野，八月在宇〔43〕，
九月在戶〔44〕，十月蟋蟀入我牀下〔45〕。
穹窒熏鼠〔46〕，塞向墐戶〔47〕。
嗟我婦子〔48〕，曰為改歲〔49〕，入此室處〔50〕。

六月食鬱及薁〔51〕，七月亨葵及菽〔52〕。
八月剝棗〔53〕，十月穫稻〔54〕，
為此春酒〔55〕，以介眉壽〔56〕。

七月食瓜〔57〕，八月斷壺〔58〕，九月叔苴〔59〕。
采荼薪樗〔60〕，食我農夫〔61〕。

九月築場圃〔62〕，十月納禾稼〔63〕。
黍稷重穋〔64〕，禾麻菽麥〔65〕。
嗟我農夫，我稼既同〔66〕，上入執宮功〔67〕。
晝爾于茅〔68〕，宵爾索綯〔69〕。
亟其乘屋〔70〕，其始播百穀〔71〕。

二之日鑿冰沖沖〔72〕，三之日納于凌陰〔73〕。
四之日其蚤〔74〕，獻羔祭韭〔75〕。
九月肅霜〔76〕，十月滌場〔77〕。
朋酒斯饗〔78〕，曰殺羔羊〔79〕。
躋彼公堂〔80〕，稱彼兕觥〔81〕：萬壽無疆〔82〕！

【注釋】

〔1〕七月流火：七月初黃昏時大火之星從南中天開始向西運行。七月，夏曆七月。此所謂「夏曆」，指春秋戰國時期產生的一種託古的建寅曆法，非指夏朝曆法。本篇注解中以下所稱「夏曆」同此。流火，大火之星從南中天的位置開始往西部天空的下方移行。這是立秋時的一種天象。立秋一般在夏曆七月初。立秋之後，天氣轉涼。流，中國古代天文學術語，星宿從南中天往西天的下方移行。中國古代天文學將因地球公轉造成的星宿位移情況用中、流、伏、內來表示。中，傍晚時觀察，某星宿在南天正中；流，星宿從中天西移；伏，星宿又西移，雖未入地平線而因日光尚強而被日光遮蔽，隱伏不見；內，星宿又西移而沒入於地平線以下，為地球所遮蔽。《毛傳》：「流，下也。」火，即大火之星，又稱「心宿二」「大辰」。中國古代天文學把黃道、赤道附近整個空域劃分二十八個區，每個區分配有一個恒星組。心宿屬二十八星宿東方蒼龍七宿的第五宿。心宿有三顆星，其中第二星心宿二為紅色，古稱「大火」，現代天文學稱之為「天蠍座α星」。中國上古人刀耕火種，以大火之星昏見東方作為出火燒荒的時間。《毛傳》：「火，大火也。」《爾雅·釋天》：「大火謂之大辰。」「七月流火」是大火之星開始下行之象。《禮記·月令》：「季夏之月……昏，火中。」據天文學者研究，《禮記·月令》所載的天象是戰國早期的天象，所載的曆法是建寅曆法。春秋時期的天象與《禮記·月令》所載

的天象十分接近，季夏（夏曆的六月）黃昏時大火之星接近南中天，到夏末秋初（夏曆七月）它就開始西流了，夏曆八月隱伏，夏曆九月沒入地下。《鄭箋》：「大火者，寒暑之候也。火星中而寒暑退。故將言寒，先著火所在。」《左傳・昭公三年》：「火中，寒暑乃退。」大火之星黃昏時處在南中天位置，夏天就要結束了；黎明時處在南中天的位置，冬天就要結束了。「七月流火」的星象與《左傳》《禮記・月令》所說的「大火」的星象相合。「七月流火」是以星象紀曆的說法。

〔2〕九月授衣：九月裏該發放禦寒之衣了。九月，夏曆九月。授衣，農奴主分發冬衣。在授衣之前，要先籌備製衣的材料，分發製衣材料，製作成衣，而後將成衣頒發給各類人員。《毛傳》：「九月霜始降，婦功成，可以授冬衣矣。」《夏小正》：「九月：王始裘。」睡虎地秦墓竹簡《金布律》：「受（授）衣者，夏衣以四月盡六月稟之，冬衣以九月盡十一月稟之。過時者勿稟，後計冬衣來年。因有寒者為褐衣。……稟衣者，隸臣、府隸之毋（無）妻者及城旦。……隸臣妾之老及小不能自衣者，如春衣。」稟，本義發放穀物。引申為發給之義。《說文》：「稟，賜穀也。」《廣雅・釋詁》：「稟，予也。」「稟，祿也。」「稟」字又有領取之義。《集韻・沁韻》：「稟，受也。」《說文》「稟」字《段注》：「凡賜穀曰稟。受賜亦曰稟。引申之，凡上所賦、下所受皆曰稟。」睡虎地簡為秦朝遺物，其所載曆法為秦朝曆法。秦朝實行顓頊曆。顓頊曆月序與夏曆相同，以夏曆十月為歲首，歲首仍稱為「十月」，稱正月為「端月」。秦國對刑徒雜役城旦、春及其家屬等沒有衣服自給能力的人發放衣物，發放冬衣的時間為顓頊曆的九月至十一月，即夏曆九月至十一月。

〔3〕一之日觱發：一月裏寒風刮得「劈叭」地響。一之日，豳曆一月，相當於周曆（或魯曆）一月、殷曆十二月、夏曆十一月。此所謂「豳曆」，指古北豳時期產生的一種建子曆法。此所謂「周曆」「魯曆」，分別指春秋戰國時期周王朝、魯國使用的曆法。此所謂「殷曆」，指春秋戰國時一些諸侯國使用的一種託古的建丑曆法，非指殷朝曆法。本篇其他注解中所稱「殷曆」「周曆」「魯曆」同此。此所謂「夏曆」，即本詩《毛傳》《韓說》所謂的「夏某月」之夏曆。此曆法與漢朝的太初曆、今之農曆在月份名稱上基本一致。《韓說》：「『一之日畢發』，夏之十一月也。」《毛傳》：「一之日，周正月也。」一說，「一之日」是一月裏的日子。王引之《經義述聞・毛詩》「一之日」條下：「『一之日』『二之

日』，猶言一月之日、二月之日。」此說亦可。觱發，烈風吹物所發出的響聲。
觱發，猶言「劈叭」。《毛傳》：「觱發，風寒也。」

〔4〕二之日栗烈：二月裏寒風凜冽。二之日，豳曆二月，相當於周曆（或魯曆）二
月、殷曆正月、夏曆十二月。《毛傳》：「二之日，殷正月也。」王先謙《集疏》
引《韓說》：「『二之日栗烈』，夏之十二月也。」栗烈，即㵐冽、凜冽、飂飉。
栗，通㵐、凜、飂。栗、㵐，來母質部；凜，來母侵部；飂，來母脂部。質、
脂對轉，質、侵旁通轉。凜冽，天極寒冷。烈，通冽、飉。烈、冽、飉皆來母
月部字。《毛傳》：「栗烈，寒氣也。」段玉裁《毛詩故訓傳定本》校訂經、傳皆
作「㵐冽」，經文下注曰：「《下泉》正義引『二之日㵐冽』，與《玉篇》《廣韻》
《文選》注皆合。《說文》本有『㵐冽』二字，今本『冽』訛為『瀨』，而《大
東》疏引《說文》『冽，寒貌』可證。《說文》：「㵐，寒也。」「凜，寒也。從
仌，㐭聲。」「飂，烈風也。」《段注》：「飂，飂飉也。各本作『烈風也』，今正。……
㵐冽，寒貌。」凜同凜。飂飉，即㵐冽，凜冽。《玉篇·冫部》：「㵐，㵐冽，寒
貌。」「凜，凜凜，寒也。」「冽，寒氣也。」朱熹《集傳》：「栗烈，氣寒也。」

〔5〕無衣無褐：貴族沒有美衣穿，下層人沒有粗布衣穿。衣，上衣。此指材質較
優、製作工藝好的衣服。褐，用粗毛線或葛、麻織成的衣服。「褐」代指下層
人穿的粗布衣服。《鄭箋》：「褐，毛布也。……人之貴者無衣，賤者無褐，將
何以終歲乎？」《釋文》：「褐，音曷。以毛為布也。」《後漢書·烏桓傳》：「婦
人能刺韋作文繡，織氀毼。」氀毼，古代中國北方游牧民族製作的一種粗毛織
物。褐，通毼。褐、毼皆匣母月部字。豳人的居住地接近戎狄，其褐或如游牧
民族的毛織粗衣。春秋戰國時期人們所穿的褐一般是用粗枲麻布製成的。《孟
子·滕文公上》：「孟子曰：『許子自織布然後衣之乎？』（陳相）曰：『否。許
子衣褐。』」趙岐《注》：「（陳）相曰：『不自織布。』許子衣褐，以毳織之，
若今馬衣也。或曰：『褐，枲衣也。』一曰：『粗布衣也。』」《淮南子·覽冥訓》：
「短褐不完。」高誘《注》：「短褐，毛布。如今之馬衣。」《左傳·定公八年》：
「公侵齊，攻廩丘之郛。主人焚衝，或濡馬褐以救之。」杜預《注》：「馬褐，
馬衣。」楊伯峻《注》：「馬褐，漢、晉人謂之馬衣，即以粗麻布所製之短衣，
賤者所服。」《戰國策·宋衛策·公輸般為楚設機》：「墨子見楚王曰：『今有人
於此，舍其文軒，鄰有弊輿而欲竊之；舍其錦繡，鄰有短褐而欲竊之；舍其梁
肉，鄰有糟糠而欲竊之。此為何若人也？』王曰：『必為有竊疾矣。』」「錦繡」
與「短褐」對文，精粗分明。戰國時秦國的褐衣也是用枲麻製成的。睡虎地秦

墓竹簡《金布律》：「大褐一，用枲十八斤，直六十錢；中褐一，用枲十四斤，直卅六錢；小褐一，用枲十一斤，直卅六錢。」

〔6〕何以卒歲：靠什麼度過年末寒冷的日子？何以，即以何，靠什麼。卒歲，過完一年。豳曆、周曆、魯曆的歲終，在夏曆十月末。卒，通訖，終。參見《邶風‧日月》注〔14〕。《鄭箋》：「卒，終也。」《韓非子‧解老》：「人始於生而卒於死。」歲，年。《爾雅‧釋天》：「載，歲也。夏曰歲，商曰祀，周曰年，唐虞曰載。」（以上一段講備寒衣之事）

〔7〕三之日于耜：三月裏要祭祀掌管耒耜的神靈，整修耕具。三之日，豳曆三月，相當於周曆（或魯曆）三月、殷曆二月、夏曆正月。《毛傳》：「三之日，夏正月也。」于耜，做耜事。于，通曰，語助詞。耜，動詞，做耜事。指祭祀耜神及整修耕具。《毛傳》：「于耜，始修耒耜也。」《韓說》：「三月之時，可豫取耒耜修繕之。至於四月，始可以舉足而耕也。」《小雅‧大田》：「既備乃事，以我覃耜。俶載南畝，播厥百穀。」中國古代流行泛神論，人們以為耒耜亦有神明主宰，故祭祀之。《夏小正》：「正月：初歲祭耒，始用，暢。」祭耒，指祭祀耒神。初歲祭耒神，祭祀不定日，隨事主的安排而定。暢，通長，耒能長久使用之義。祭祀了耒神，才敢使用耒，用起來耒的壽命也會更長久。耜，又作「梠」，原始的翻土耕地器具。耒安裝了金屬刃部即為耜。《說文》：「梠，臿也。」《禮記‧月令》：「季冬之月……命農計耦耕事，修耒耜，具田器。」鄭玄《注》：「耜者，耒之以金也，廣五寸。」

〔8〕四之日舉趾：四月裏舉足下田幹活。四之日，豳曆四月，相當於周曆（或魯曆）四月、殷曆三月、夏曆二月。《毛傳》：「四之日，周四月也。」舉趾，抬腳行走。指下田幹活。舉，抬起。趾，腳。《毛傳》：「民無不舉足而耕矣。」《孔疏》：「四之日悉皆舉足而耕。」《爾雅‧釋言》：「趾，足也。」

〔9〕同我婦子：與我的老婆孩子一起。同，與……一起。《鄭箋》：「同，猶俱也。」我，這是說唱者以農奴主的口氣自稱。《小雅‧甫田》：「曾孫來止，以其婦子，饁彼南畝。田畯至喜，攘其左右，嘗其旨否。」《小雅‧大田》：「曾孫來止，以其婦子。饁彼南畝，田畯至喜。」「曾孫」是某諸侯國國君或有封地的貴族大夫祭農神時的自稱。此說唱詞所敘「饁彼南畝」與《小雅‧甫田》《小雅‧大田》所敘「饁彼南畝」為同類事，此句的「我」與《小雅‧甫田》《小雅‧大田》的「曾孫」當為同類的人物，皆為農奴主。婦子，妻子和孩子。農奴主到「南畝」祭祀農神，要帶上妻子和孩子一起觀看熱鬧的祭祀活動。

〔10〕饁彼南畝：將酒食送到舉行開耕儀式的南田裏。饁，用有蓋的盛器送飯。《毛傳》：「饁，饋也。」饋，送人以食物。《說文》：「饋，餉也。」餉，送飲食。此句中「饁」是送給田畯及參加開耕儀式的大賓、眾賓酒食。《小雅·信南山》：「曾孫之穡，以為酒食，畀我尸賓，壽考萬年。」曾孫，周代的姬姓貴族農奴主自稱是農神后稷的「曾孫」，他們祭祀其另外的遠祖時也自稱「曾孫」。畀，給予。尸，代神或先祖受祭祀的人。賓，參加祭祀禮儀的一干人等。《儀禮·鄉飲酒禮》「謀賓介」鄭玄《注》：「賢者為賓，其次為介，又其次為眾賓。」參加祭祀農神儀式與參加鄉飲酒禮儀式的情形相似，只是賓的多寡不同。貴族農奴主帶著老婆孩子，攜帶著祭品來到「南畝」，讓農神享用酒食，由尸（田畯）代嘗這些酒食；祭祀完畢，再把酒食送給參加開耕儀式的眾賓嘗用。《小雅·甫田》和《小雅·大田》也講了同樣的事情。南畝，國都或城邑之南的良田。周代的諸侯大貴族一般都在城邑之南的大田裏舉行開耕儀式，祭祀神農氏和稷神，故古代城南門有稱「稷門」者，「南畝」附近的山有稱「稷山」者。

〔11〕田畯至喜：即「致田畯喜」，一定要讓「田畯」心裏歡喜。田畯，種田能手。畯，本義為種田技藝高的農夫。畯通俊。畯、俊皆精母文部字。《爾雅·釋言》：「畯，農夫也。」《說文》：「畯，農夫也。」上古農官后稷也被稱為「田畯」。《周禮·春官·籥章》：「凡國祈年于田祖，龡《爾雅》，擊土鼓，以樂田畯。」鄭玄《注》：「祈年，祈豐年也。田祖，始耕田者，謂神農也。……鄭司農云：『田畯，古之先教田者。』」《左傳·昭公二十九年》載蔡墨曰：「稷，田正也。有烈山氏之子曰柱，為稷，自夏以上祀之。周棄亦為稷，自商以來祀之。」「稷」最初是對種田能人的稱呼，後來演變為一種官職名稱。烈山氏之子柱和周先祖棄都擔任過后稷之官，周人只奉祀后稷棄。一說，黃帝的後裔始均為田祖。《魏書·序記》：「黃帝以土德王，北俗謂土為托，謂后為跋，故以為氏。其裔始均，入仕堯世，逐女魃於弱水之北，民賴其勤，帝舜嘉之，命為田祖。爰歷三代，以及秦漢，獯鬻、獫狁、山戎、匈奴之屬，累代殘暴，作害中州；而始均之裔，不交南夏，是以載籍無聞焉。」始均即叔均，相傳是黃帝的裔孫。北魏拓跋氏是叔均的支系。一說，「田畯」是春秋時期的農業官吏。《毛傳》：「田畯，田大夫也。」《鄭箋》依毛說。《孔疏》：「《釋言》云：『畯，農夫也。』孫炎曰：『農夫，田官也。』郭璞曰：『今之嗇夫是也。』然則此官選俊人主田，謂之田畯。典農之大夫謂之農夫。」《釋言》郭璞《注》：「今之嗇夫是也。」《爾雅釋文》：「畯，主田大夫，嗇夫也。」《說文》：「田夫謂之嗇夫。」此句說唱詞的「田

畯」，當是為祭祀稷神充當尸的人。尸一般由當地的種田能人來充當。田大夫精通農業技術，祭祀稷神的尸也可由田大夫充當。田祖與田畯為二農神。田祖是華夏農業的創始人神農。《小雅·甫田》：「琴瑟擊鼓，以御田祖。以祈甘雨，以介我稷黍，以穀我士女。」《毛傳》：「田祖，先嗇也。」《孔疏》：「以迎田祖先嗇之神而祭之。」朱熹《集傳》：「『田祖，先嗇也』，謂始耕田者，即神農也。」《小雅·大田》：「去其螟螣，及其蟊賊，無害我田稚。田祖有神，秉畀炎火。」蓋古人認為，神農之靈不僅能為甘雨，而且能驅除農作物的蟲害。巫扮作神農秉火炬做法，以驅趕螟、螣、蟊等害蟲，也扮作神農「于嗟」地唱著巫歌做法求雨。至，通致，致使。至，照母質部；致，端母質部。照、端準雙聲。喜，樂，高興。田畯是充當農神的活人，所以《周禮·春官·籥章》說「樂田畯」。夏曆二月開耕之日祭農神，不重祭品而重娛樂。小邑的農奴主祭農神時，提上一簞酒食送給尸和賓嘗嘗就可以了。但祭農神時，吹打之類的娛樂節目是不可少的，要熱鬧到讓充當農神的田畯高興為止。這種祭祀活動頗有些戲劇的味道。《小雅·甫田》：「琴瑟擊鼓，以御田祖，以祈甘雨。」越是起勁奏樂，田畯便越高興。民間俗語「田畯忍，旱不救」。此類祭祀農神的活動，又見於《小雅·信南山》《小雅·大田》篇。一說，「喜」通饎。《鄭箋》：「喜，讀為饎。饎，酒食也。」釋「喜」為「饎」，誤。（以上一段講初春祭未神、準備農耕器具和仲春開耕祭農神之事）

〔12〕春日載陽：春分過後，陽光溫暖和煦。春日，春天的日子裏。此指春分節氣過後的日子。春分節氣過後，天氣越來越暖。載，通則、即，表示轉折。載，精母之部；則，精母職部；即，精母質部。之、職對轉，與質部旁通轉。《鄭箋》：「載之言則也。」陽，從阜，從易，本義為山埠南面。《召南·殷其雷》：「在南山之陽。」《毛傳》：「山南曰陽。」《齊風·還》：「遭我乎猺之陽兮。」朱熹《集傳》：「山南曰陽。」《尚書·夏書·禹貢》：「至于岳陽。」孔安國《傳》：「山南曰陽。」陽通易、暘。陽、易、暘皆喻母陽部字。易，甲骨文字象日升在樹柯上之形，本義為太陽高而明亮。《說文》：「陽，高明也。從自，易聲。」許慎以「陽」為「易」，誤。有太陽照射的天氣稱為「易」。《尚書·周書·洪範》：「曰雨，曰暘，曰燠，曰寒，曰風。」易，又引申為陽光好，天氣溫暖之義。《鄭箋》：「陽，溫也。溫而倉庚又鳴，可蠶之候也。」春分過後，有陽光的天氣多了起來，天氣溫和，宜養蠶。

〔13〕有鳴倉庚：即「倉庚有鳴」。黃鸝鳥從南方飛來，經常能聽到它的鳴叫聲。倉
庚，黃鸝，又稱「離黃」「黃鶯」。《毛傳》：「倉庚，離黃也。」陸璣《毛詩草
木疏》：「黃鳥，黃鸝留也。或謂之黃栗留，幽州人謂之黃鶯。」有鳴，即鳴
叫。有，語助詞。鳴，鳴叫。黃鸝是鳴禽，其叫聲清新悅耳，婉轉動聽。《夏
小正》：「二月：有鳴倉庚。」《禮記·月令》：「仲春之月，……始雨水，桃始
華，倉庚鳴。」在中國北方，黃鸝是候鳥。「倉庚鳴」是以物候紀曆的說法。

〔14〕女執懿筐：女子手執著一種樣子好看的筐。懿筐，即猗筐，曲美好看的筐。懿
通猗、旑。懿，影母質部；猗、旑，影母歌部。質、歌旁對轉。猗，彎曲之義。
《小雅·巷伯》：「楊園之道，猗于畝丘。」旑，本義為旗幟在風中柔順地飄揚
的樣子。引申為曲美之義。《說文》：「旑，旗旑施也。」段校《說文》：「旑，
旑施，旗貌。」《大雅·烝民》：「好是懿德。」《毛傳》：「懿，美也。」《爾雅·
釋詁》：「懿，美也。」「懿筐」口寬，高而深，有一定彎曲度，與人背部的曲
度相吻合，便於手執和背負。一說，「懿筐」為深筐。《毛傳》：「懿筐，深筐也。」
《小爾雅·廣詁》：「懿，深也。」「懿」字本無深義，但據生活實際說「懿筐」
為深筐亦可。

〔15〕遵彼微行：順著那條小路。遵，順、循、沿。《說文》：「遵，循也。」《周南·
汝墳》：「遵彼汝墳，伐其條枚。」《鄭風·遵大路》：「遵大路兮，摻執子之袪
兮。」《豳風·九罭》：「鴻飛遵渚。」微行，即散行，野外的小路。朱熹《集
傳》：「微行，小徑也。」微，本義為從小路上秘密地往來行走。引申為隱行偵
察伺探、逃藏、藏匿之義。《說文》：「微，隱行也。」微，通散。微、散皆明
母微部字。散，小義。《說文》：「散，眇也。」「眇，小目也。」《段注》：「眇
者，小也。引申為凡細之偁。微者，隱行也。微行而散廢矣。」《廣雅·釋詁》：
「微，小也。」《呂氏春秋·孟秋紀·蕩兵》：「有巨有微。」行，道路。參見
《周南·卷耳》注〔4〕。陳奐《傳疏》：「行，道也。」《召南·行露》：「厭浥
行露。」《毛傳》：「行，道也。」《小雅·鹿鳴》：「示我周行。」《毛傳》：「行，
道也。」古代重蠶桑，野外有桑林，桑林間有小路。《鄘風·定之方中》：「說
于桑田。」《魏風·十畝之間》：「十畝之外兮，桑者泄泄。」《豳風·東山》：
「蜎蜎者蠋，烝在桑野。」桑野，即野桑，田野之桑。《小雅·隰桑》：「隰桑
有阿，其葉有難。」隰桑，即平野之桑。一說，「微行」是牆邊的小路。《毛傳》：
「微行，牆下徑也。『五畝之宅，樹之以桑。』」其說非是。

〔16〕爰求柔桑：尋找柔嫩的桑樹。爰，曰，語助詞。求，乞，尋找。參見《周南・
關雎》注〔7〕。柔桑，柔嫩的桑樹枝條。幼蠶愛吃嫩桑葉。《鄭箋》：「柔桑，
稚桑也。蠶始生，宜稚桑。」《夏小正》：「三月：妾子始蠶。」

〔17〕春日遲遲：春天的太陽行走得太慢了。遲，本義為緩慢地行走。《說文》：「遲，
徐行也。」遲，又轉指時光遲緩。春分過後，白晝一天天變長，讓人感覺一天
的時光漫長。《毛傳》：「遲遲，舒緩也。」《魯說》：「遲遲，徐也。」

〔18〕采蘩祁祁：婦女們為祭祀先祖成群結隊地外出採集蘩菜。蘩，白蒿類野菜。蘩
菜幼嫩時，可採其葉用作祭品。《毛傳》：「蘩，白蒿也。」祁祁，眾多之義。
參見《召南・采蘩》注〔1〕〔9〕。《毛傳》：「祁祁，眾多也。」

〔19〕女心傷悲：適婚女子在溫和的春天裏總是要惦念婚戀集會的日子。女，女子。
此指已到適合結婚年齡的女子。傷悲，憂思動情。傷通惕，憂思。參見《周南・
卷耳》注〔12〕。悲，心痛。《說文》：「悲，痛也。」「傷悲」是「情思」的另
一種說法，傷悲即思春、懷春。因追求之切而產生心痛。《毛傳》：「春，女悲；
秋，士悲。」《鄭箋》：「春，女感陽氣而思男；秋，士感陰氣而思女。是其物
化，所以悲也。悲則始有與公子同歸之志，欲嫁焉。女感事苦而生此志。是謂
豳風。」春天是適宜繁育的季節，蠶開始孵化了。春天的蓬勃生機會給人以刺
激，使婚齡男女對異性產生渴慕與追求。春天是舉行婚戀集會擇偶的時節，適
婚女子自然要惦念婚戀之事。《召南・野有死麕》：「有女懷春，吉士誘之。」

〔20〕殆及公子同歸：大概是想隨著貴族公子回家成婚。殆，大概，將要。這是表示
推測之詞。《孟子・梁惠王上》：「殆有甚焉。」《孟子・離婁下》：「殆於不可。」
《禮記・檀弓上》：「夫子殆將病也。」鄭玄《注》：「殆，幾也。」幾，接近，
快要。及，與，跟著。《毛傳》：「及，與也。」公子，公侯之子。又通指上層
貴族男子。《周南・麟之趾》：「振振公子。」《小雅・大東》：「佻佻公子，行彼
周行。」同歸，攜手同歸於男家，成婚姻之事。《召南・江有汜》：「之子歸，
不我與。不我與，其後也處。」《邶風・北風》：「惠而好我，攜手同歸。」《鄭
風・有女同車》：「有女同車，顏如舜華。」（以上一段講春天採桑、養蠶、祭
祖和男女婚戀之事）

〔21〕八月萑葦：八月裏要收割荻葦。八月，夏曆八月。萑葦，荻和葦，即實葦和
空葦。《毛傳》：「薍為萑。葭為葦。」萑，荻。初生時稱為「蒹」，長成後稱
為「萑」。葦，蘆葦。初生時稱為「葭」，長成後稱「蘆」「葦」。《夏小正》：
「七月：秀雚葦。」雚，同萑。參見《秦風・蒹葭》注〔1〕。此句的「萑葦」

用為動詞，指收割荻和葦。荻和葦夏曆八月老枯，收割了用於編席、編簍、覆蓋屋頂等。

〔22〕蠶月條桑：三月裏要為桑樹修剪枝條。蠶月，夏曆三月。高亨《詩經今注》：「蠶月，即夏曆三月，養蠶的月份，所以叫蠶月。」條桑，修剪桑樹。條，本義為枝條。《說文》：「條，小枝也。」參見《周南・汝墳》注〔2〕。條通修。條，定母幽部；修，心母幽部。定、心鄰紐。修，整治。《說文》「修」字《段注》：「修者，治也。引申為凡治之偁。」《玉篇・彡部》：「修，治也。」《廣韻・尤韻》：「修，理也。」《禮記・檀弓上》：「古不修墓。」《論語・堯曰》：「審法度，修廢官。」《尚書・夏書・禹貢》：「六府三事孔修。」王念孫《讀書雜志・荀子第二・儒效》「修修兮」條下：「《韓子・難篇》『百官修通』，《管子・明法解篇》修作條。」《大戴禮記・夏小正》：「三月：攝桑、委揚。」攝桑，即用手牽桑樹的枝條而剪斫之。《說文》：「攝，引持也。」《段注》：「凡云攝者，皆整飭之義。」「攝桑」與「條桑」是一回事。此句的「條」為動詞，即修剪桑樹上累贅的枝條。

〔23〕取彼斧斨：拿起斧頭。取，拿。斧、斨，兩種砍削工具。斧，柄孔為長形。《豳風・破斧》：「既破我斧，又缺我斨。」《毛傳》：「隋（橢）銎曰斧。」《說文》：「斤，斫木斧也。」《孟子・梁惠王上》：「斧斤以時入山林。」斨，柄孔為方形。《毛傳》：「斨，方銎也。」段玉裁《毛詩故訓傳定本》校定傳文為「斨，方銎斧也」，注曰：「『斧』字依《說文》補。」銎，斧頭上安裝把柄的孔。《孔疏》：「《破斧》傳云：『隋銎曰斧，方銎曰斨。』」《說文》：「斨，方銎斧也。」

〔24〕以伐遠揚：用它砍掉那些過長的枝條。伐，砍伐。遠揚，樹上遠程揚出的枝條。《毛傳》：「遠，枝遠也。揚，條揚也。」

〔25〕猗彼女桑：讓小桑樹長得更加美盛。猗，動詞，使枝條長得更加好看，使桑樹更加美盛。《衛風・淇奧》：「瞻彼淇奧，綠竹猗猗。」《毛傳》：「猗猗，美盛貌。」猗通旖。旖旖，柔美的樣子。女桑，即軟桑、柔桑、嫩桑。相對於春秋時期來說，「女桑」蓋為古語。女，通柔、軟。女，泥母魚部；柔，日母幽部；軟，日母元部。泥、日準雙聲；魚、幽旁轉，魚、元通轉。《毛傳》：「女桑，荑桑也。」《魯說》：「女桑，梗桑。」《爾雅・釋木》：「女桑，梗桑。」郭璞《注》：「今俗呼桑樹小而條長者為女桑樹。」荑，初生的茅草的嫩芽。梗，初生的枝條。荑、梗皆通稚。荑、梗、稚皆定母脂部字。稚，幼嫩。女又通茹。茹，日

母魚部。《玉篇·艸部》:「茹,柔也。」《楚辭·離騷》:「攬茹蕙而掩涕兮。」
王逸《注》:「茹,柔奕也。」對小桑樹進行修剪,可以使其長得更加美盛。《古
謠諺》卷四十二「斧桑諺」云:「《群芳譜·桑譜》:『採桑,高者用梯摘,庶不
傷枝。遠出強枝,當用闊刃鋒利扁斧,轉腕回刃,向上斫之,枝查既順,津脈
不出,葉必復茂。諺曰:『斧頭自有一倍葉。』此善用斧之效也。」「猗彼女桑」
說明了修剪桑樹的作用。

〔26〕七月鳴鵙:七月裏伯勞鳥開始鳴叫。七月,此為周曆(或魯曆)七月,相當於
夏曆五月。鵙,又作「鶪」,鳥名,伯勞鳥,又名「百鷯」「伯趙」。鵙通鴃。
鵙,見母錫部;鴃,見母月部。錫、月旁通轉。《毛傳》:「鵙,伯勞也。」《夏
小正》:「五月:鴃則鳴。」原注:「鴃者,百鷯也。」《爾雅·釋鳥》:「鵙,伯
勞也。」《孟子·滕文公上》「南蠻鴃舌之人」趙岐《注》:「鴃,博勞鳥也。《詩》
云:『七月鳴鴃。』」《說文》:「鶪,伯勞也。」《段注》:「《夏小正》作『百鷯』,
《月令注》作『博勞』,《詩箋》作『伯勞』,古音同也。鶪,《夏小正》《孟子》
作『鴃』,乃雙聲假借字。《小正》《月令》皆云『五月鳴』。惟《豳風》曰『七
月鳴鶪』。《左傳》曰:『伯趙氏,司至者也。』」司至,即司夏至。夏至在夏曆
五月裏。伯勞鳥每年夏曆五月出現在中國北方地區。《禮記·月令》:「仲夏之
月……小暑至,螳蜋生,鵙始鳴。」「七月鳴鵙」是以物候紀曆的說法,所說
伯勞鳥在中國北方出現的時間與《夏小正》《左傳》《月令》所載的相差了兩個
月,故「七月」為周曆(或魯曆)。

〔27〕八月載績:八月裏就要開始紡織麻布。八月,此為周曆(或魯曆)八月,相當
於夏曆六月。載績,指紡織。載,通則,就。績,紡、拈麻線積成團。《毛傳》:
「載績,絲事畢而麻事起矣。」《說文》:「績,緝也。」緝,通集,積紡。緝,
清母緝部;集,從母緝部。清、從旁紐。何謂「絲事畢」?《禮記·月令》:
「季春之月……蠶事既登,分繭稱絲效功。……孟夏之月……蠶事畢,后妃獻
繭。」《禮記·祭義》:「歲既單(殫)矣,世婦卒蠶,奉繭以示于君,遂獻繭
于夫人。夫人曰:『此所以為君服與?』遂副、褘而受之,因少牢以禮之。古
之獻繭者,其率用此與!及良日,夫人繰,三盆手,遂布于三宮夫人、世婦之
吉者,使繰;遂朱、綠之,玄、黃之,以為黼黻、文章。」《太平御覽·時序
部十六》引緯書《孝經援神契》:「仲夏始出婦人染練,咸有作務。」分繭、獻
繭、繰絲、染練的活兒都完成了,即《毛傳》所謂的「絲事畢」。何謂「麻事
起」?《氾勝之書·麻》:「夏至後二十日漚枲,枲和如絲。」元王禎《農書·

農桑通訣》所附《周歲農事授時尺圖》將「漚麻」列在夏季的六月中旬。絲事畢，開始漚麻、績麻，即《毛傳》所謂的「麻事起」。

〔28〕載玄載黃：把布帛染成黑赤色的和黃色的。載，通是、則，又。玄，本義為赤黑色。《毛傳》：「玄，黑而有赤也。」《說文》：「黑而有赤色者為玄。」《周禮·考工記·鍾氏》：「鍾氏染羽，……三入為纁，五入為緅，七入為緇。」鄭玄《注》：「凡玄者，在緅緇之間，其六入與？」經六入浸染的布帛，其色較緇色淺，為黑赤色。一說，「玄」為黑色。《夏小正》：「玄校」原注：「玄也者，黑也。校（絞）也者，若綠色然。」黃，黃色。《邶風·綠衣》：「綠衣黃裳。」此句中「玄」「黃」皆為動詞，指把布帛染成黑赤色、黃色。

〔29〕我朱孔陽：我們染出來的紅色布帛非常鮮豔。我，我們的。朱，通赭，紅色。參見《衞風·碩人》注〔18〕。《毛傳》：「朱，深纁也。」《儀禮·士冠禮》「纁裳」鄭玄《注》：「纁裳，淺絳裳。凡染絳，一入謂之縓，再入謂之赬，三入謂之纁，朱則四入與？」將白色的布帛浸入赤色液體顏料之中，經過四次浸染就成了「朱」色。此句的「朱」指已染成的紅色布帛。孔，非常，很。參見《周南·汝墳》注〔9〕。陽，借為易，明亮之義。此謂染出來的布帛色澤鮮明耀眼。《毛傳》：「陽，明也。」

〔30〕為公子裳：用這些布帛給公子做衣裳。為，做。裳，下衣。此指衣服。公子，泛指貴族子弟。（以上一段講修剪桑樹和紡織、染帛、製衣之事）

〔31〕四月秀葽：四月裏葽草長出穗來。四月，夏曆四月，相當於周曆（或魯曆）六月。秀，象禾有采實之形，本義為禾長穗。轉指草類植物的穗。《毛傳》：「不榮而實曰秀。」《爾雅·釋草》：「不榮而實者謂之秀。」《說文》「秀」字徐鍇《繫傳》：「秀，禾實也。有實之象，下垂也。」《論語·子罕》：「子曰：『苗而不秀者有矣夫！秀而不實者有矣夫！』」《淮南子·時則訓》：「苦菜秀。」葽，中草藥名，今名「遠志」。遠志是常用的中藥材。《毛傳》：「葽，葽草也。」《夏小正》：「四月：秀幽。」《爾雅·釋草》：「葽繞，蕀蒬。」郭璞《注》：「今遠志也。」《說文》：「葽，艸也。从艸，要聲。《詩》曰：『四月秀葽。』」《段注》：「玉裁按，《小正》：『四月秀幽。』幽、葽一語之轉，必是一物。」

〔32〕五月鳴蜩：五月裏蟬從地下鑽出來，爬上樹開始鳴叫。五月，夏曆五月，相當於周曆（或魯曆）七月。蜩，又名「蝘蜩」，蟬的別稱。《毛傳》：「蜩，蝘也。」《說文》：「蜩，蟬也。从虫，周聲。《詩》曰：『五月鳴蜩。』」《夏小正》：「五

月:唐蜩鳴。」《逸周書·時訓解》:「夏至之日,鹿角解。又五日,蜩始鳴。」
《大雅·蕩》:「如蜩如螗,如沸如羹。」《莊子·達生》:「仲尼適楚,出於林
中,見佝僂者承蜩,猶掇之也。」「四月秀葽」「五月鳴蜩」皆是以物候紀曆的
說法。

〔33〕八月其穫:八月是收割莊稼的季節。八月,夏曆八月。其穫,是穫。其,是,
副詞,表示肯定。參見《鄘風·定之方中》注〔13〕。穫,收割農作物之義。
《說文》:「穫,刈穀也。从禾,蒦聲。」《段注》:「刈穀者,以銍以鐮。」《集
韻·鐸韻》:「穫、穫、劐,《說文》:『刈穀也。』或从耒、从刀。」

〔34〕十月隕蘀:十月裏樹葉紛紛隕落。十月,夏曆十月,相當於周曆(或魯曆)十
二月。隕,降、下落。《毛傳》:「隕,墜。」《說文》:「隕,從高下也。」蘀,
樹上落下的葉蒂。《毛傳》:「蘀,落也。」《鄭風·蘀兮》:「蘀兮蘀兮,風其吹
女。」這句也是以物候紀曆的說法。

〔35〕一之日于貉:一月裏要去狩獵貉。于貉,即往貉,去獵貉。此代指打獵活動。
《鄭箋》:「于貉,往搏貉。」于通往。參見《鄭風·叔于田》注〔1〕。《邶風·
燕燕》:「燕燕于飛。」《呂氏春秋·季夏紀·音初》:「二女作歌一終,曰『燕
燕往飛』,實始作為北音。」于又通曰,語助詞。參見《邶風·燕燕》注〔1〕。
貉,一作「貃」。《爾雅釋文》:「貃,本作貉。」貉,似狐狸。《爾雅·釋獸》:
「貈子,貆。」邢昺《疏》:「貈似狐,善睡。」邵晉涵《爾雅正義》:「貈,子
貆。《說文》云:『貈似狐善睡。』……經典通作貉。」《說文》:「貈,似狐,
善睡獸。从豸,舟聲。《論語》曰:『狐貈之厚以居。』」《段注》:「凡『狐貉』
連文者,皆當作此『貈』字。今字乃皆假貉為貈,造貃為貉矣。」宋郭忠恕《汗
簡》引《古論語》貉作「貈」。《正字通·酉集·豸部》:「貉似狸,銳頭,尖鼻,
斑色,毛深厚潤滑,可為裘。」豳曆的一月,即夏曆的十一月。此時正是農閒,
貴族常在此時間段裏舉辦狩獵活動。

〔36〕為公子裘:用貉、狐狸這類動物的皮,給貴族公子做裘衣。裘,毛皮製的衣服。
《說文》:「裘,皮衣也。」貉、狐狸的皮是上等衣料。只有上層貴族才能穿用
貉皮、狐狸皮製作的裘衣。先周時期,狩獵者打了貉、狐狸這類獵物,要上交
給農奴主。春秋時期,上中下層貴族、有官職者皆可穿狐裘,農業勞動者和僕
隸、工商業者則不能穿裘皮衣服。《小雅·都人士》:「彼都人士,狐裘黃黃。」
《檜風·羔裘》:「狐裘以朝。」《秦風·終南》:「君子至止,錦衣狐裘。」《論
語·子罕》:「子曰:『衣敝縕袍,與衣狐貉者立,而不恥者,其由也與!』」孔

子弟子仲由少時貧窮，不衣裘。《論語·鄉黨》說，君子之服「緇衣，羔裘。素衣，麑裘。黃衣，狐裘」。《論語·公冶長》：「子路曰：『願車馬、衣裘與朋友共，敝之而無憾。』」仲由後來在魯國曾做過季氏家的總管，在衛國做過大夫孔悝的邑宰，衣裘。《論語·雍也》：「赤之適齊也，乘肥馬，衣輕裘。」孔子弟子公西赤為魯國出使齊國時衣裘。董仲舒《春秋繁露·服制》：「百工商賈不敢服狐貉。」

〔37〕二之日其同：二月裏把人集合在一起。其同，聚集、會合。其，語助詞。《鄭箋》：「『其同』者，君臣與民因習兵俱出田也。」出田，大規模狩獵。《說文》：「同，合會也。」豳曆的二月裏，也是常舉辦大規模的狩獵活動的時間。

〔38〕載纘武功：以打獵的方式來進行軍事操練。載，通則。纘，繼續。《毛傳》：「纘，繼。」指繼續「一之日」的打獵之事。武功，武事。指軍事訓練。《毛傳》：「功，事也。」所謂「載纘武功」，其實是大場面的圍獵活動，比「一之日」獵貉與狐狸時的規模大得多。古代把打獵與軍事訓練結合在一起，通過集體打獵活動，灌輸軍事訓練的內容。

〔39〕言私其豵：咱們把打來的小獵物自己留下。言，語助詞。私，動詞，自己留下，歸私人所有。豵，一歲的小野豬。《毛傳》：「豕一歲曰豵。」這裏「豵」代指小的獵物。

〔40〕獻豜于公：把大的獵物貢獻給國君。獻，貢獻好的獵物。參見《鄭風·大叔于田》注〔8〕。豜，三歲的大野豬。《毛傳》：「三歲曰豜。」這裏「豜」代指較大的獵物。公，諸侯國國君。周王朝規定，小農奴主要向國君、公卿等大農奴主貢獻獵物。《毛傳》：「大獸公之，小獸私之。」《鄭風·大叔于田》：「袒裼暴虎，獻于公所。」《周禮·夏官·大司馬》：「大獸公之，小獸私之。」（以上一段講田獵之事）

〔41〕五月斯螽動股：五月螞蚱開始跳躍。五月，夏曆五月，相當於周曆（或魯曆）七月。中國北方農曆的五月，蝗蟲從土裏孵化出來。斯螽，亦名「蚱螽」「螽斯」「蚣蝑」，蝗蟲。《毛傳》：「斯螽，蚣蝑也。」《爾雅·釋蟲》：「蚚螽，蚣蝑。」參見《周南·螽斯》注〔1〕。動股，動腿，即跳躍。股，大腿。膝以上曰「股」，膝以下曰「脛」。此句中「股」代指腿。

〔42〕六月莎雞振羽：六月紡織娘開始飛動。六月，夏曆六月，相當於周曆（或魯曆）八月。莎雞，蝗類鳴蟲，又名「絡緯」「紡織娘」。陸璣《毛詩草木疏》：

「莎雞如蝗而斑色，毛翅數重，其翅正赤，或謂之天雞。六月中飛而振羽，索索作聲，幽州謂之『蒲錯』。」振羽，扇動翅膀。幼蟲長出翅膀後便能四處飛動。

〔43〕七月在宇：七月蟋蟀就爬到屋簷下牆根處了。七月，夏曆七月，相當於周曆（或魯曆）九月。宇，屋簷。《說文》：「宇，屋邊也。从宀，于聲。《易》曰：『上棟下宇。』」此句「宇」指屋門外屋簷下方。

〔44〕八月在戶：八月蟋蟀就爬到屋門口了。八月，夏曆八月，相當於周曆（或魯曆）十月。戶，本義為獨扇屋門。參見《唐風·綢繆》注〔12〕。此句「戶」指屋室門口。

〔45〕十月蟋蟀入我牀下：十月蟋蟀就進入了我們的房內，鑽入牀下。十月，夏曆十月，相當於周曆（或魯曆）十二月。《鄭箋》：「自『七月在野』至『十月入我牀下』，皆謂蟋蟀也。」夏曆十月是周曆的年末。《唐風·蟋蟀》：「蟋蟀在堂，歲聿其莫。」入，鑽入。我，我們的。牀，用木板拼成的坐臥具，略高於地面。《說文》「牀」字《段注》：「牀之制略同几而庳於几，可坐。」《釋名·釋牀帳》：「人所坐臥曰牀。」《小雅·斯干》：「載寢之牀。」牀的創制不知始於何時。古人最先以枯草藉墊而臥，後來替之以席，又升級為牀。春秋時期有牀，多為貴族所用。考古發掘河南信陽長臺關戰國楚國貴族墓，發現工藝精緻的木牀一具。隨著天氣的變冷，蟋蟀一步步向人的住室靠近，由屋外躲入屋內隱蔽的地方過冬。以上「五月……」至「十月……」皆是以物候紀曆的說法。

〔46〕穹窒熏鼠：清潔房屋，熏死牆洞內的老鼠。穹窒，打掃室內頂部，堵塞室內的老鼠洞。穹，從穴從弓，會意並弓聲，本指洞穴裏弧形的頂部。借指屋頂。《說文》「穹」字徐鍇《繫傳》：「穹，隆然上高也。」此處「穹」字用為動詞，即清掃房內頂部之義。窒，動詞，堵塞牆洞。《毛傳》：「窒，塞也。」《說文》：「窒，塞也。」「塞，隔也。」熏鼠，熏鼠洞，然後堵塞室內的鼠洞口，把老鼠熏死在牆洞裏。入冬之前先清掃屋宇，然後入住。

〔47〕塞向墐戶：還要堵塞窗牖，用草泥塗抹房門。塞，動詞，堵塞。向，又稱「鄉」，窗戶。《毛傳》：「向，北出牖也。」《說文》：「向，北出牖也。从宀从口。《詩》曰：『塞向墐戶。』」《段注》：「按，《士虞禮》：『祝啟牖鄉。』《注》云：『鄉、牖一名。』《明堂位》『達鄉』《注》云：『鄉，牖屬。』是渾言不別。」牖，壁上鑿穿一個透明的孔洞，內以木交互。《說文》：「牖，穿壁以木為交窗也。」段玉裁認為，向、（鄉）、牖都是對牆體上窗戶的稱呼，不一定朝北才稱「向」。

朝北開的窗戶冬天是一定要堵塞的，所以《毛傳》說「向」是「北出牖」。有的窗戶是鑿壁而成，入冬前也須堵塞好。《論語·雍也》：「伯牛有疾，子問之，自牖執其手。」皇侃《論語義疏》：「牖，南窗也。」冉伯牛居室的窗戶是一個低矮的牆洞，朝南，洞中或有交木。墐，用柔草和成的泥巴塗抹。《毛傳》：「墐，塗。」《說文》：「墐，塗也。」《段注》：「《內則》曰：『塗之以墐塗。』《注》曰：『謹當為墐，聲之誤也。墐塗，塗有穰草也。』按，合和黍穰而塗之，謂之墐塗。」戶，房屋門。先周時的民房簡陋，或用樹木的枝條編織為門。

〔48〕嗟我婦子：唉！我的妻子和孩子們。嗟，招呼之詞。《尚書·周書·秦誓》：「嗟！我士，聽無嘩！」我，這是以住在田野的農人家庭男主人的口氣自稱。

〔49〕曰為改歲：一年就要過完了。曰，通聿、于，語助詞。參見《邶風·燕燕》注〔1〕。《韓詩》作「聿」。為，是。劉淇《助字辨略》卷一「為」字下：「《論語》：『知之為知之，不知為不知。』又云：『子為誰？為仲由。』《孟子》：『不為不多矣。』為，猶『是』也。」吳昌瑩《經詞衍釋》卷二：「為通惟，猶是也。」改歲，舊年度過完轉換為新年度，歲末換為歲首。

〔50〕入此室處：快搬到清潔溫暖的房屋裏去居住吧。入，進入。此室，這樣的住室。指上述「穹窒熏鼠，塞向墐戶」整飭好的房子。處，通尻，住。參見《曹風·蜉蝣》注〔4〕。（以上一段講年終之月打掃屋宇、農人由野外田廬移到有土牆的屋內居住之事）

〔51〕六月食鬱及薁：六月裏採摘鬱李和野葡萄吃。六月，夏曆六月，相當於周曆（或魯曆）八月。食，動詞，吃。《衛風·氓》：「于嗟鳩兮，無食桑葚。」《王風·丘中有麻》：「將其來食。」《魏風·碩鼠》：「碩鼠碩鼠，無食我黍！」《陳風·衡門》：「豈其食魚，必河之魴？」鬱，一種無核的水果，又名「鬱李」。《毛傳》：「鬱，棣屬。」《文選》潘岳《閒居賦》：「梅杏鬱棣之屬。」李善《注》：「鬱，今之鬱李。」《論衡·量知》：「物實無中核者謂之鬱。」薁，野葡萄。《毛傳》：「薁，蘡薁也。」《本草綱目·果部·蘡薁·集解》：「蘡薁野生林墅間，亦可插植，蔓、葉、花、實與葡萄無異。其實小而圓，色不甚紫也。」

〔52〕七月亨葵及菽：七月裏烹煮葵菜和大豆吃。七月，夏曆七月，相當於周曆（或魯曆）九月。亨，俗作「烹」，煮。夏曆七月，大豆的豆角已可煮食。葵，古代的一種蔬菜。《說文》：「葵，菜也。」《漢樂府·長歌行》：「青青園中葵。」唐李白《古風》之五十二：「白露灑葵藿。」元王禎《農書·蔬屬·葵》：「葵

為百菜之主，備四時之饌。」夏曆七月所烹葵為秋葵。唐白居易《烹葵》：「貧廚何所有，炊稻烹秋葵。紅粒香復軟，綠英滑且肥。」菽，大豆。《大雅·生民》：「荏菽旆旆。」《毛傳》：「荏菽，戎菽也。」《鄭箋》：「戎菽，大豆也。」《小雅·小宛》：「中原有菽，庶民采之。」《小雅·采菽》：「采菽采菽，筐之筥之。」《左傳·成公十八年》：「周子有兄而無慧，不能辨菽麥，故不可立。」杜預《注》：「菽，大豆也。」大豆一般在夏曆三月種植。《氾勝之書》：「三月榆莢時，有雨，高田可種植大豆。」暑天亦可種大豆。《氾勝之書》：「種植大豆，夏至後二十日尚可種。」晚種的大豆夏曆十月才收穫。《小雅·小明》：「歲聿云莫，采蕭穫菽。」

〔53〕八月剝棗：八月裏剖棗曬棗乾。八月，夏曆八月，相當於周曆（或魯曆）十月。剝，本義為用刀割開物體。《說文》：「剝，裂也。」《小雅·楚茨》：「濟濟蹌蹌，絜爾牛羊，以往烝嘗。或剝或亨，或肆或將。」剝通剖。剝，幫母屋部；剖，滂母之部。幫、滂旁紐，屋、之旁對轉。剖，用刀切開，一分為二。《說文》：「剖，判也。」「判，分也。」《廣雅·釋詁》：「剖，分也。」《小雅·信南山》：「中田有廬，疆埸有瓜。是剝是菹，獻之皇祖。」剝瓜，將瓜剖開，切成塊或片。菹，醃酢為菜，儲存食用。亦可作祭品。《夏小正》：「二月：剝鱓。……八月：剝瓜；剝棗。」剝鱓，即剝鼉，剖殺鱷魚；剝瓜，剖開瓜體，去瓤；剝棗，剖開棗實，去核。剝鼉、剝瓜用刀，剝棗也應用刀。此句及下句皆言造酒之事，由此可知剖棗是為曬棗乾造甜酒做準備的。唐朝時期中原一帶大棗一般夏曆八月成熟，自成都至洛陽一線，棗成熟的時間相若。盧照鄰詩《山林休日田家》：「齊棗夜含霜……東籬菊正芳。」杜甫詩《百憂集行》：「憶年十五心尚孩，健如黃犢走復來。庭前八月梨棗熟，一日上樹能千回。」春秋時期中原地區的氣候跟唐朝的氣候差不多，大棗成熟的季節基本相同。一說，「剝」訓「支」，用竿子打棗。《毛傳》：「剝，擊也。」段玉裁《毛詩故訓傳定本》傳文注：「此謂『剝』即『支』之假借也。」馬瑞辰《通釋》：「《傳》訓『擊』者，以『剝』為『朴』之同聲假借，『朴』正作支。」朱守亮《詩經評釋》：「剝，『扑』之假借字，擊也，擊使之落也。」

〔54〕十月穫稻：十月裏蒸煮稻米。十月，夏曆十月，相當於周曆（或魯曆）十二月。穫稻，即「鑊稻」，煮稻米。穫通鑊。穫、鑊皆匣母鐸部字。鑊，煮物的器具。此處用為動詞，用鑊煮。參見《周南·葛覃》注〔8〕。稻，稻米。《魯頌·閟宮》：「有稷有黍，有稻有秬。」稷、黍、稻、秬均可作為造酒的原料。《黃帝

內經‧靈樞‧營衛生會》:「岐伯答曰:『酒者,熟穀之液也。』」《黃帝內經‧素問‧湯液醪醴論》:「黃帝問曰:『為五穀湯液及醪醴奈何?』岐伯對曰:『必以稻米,炊之稻薪。稻米者完,稻薪者堅。』」《禮記‧雜記上》:「醴者,稻醴也。」棗、稻米是做甜酒的原料。「剝棗」與「穫稻」對文,皆謂造酒之事。夏曆十月農閒,煮稻米造酒。《鄭箋》:「穫稻而釀酒,以助其養老之具。」朱熹《集傳》:「穫稻以釀酒也。」崔述《讀風偶識》:「《箋》《傳》皆謂稻以釀酒,竊疑棗亦有用以釀酒者。今山東有棗酒,關中多用柿醋。或者以棗入稻而釀之。」

〔55〕為此春酒:製作了春天社日用的酒。為,製作。此,這。春酒,冬釀春用的酒稱「春酒」。《毛傳》:「春酒,凍醪也。」《孔疏》:「此酒凍時釀之,故稱凍醪。」夏曆十月入冬,採用稻米、棗等原料釀製春酒,春社時用酒敬獻老者。

〔56〕以介眉壽:用酒為老年人祈求長壽。介,通匄,祈求。介、匄皆見母月部字。匄,亦作「匃」,乞求。《說文》:「匄,氣(乞)也。」《廣雅‧釋詁》:「匄,求也。」《廣韻‧泰韻》:「匄,乞也。」徐中舒《金文嘏辭釋例‧一》:「匄,經典作介。《攈古錄》卷三之三《頌鼎》(及 壺)釋文云:『匄即經典「以介眉壽」「以介景福」之介。匄、介一聲之轉。』」眉壽,長壽。《毛傳》:「眉壽,豪眉也。」《孔疏》:「人年老者,必有豪毛秀出者,故知眉為豪眉也。」徐中舒《金文嘏辭釋例‧五》:「古稱老壽為眉壽。」老年人頭髮脫落而眉毛不脫落,長眉毛為多壽之象,故長壽稱為「眉壽」。古人認為,酒能使老年人增加壽命。春社活動和鄉禮宴會時,用甜酒敬獻給老年人。《論語‧為政》:「有酒食,先生饌。」在古代宗法社會裏,主持禮儀、維護宗法關係都是依靠老年人,老年人是知識和技能的承傳者,是天然的老師;在社會生產、生活及禮儀等活動中,青年人缺乏實踐的機會,只有多向老年人請教。所以,華夏民族有敬老的傳統,有酒食要敬讓年長者。

〔57〕七月食瓜:七月裏吃熟瓜。七月,此為周曆(或魯曆)七月,相當於夏曆五月。甜瓜一般夏曆五月成熟可食。唐韓翃《送蓨縣劉主簿楚》:「寒水浮瓜五月時。」唐蓨縣,在今河北省景縣一帶。唐嚴維《憶長安‧五月》:「憶長安,五月時,君王避暑華池。進膳甘瓜朱李,續命芳蘭彩絲。」據氣象史學者研究,唐朝的氣候跟春秋時期的氣候同屬於溫熱型氣候。唐朝時五月食瓜,春秋時亦當在相當於夏曆五月的時節食瓜。故此句的「七月」當為周曆七月。食,吃。瓜,象形字,雙子葉蔓生植物,葫蘆科。《六書故‧植物二》:「象瓜及其蔓。瓜之類不一。」《大雅‧緜》:「緜緜瓜瓞。」

〔58〕八月斷壺：八月砍下嫩葫蘆來吃。八月，周曆（或魯曆）八月，相當於夏曆六
　　　月。斷壺，砍下葫蘆。斷，用刃具把物體從中間截開。《說文》：「斷，截也。
　　　从斤从𢇍。𢇍，古文絕。」斷，與絕同義。《釋名·釋言語》：「斷，段也。分
　　　為異段也。」「絕，截也，如割截也。」壺，瓠形盛器，作用如空瓠。「壺」字
　　　象瓠之形，借「瓠」之音。壺，通瓠。壺、瓠皆匣母魚部字。瓠，葫蘆。《毛
　　　傳》：「壺，瓠也。」段玉裁《毛詩故訓傳定本》傳文注：「此謂假借。」瓜、
　　　瓠蘆、麻子皆是食用之物。夏曆六月份，用刃具把瓠蘆從其蒂部砍下來食用。
　　　若是夏曆八月斷瓠，則瓠已枯老，不可食用了。《周禮·地官·委人》「凡畜聚
　　　之物」鄭玄《注》「瓜瓠葵芋」賈公彥《疏》：「『凡畜聚之物，瓜瓠葵芋，禦冬
　　　之具也』者，《七月》詩有『八月斷壺』，壺，瓠也，有甘可食者。」

〔59〕九月叔苴：九月裏收取麻蘱子。九月，周曆（或魯曆）九月，相當於夏曆七月。
　　　此時麻子已經成熟，可以收穫了。叔，從尗從右手，尗象豆棵多豆莢之形，以
　　　手摘取豆莢，摘取之義。《毛傳》：「叔，拾也。」拾，摘取。《說文》：「叔，拾
　　　也。」「拾，掇也。」「掇，摘取也。」《周南·芣苢》：「采采芣苢，薄言掇之。」
　　　《文選》陶潛《雜詩》：「秋菊有佳色，裛露掇其英。」劉良《注》：「掇，採。」
　　　毛晃、毛居正《增修互注禮部韻略·入聲·末韻》：「掇，採也。」苴，檾麻的
　　　蕡實，俗稱「麻蘱子」。《毛傳》：「苴，麻子也。」《釋文》：「苴，麻子也。」
　　　《禮記·內則》：「菽、麥、蕡、稻、黍、粱、秫。」孔穎達《疏》：「蕡，字又
　　　作黂，大麻子。」《禮記釋文》：「蕡，大麻子。」大麻子，黑色，小如半個麥
　　　粒，包儲於麻蘱子內，是古代的「九穀」之一。麻蘱子不會從麻棵上自動脫落，
　　　須用手摘取。成熟的麻蘱子，乾透之後，可拍打揉搓脫其粒。檾麻有早種的，
　　　也有晚種的。漢朝時，早種的麻小暑後收穫，晚種的麻霜降時節收穫。《氾勝
　　　之書》：「夏至後二十日漚枲，枲和如絲。」「獲麻之法，霜下實成，速斫之。」
　　　唐朝時，中國中原及周邊地區晚麻成熟與大棗成熟的時間基本一致。白居易
　　　《閒坐》詩：「閒坐槐陰下，開襟向晚風。漚麻池水裏，曬棗日陽中。」春秋
　　　時期周曆九月（夏曆七月）裏收取麻蘱子，此檾麻當是春天早種的。

〔60〕采荼薪樗：儲備些苦菜和惡柴。採荼，採摘荼菜。荼，一種苦菜，斷其莖汁白，
　　　食之味苦，春夏間開黃花。荼曬乾可作為菜儲存起來。《爾雅·釋草》：「荼，
　　　苦菜。」《說文》：「荼，苦荼也。」《邶風·谷風》：「誰謂荼苦？其甘如薺。」
　　　《毛傳》：「荼，苦菜也。」《唐風·采苓》：「采苦采苦，首陽之下。」《毛傳》：
　　　「苦，苦菜也。」《禮記·月令》：「孟夏之月……王瓜生，苦菜秀。」李時珍

《本草綱目・菜二・苦菜》：「苦菜，即苦蕒也。家栽者呼為苦苣。實一物也。」薪樗，採樗為薪。薪，本義為割下來的草。乾草可以燃火，故「薪」代指柴。《說文》：「薪，蕘也。」參見《周南・漢廣》注〔9〕。薪，又作「樵」。《爾雅・釋木》：「謂樵，採薪。」此句說唱詞中，「薪」作動詞，採薪、劈柴之義。樗，臭椿。《毛傳》：「樗，惡木也。」《莊子・逍遙遊》：「惠子謂莊子曰：『吾有大樹，人謂之樗，其大本擁腫而不中繩墨，其小枝捲曲而不中規矩，立之塗，匠者不顧。』」此以「荼」代表惡食，以「樗」代表惡柴。

〔61〕食我農夫：用以養活我們的農夫。食，俗作「飤」，或作「飼」，動詞，給予食物。《說文》：「飤，糧也。从人、食。」《段注》：「按，以食食人物。本作食。俗作飤。或作飼。」《洪武正韻・寘韻》：「飤，以食食人。亦作食、飼。」《釋文》：「食，音嗣。」此句說唱詞的「食」字，為養活之義。農夫，即農人。《小雅・甫田》：「我取其陳，食我農人。」陳，舊年積儲之糧。《荀子・富國》：「年穀復孰（熟）而陳積有餘。」農奴主把一些粗惡食品供給農夫吃，燒柴也供以惡木。《鄭箋》：「瓜瓠之畜，麻實之糝，乾荼之菜，惡木之薪，亦所以助男養農夫之具。」（以上一段講採集果蔬、造酒及為農夫備食物、柴薪之事）

〔62〕九月築場圃：九月裏夯軋打糧的場。九月，周曆（或魯曆）九月，相當於夏曆七月。築，名詞，打牆搗土的工具，似春米之杵。《說文》：「築，所以搗也。从木，筑聲。」《段注》：「築，所以搗也。『所以』二字今補。……築者，直春之器。鄭注《周禮》引《司馬法》云：『輦一斧、一斤、一鑿、一梩、一鉏。周輦加二版二築。』《正義》曰：『築者，築杵也。』」《廣雅・釋器》：「築謂之杵。」此句說唱詞的「築」字用為動詞，用築或夯、錘打實之義。場圃，即打糧食的場。場，打穀場。圃，菜園。場必築之，圃不必築。「場圃」是偏義詞組，只有「場」義。《毛傳》：「春夏為圃，秋冬為場。」《鄭箋》：「場圃同地。自物生之時，耕治以種菜茹，至物盡成熟，築堅以為場。」《周禮・地官・序官》「場人」下鄭玄《注》：「場，築地為墠，季秋除圃中為之。」秋天園圃裏不再種菜，在其地築場，打、曬穀物。秋作物一般在夏曆八月裏收穫，故在夏曆七月先築場。

〔63〕十月納禾稼：十月裏把莊稼收到場內，打了糧食歸入倉中。十月，周曆（或魯曆）十月，相當於夏曆八月。納禾稼，把打下的糧食入倉保存。納，初文作「內」，進入之義。引申為收入之義。《鄭箋》：「納，內也。治於場而內之囷倉

也。」《說文》：「內，入也。」《段注》：「又多假納為之矣。」禾稼，猶言「莊稼」，穀類農作物的統稱。此句的「納」字用為動詞，收入之義。納禾稼，即收糧入倉。

〔64〕黍稷重穋：四種穀物。黍，穀類作物，其子實蒸煮後有黏性。稷，穀類農作物，即穄子，似黍，子實不易舂，蒸煮後不黏。重，又作「種」，早種晚熟的穀物。《毛傳》：「後熟曰重。」三家《詩》作「種」。《說文》：「種，先穜後孰也。」「穜，孰也。」穋，又作「稑」，晚種早熟的穀物。《毛傳》：「先熟曰穋。」三家《詩》作「稑」。《魯頌·閟宮》：「黍稷重穋，稙稚菽麥。」

〔65〕禾麻菽麥：四種穀物。禾，粟谷。麻，檾麻子。檾麻子作為食糧和來年的種子，也入倉保存。菽，大豆。麥，小麥。並言「麥」「黍」「稷」「禾」「麻」「豆」，此「麥」蓋亦是秋熟的品種。秋天收打的各類穀物，全部入倉保存。

〔66〕我稼既同：我們的糧食已經入了倉。我，我們。這是擬農奴主說話的口氣。稼，莊稼。包括各類穀物。既同，已經聚在一起。同，聚攏，集中，收藏在一起。《鄭箋》：「既同，言已聚也。」《說文》：「同，合會也。」社會底層農業生產者耕種公田及其應上交給農奴主的糧食，也一同進入了農奴主的大倉。

〔67〕上入執宮功：就要到國都裏去幹修建宮室的活兒了。上，即向都邑走去。《鄭箋》：「可以上入都邑之宅，治宮中之事矣。」朱守亮《詩經評釋》：「上，上而入於都邑。」一說，上通尚，還要。程俊英《詩經譯注》：「上，同尚，還得。」入，到國都中去。執宮功，幹修繕宮室的活。執，通扟。扟，拿、持。引申為動手幹活之義。參見《邶風·擊鼓》注〔15〕。宮功，修繕宮室的勞動。宮，上古對房屋的通稱。《爾雅·釋宮》：「宮謂之室，室謂之宮。」《說文》：「宮，室也。」功，从力从工，工亦聲，本義為功績。引申為民功、事功、出力幹活之義。多指從事建築工程勞作。《說文》：「功，以勞定國也。从力从工，工亦聲。」執功，即執事。《鄭箋》：「治宮中之事。」《大雅·緜》：「迺疆迺理，迺宣迺畝。自西徂東，周爰執事。」《大雅·崧高》：「王命召伯，定申伯之宅。登是南邦，世執其功。」《毛傳》：「功，事也。」《周禮·夏官·司勳》：「王功曰勳，國功曰功，民功曰庸，事功曰勞，治功曰力，戰功曰多。」農人每年的秋收完畢，便是修繕都邑房屋的時候了。他們要開始修繕宮室的勞作。

〔68〕晝爾于茅：你們白天要去收割茅草。晝，白天。《大雅·蕩》：「俾晝作夜。」爾，你們。這是擬農奴主對農奴講話的口氣。《鄭箋》：「爾，女（汝）也。」

于茅，往茅，去收割茅草。于，通往，又通曰。茅，動詞，收割茅草。老枯的
茅草可製繩索。

〔69〕宵爾索綯：你們夜晚還要加班打繩子。宵，夜晚。《毛傳》：「宵，夜。」索綯，
打繩子。索，甲骨文字象用手搓繩之形，會搓繩之意。其名詞為用手搓成的繩
子。綯，絞繩子。其名詞為用製繩工具打成的粗繩子。《魯說》：「綯，絞也。」
《毛傳》：「綯，絞也。」《鄭箋》：「爾當晝日往取茅歸，夜作絞索，以待時用。」
《爾雅·釋言》：「綯，絞也。」郭璞《注》：「糾絞繩索。」《廣雅·釋器》：「綯，
索也。」古代發明了製繩索的手搖工具，用此工具即可將茅、麻等絞成粗繩子。
用手搓成的繩子為細繩，用絞製工具打成的繩子為粗繩。此句中「索」「綯」
均用為動詞，為製細、粗繩索之義。茅草繩用於修建野外屋廬和修繕城邑、村
邑的房屋。

〔70〕亟其乘屋：等到你們修繕野外屋廬頂部的時候。亟，通極、及。亟，見母職
部；極，群母職部；及，群母緝部。見、群旁紐，職、緝通轉。極、及，至，
到。《齊風·南山》：「既曰得之，何又極止。」《毛傳》：「極，至也。」《爾雅·
釋詁》：「極，至也。」《廣雅·釋詁》：「及，至也。」《廣韻·緝韻》：「及，至
也。」一說，「亟」通急。《鄭箋》：「亟，急。」其，代詞，你們。指農人。乘
屋，登上野廬，修繕屋頂。《鄭箋》：「十月定星將中，急當治野廬之屋。」一
般開春才修治野外之廬。鄭說不確。乘，登。《毛傳》：「乘，升也。」屋，田
野裏的房子。屋，本義為小帳。《大雅·抑》：「尚不愧于屋漏。」《廣韻·覺韻》
引《三禮圖》：「上下四旁悉周曰幄。」《說文》「屋」字徐灝《注箋》：「古宮室
無屋名。古之所謂屋，非今之所謂屋也。」春秋時期的「屋」字，已不專指帷
幄，也指房子。《召南·行露》：「誰謂雀無角？何以穿我屋？」《秦風·小戎》：
「言念君子，溫其如玉，在其板屋。」屋，又指房子的頂蓋。《說文》：「屋，
居也。」《段注》：「屋者，室之覆也。引申之，凡覆於上者皆曰屋。」《小雅·
正月》：「瞻烏爰止，于誰之屋。」《小雅·十月之交》：「徹我牆屋。」《國語·
晉語·趙文子冠》：「人之有冠，猶宮室之有牆屋也。」《左傳·昭公二十三年》：
「葺其牆屋。」《孟子·離婁下》：「修我牆屋。」牆、屋並言，二者皆指房子
的一部分。此句說唱詞中的「屋」字，指農人建在田野裏的簡陋住所，木構而
草覆，春天入住之前必須修繕屋頂，以防漏雨。

〔71〕其始播百穀：就要開始播種各種穀物了。其，大概，差不多。這是表示推測的
語氣。王引之《經傳釋詞》卷五：「其，猶殆也。」吳昌瑩《經詞衍釋》卷五：

「其，猶殆也。《論語》：『樂其可知也。』」殆，大概。始，開始。播，撒種子。《說文》：「播，穜也。一曰布也。从手，番聲。」穜，通作「種」。百穀，泛指農作物。《韓說》：「穀類非一，故言百也。」（以上一段講築場、糧食入倉和修繕都邑房屋及修繕農人的野外屋廬之事）

〔72〕二之日鑿冰沖沖：豳曆二月裏鑿冰咚咚響。二，豳曆二月，相當於夏曆十二月。鑿冰，用工具刨冰。在冬天最冷時刨鑿冰塊，然後將所取冰塊放入冰窖裏儲藏起來，日後用於保存祭品、食品等。夏曆十二月天氣最冷，是鑿冰的好時機。《周禮·天官·凌人》：「凌人掌冰正。歲十有二月，令斬冰。」沖沖，俗作「冲冲」，象聲詞，似今說「咚咚」，鑿冰的聲音。《毛傳》：「沖沖，鑿冰之意。」意，「音」字之誤。《初學記·歲時部·冬》：「《毛詩》曰：『二之日鑿冰沖沖。』《注》云：『冰盛水腹，命徹取冰山林中。沖沖，鑿冰之音。」

〔73〕三之日納于凌陰：豳曆三月裏把鑿下來的冰塊藏入地窖中。三，豳曆三月，相當於夏曆正月。納于，藏入。凌陰，藏冰塊的地窖。凌，冰凌。陰，通窨，地室。陰、窨皆影母侵部字。《毛傳》：「凌陰，冰室也。」《孔疏》：「納於凌陰，是藏冰之處，故知為冰室也。」《說文》：「窨，地室也。从穴，音聲。」「窖，地藏也。」《釋文》：「凌陰，冰室也。」《左傳·昭公四年》：「古者，日在北陸而藏冰；西陸，朝覿而出之。其藏冰也，深山窮谷，固陰沍寒，於是乎取之。其出之也，朝之祿位，賓食喪祭，於是乎用之。其藏之也，黑牡秬黍，以享司寒。其出之也，桃弧棘矢，以除其災。其出入也時，食肉之祿，冰皆與焉。大夫命婦，喪浴用冰。祭寒而藏之，獻羔而啟之，公始用之。火出而畢賦。自命夫、命婦，至於老疾，無不受冰。山人取之，縣人傳之，輿人納之，隸人藏之。夫冰以風壯，而以風出。其藏之也周，其用之也遍，則冬無愆陽，夏無伏陰，春無淒風，秋無苦雨，雷出不震，無菑（災）霜雹，癘疾不降，民不夭劄。……《七月》之卒章，藏冰之道也。」此段文字專述取冰、藏冰和用冰之事。漢代人稱「凌陰」為「凌室」。《漢書·惠帝紀》：「秋，七月己亥，未央宮凌室災。」又，《成帝紀》：「永始元年，春，正月癸丑，太宮凌室災。」顏師古《注》皆曰「凌室」是「藏冰之室」。

〔74〕四之日其蚤：四月初的某日。四，豳曆四月，相當於夏曆二月。其蚤，月初某個較早的日子。其，助詞。蚤，通早。蚤、早皆精母幽部字。《齊詩》《魯詩》作「早」。

〔75〕獻羔祭韭：要向司寒之神獻上小羊和新鮮的韭菜。獻羔，打開冰窖取冰用時要向司寒之神玄冥獻上一個小羊羔作祭品。《禮記·月令》：「仲春之月，……天子乃鮮（獻）羔開冰，先薦寢廟。」所謂「鮮羔開冰」，就是祭祀司寒之神，然後打開冰窖取冰。祭韭，用頭茬韭菜作祭祀司寒之神的菜類供品。韭，小篆像韭菜在地上生長之形。《說文》：「韭，菜名。一種而久者，故謂之韭。象形，在一之上。一，地也。」中國中原地區一般夏曆二月可剪韭菜用。《夏小正》：「正月：囿有見韭。」《夏小正》蓋為十月曆法，其正月末相當於夏曆的二月初。夏曆二月初祭祀祭司寒之神，獻上嫩韭菜。韭，諧「久」音，有長久之義。用韭菜祭祀司寒之神，祈求讓取出來的冰塊保存得更長久。（以上一段講藏冰、用冰和祭司寒神之事）

〔76〕九月肅霜：夏曆九月裏草木蕭殺。九月，夏曆九月，相當於周曆（或魯曆）十一月。肅霜，即肅爽、蕭殺，秋盡草木衰敗的景象。肅，字象臨淵撐篙之形，會小心執事之意，本義為執事小心敬肅。《說文》：「肅，持事振敬也。从聿在𣶒上，戰戰兢兢也。」肅通縮。肅，心母覺部；縮，山母覺部。心、山準雙聲。《毛傳》：「肅，縮也。」《禮記·月令》：「季春行冬令，則寒氣時發，草木皆肅。」鄭玄《注》：「肅，謂枝葉縮栗。」《呂氏春秋·孟秋紀·孟秋》：「天地始肅。」高誘《注》：「肅，殺。」殺，草木之葉如被殺落。霜通爽、喪。霜、爽、喪皆山母陽部字。爽，傷、敗。《廣雅·釋詁》：「爽，敗也。」「爽，傷也。」「爽，減也。」喪，失。參見《衞風·氓》注〔31〕。肅霜、肅爽、蕭爽、蕭殺、蕭煞、蕭颯、蕭騷、蕭瑟，皆音轉之詞。

〔77〕十月滌場：十月樹葉全落光。十月，夏曆十月，相當於周曆（或魯曆）十二月。滌場，即滌蕩、條暢。指萬物蕭索，天地清暢的景象。滌通條。滌，定母覺部；條，定母幽部。覺、幽對轉。場通暢、蕩。場、蕩，定母陽部；暢，透母陽部。定、透旁紐。《史記·樂志》：「感滌蕩之氣而滅平和之德，是以君子賤之也。」滌蕩，《禮記·樂記》作「條暢」。《淮南子·泰族訓》：「聖人之治天下，非易民性也，拊循其所有而滌蕩之，故因則大，化則細矣。」王念孫《讀書雜志·淮南內篇二十·泰族》「化則細」條下：「『聖人之治天下，非易民性也，拊循其所有而滌蕩之。』滌蕩與條暢同，《文子》作條暢。」

〔78〕朋酒斯饗：年底要提上兩罇酒去參加鄉飲酒禮聚會。朋酒，兩罇酒。《毛傳》：「兩樽曰朋。」樽，又作「罇」，盛酒器，像小罐。朋，「貥」字的隸變體，本義是兩貝繫連在一起，有雙數之義。貥，讀為「並」，二貝相併為一朋。朋、

并音近。朋，並母蒸部；並，並母陽部。蒸、陽旁轉。《小雅·菁菁者莪》：「賜我百朋。」《孔疏》引《漢書·食貨志》曰：「二貝為朋。」《淮南子·道應訓》：「玄玉百工，大貝百朋。」俞樾《諸子平議·淮南內篇三》：「古者實以二貝為一朋。《易·損·六五》：『十朋之龜。』李鼎祚《集解》引崔憬曰：『雙貝曰朋。』得之矣。」一說，五貝為一系，兩系為一朋。《小雅·菁菁者莪》「賜我百朋」《鄭箋》：「古者貨貝，五貝為朋。」王國維《說玨、朋》：「古制貝、玉皆五枚為一系，合二系為一玨，若一朋。」賏，又讀為「嬰」。《說文》：「賏，頸飾也。從二貝。」頸飾之「賏」蓋「嬰」之省形。斯，是。饗，動詞，參加鄉飲酒禮聚會。《毛傳》：「饗者，鄉人飲酒也。鄉人以狗，大夫加以羔羊。」《說文》：「饗，鄉人飲酒也。」《小雅·彤弓》：「一朝饗之。」《鄭箋》：「大飲賓曰饗。」《禮記·王制》：「凡養老，有虞氏以燕禮，夏后氏以饗禮，殷人以食禮，周人修而兼用之。」農奴主等貴族出席鄉禮聚會，要出物贊助，用繩子將兩罇酒繫在一起，手提以獻。

〔79〕曰殺羔羊：還要殺幾隻小羊大羊一齊帶上。曰，語助詞。殺，刺死動物之義。《說文》：「殺，戮也。從殳，殺聲。」《五經文字·殳部》：「殺，從殳，殺聲。殺，古殺字。」從殳，殳有刺殺之功能。羔羊，大羊和小羊。又通指羊。羔，小羊。羊，大羊。

〔80〕躋彼公堂：登上國君舉行饗禮的殿堂。躋，登。《說文》：「躋，登也。」躋、郅皆通陟。《方言》第一：「海岱之間謂之躋，魯、衛曰郅。」躋，精母脂部；郅，照母質部；陟，端母職部。精、照、端準雙聲，脂、質對轉，與職部旁通轉。公堂，國君舉行饗禮的場所。《毛傳》：「公堂，學校也。」饗禮通常在學校裏舉行。

〔81〕稱彼兕觥：高舉起犀牛角酒杯。稱，甲骨文字作「爯」（從爪從魚，象以手提魚之形，魚為所權衡之物），本義為權衡重量。蓋古代人分配實物時，必用手高揚所稱之物以示公平，故「爯」字又引申為用手舉起物體之義。權衡穀物重量是最有代表性的稱物之事，故「爯」字又增禾旁而成為「稱」字。《說文》：「稱，銓也。」「銓，衡也。」《說文》「爯」字《段注》：「凡手舉字當作爯，凡偁揚當作偁，凡銓衡當作稱。今字通用稱。」爯通偁。爯、偁皆穿母蒸部字。《爾雅·釋言》：「偁，舉也。」郭璞《注》引《尚書·周書·牧誓》：「偁爾戈，比爾干，立爾矛，予其誓。」此句說唱調整的「稱」字，為舉起之義。兕觥，犀牛角酒杯。參見《周南·卷耳》注〔11〕。「兕觥」是在鄉飲

酒禮宴會上向國君、長者敬酒的專用酒杯。周代的觥多為青銅器。先周的「兕觥」或非青銅器，而是角器。

〔82〕萬壽無疆：口裏高聲說「祝國君福壽無疆！」萬壽，萬年的壽期。壽，從老省，疇聲，本義為人長壽。《說文》：「壽，久也。」無疆，無邊，無疆界，無止境。《毛傳》：「疆，竟（境）也。」疆、境皆見母陽部字。在《詩經》和金文中屢見「萬年無疆」「萬年眉壽」「眉壽無疆」等祝嘏辭。《小雅・天保》：「君曰卜爾，萬壽無疆。」「如南山之壽，不騫不崩。」《小雅・南山有臺》：「樂只君子，萬壽無期。」《小雅・楚茨》：「報以介福，萬壽無疆。」《小雅・信南山》：「壽考萬年。」《大雅・江漢》：「虎拜稽首，天子萬年。」「作召公考，天子萬壽。」《大雅・既醉》：「君子萬年，介爾景福。」《周頌・雝》：「綏我眉壽，介以繁祉。」《周頌・載見》：「以孝以享，以介眉壽。」宋代出土的周宣王時器㝬甲盤、清代出土的周宣王時器頌簋皆有「萬年眉壽無疆」的銘文。祝酒者在饗禮宴會上向年高的國君敬酒，口中高誦「萬壽無疆」的祝福詞。（以上一段講年終鄉飲酒禮燕饗之事）

【詩旨說解】

《七月》是一篇關於農政的說唱詞。此說唱詞看上去好像是作者替農奴主編撰的一個管理小區域農業社會的大綱。為了方便農奴主安排生產、生活、祭祀、饗禮和納功獻賦，不誤政事和農時，作者把政令、農諺、節曆等糅合在一起，編成了《七月》這篇說唱詞。

《七月》全篇共分八章，其中涉及農作、桑麻、織紝、製衣、田獵、製酒、築場、修屋、賦役、祭祀、饗禮等諸多農政事項。此說唱詞還反映了農業勞動者整年辛苦於農事、負擔多種勞役和賦稅、吃劣等食物穿劣等衣物生活水平低下等情況。從這篇說唱詞中還可以看到這樣的情況：一個小農奴主管理著較大面積的公田，組織農奴從事農業生產，包管農夫的衣食，負責組織勞役，並向大農奴主進獻貢賦。這位小農奴主，是一個比較瞭解下情、對上恭敬順命且忠於職守的人。他諳熟農業生產，有一套成熟的管理經驗，遵守國君的命令，辦事謹慎細緻。《七月》篇的此類敘事，表現了作者的宗法情感和政治傾向。

「七月流火，九月授衣」是一條簡明通俗的政令。在上古時期，觀天象授時是重要的政務之一，司分、司至、觀火都有專門的人員負責。觀察天文的目的，是為了使政務活動和農業生產有條不紊。「授衣」也是農奴主的一項政務。《禮記・內則》：「執麻枲，治絲繭，織紝、組、紃，學女事以供衣服。」

此歌詞說「一之日」獵取貉、狐，春天「條桑」、採桑葉、養蠶，「八月」裏織
紝、染色，這些也都屬於農奴主的政務。夏曆九月裏，天氣將寒，農奴主要對
貴族成員發放皮製的或工藝精細、染色鮮豔的絲帛衣物，對農奴及雜役則發
放布料粗劣、縫製工藝較差的衣物。另外，農耕、祭祀、收割和倉儲、造酒、
採菜醃菜儲菜、藏冰用冰、田獵、賦役、修繕宮室、參加饗禮宴會等等，也都
是須由農奴主統一管理的事務。

　　《七月》這篇農業政事說唱詞，創制於先周豳人之手，流傳於岐山周原
地區和魯國。它反映了先周豳地的情況，大概也摻入了岐周和魯國的情況。
《七月》中存在著曆月混雜的現象，這與它在豳、岐、魯的傳播歷程有密切
的關係。

　　《七月》所反映的曆法現象很複雜。一，《七月》所反映的曆法是十二月
曆，但又不是一個嚴密一致的曆法系統，其中缺少「十一」「十二」兩個月份
名稱。其曆法帶有十月曆的影子。二，《七月》篇中豳曆、夏曆、周曆（或魯
曆）相摻。豳曆的「一之日」「二之日」「三之日」「四之日」，相當於周曆的一
月、二月、三月和四月，為建子曆法；《七月》篇中的「蠶月」，相當於夏曆的
三月；《七月》篇中的「四月」至「十月」，月序大致與夏曆相同，個別月份為
周曆（或魯曆）。三，以物候紀曆的內容較多，四季明顯。四，《七月》篇所述
物候、農事與《夏小正》類似，但缺乏以星象紀曆的內容。

鴟鴞

鴟鴞鴟鴞〔1〕，既取我子〔2〕，無毀我室〔3〕。
恩斯勤斯〔4〕，鬻子之閔斯〔5〕！

迨天之未陰雨〔6〕，徹彼桑土〔7〕，綢繆牖戶〔8〕。
今女下民〔9〕，或敢侮予〔10〕！

予手拮据〔11〕，予所捋荼〔12〕。
予所蓄租〔13〕，予口卒瘏〔14〕。
曰予未有室家〔15〕。

予羽譙譙〔16〕，予尾翛翛〔17〕。
予室翹翹〔18〕，風雨所漂搖〔19〕。
予維音嘵嘵〔20〕！

【注釋】

〔1〕鴟鴞鴟鴞：鴟鴞呀鴟鴞呀。鴟鴞，又作「鴟梟」「鴟鵂」，貓頭鷹。古人通常把鴟鴞視作嗜腥貪婪的惡鳥。《陳風·墓門》：「墓門有梅，有梟萃止。」曹植《贈白馬王彪》：「鴟梟鳴衡軛，豺狼當路衢。」一說，「鴟鴞」是一種小鳥。《毛傳》：「鴟鴞，鸋鴂也。」陸璣《毛詩草木疏》：「鴟鴞似黃雀而小……幽州人謂之鸋鴂。」此說不可取。

〔2〕既取我子：你已經把我的孩子抓走了。取，抓取。我，良鳥的自稱。子，本義為孩子。此指良鳥的幼子。《鴟鴞》全篇採取擬人的手法敘事。

〔3〕無毀我室：就不要再毀壞我的房子了。無，毋，不要。毀，弄壞，摧毀。《說文》：「毀，缺也。」《段注》：「缺者，器破也。因為凡破之偁。」室，房屋。指鳥的巢。《鄭箋》：「室，猶巢也。」

〔4〕恩斯勤斯：即「殷兮勤兮」，我整天辛勤地勞作。恩勤，即殷勤。二字拆分開加入「斯」字，成為感歎語。恩，本義恩惠。《說文》：「恩，惠也。」恩通殷。恩，影母真部；殷，影母文部。真、文旁轉。《魯詩》作「殷」。《鄭箋》：「殷勤於此，稚子當哀閔之。」蔡邕《議郎胡公夫人哀贊》：「母氏鞠育，載矜載憐，殷斯勤斯，慈愛備存。」殷，眾多之義。此指家庭活計、事務多。參見《鄭風·溱洧》注〔14〕。勤，用力勞作。《說文》：「勤，勞也。從力，堇聲。」《周頌·賫》：「文王既勤止。」斯，通兮。下同。參見《召南·殷其雷》注〔3〕。

〔5〕鬻子之閔斯：養孩子持家好艱難呀！鬻，從米從鬲，「粥」本字。《爾雅·釋言》：「鬻，糜也。」《釋名·釋飲食》：「糜，煮米使糜爛也。」《說文》「鬻」字徐鍇《繫傳》：「臣鍇曰：『今俗作粥。』」鬻通育。鬻、育皆喻母覺部字。《禮記·樂記》：「毛者孕鬻。」朱駿聲《說文通訓定聲·孚部》：「鬻，假借又為『育』。《詩·鴟鴞》：『鬻子之閔兮斯。』」育，又作「毓」，本義為生育孩子。引申為養育之義。徐中舒《甲骨文字典》：「育，象產子之形，子旁或作數小點乃羊水。」《廣雅·釋詁》：「育，生也。」《爾雅·釋詁》：「育，養也。」閔，本義為弔唁。《說文》：「閔，弔者在門也。」閔通惛。閔，明母文部；惛，明母真部。文、真旁轉。惛，困病、艱難。《魯詩》《齊詩》作「惛」。《毛傳》：「閔，病也。」參見《邶風·柏舟》注〔20〕。

〔6〕迨天之未陰雨：趁著天還沒有下雨。迨，趁。參見《召南·摽有梅》注〔4〕。之，語助詞。未，尚未。參見《周南·汝墳》注〔3〕。陰雨，陰天下雨。陰，「霒」之借字，天上覆蓋了雲。參見《邶風·終風》注〔13〕。雨，動詞，下雨。

〔7〕徹彼桑土：快撕取些桑樹根的皮。徹，透徹、通徹之義。《說文》：「徹，通也。」徹通撤。徹、撤皆透母月部字。撤，撤除之義。撤，甲骨文字從右手從鬲，表示餐後撤去餐具，本義為撤下物品。《集韻‧薛韻》：「撤，通作徹。」《論語‧鄉黨》：「不撤姜食。」徹又通抽。抽，透母幽部。月、幽旁通轉。抽，又作「搯」「捵」，撕取。《魯說》：「徹，取也。」《說文》「搯，引也。從手，留聲。抽，或從由。捵，搯或從秀。」引，撕，扯取。桑根的皮須用手撕扯下來。一說，「徹」為剝取之義。《毛傳》：「徹，剝也。」《玉篇‧手部》：「撤，剝也。」徹與剝音義遠隔。此說不可取。桑土，即桑杜，桑樹根。土通杜。土，透母魚部；杜，定母魚部。透、定旁紐。《魯說》：「桑土，桑根也。」土，《韓詩》作「杜」。《毛傳》：「桑土，桑根也。」《方言》第三：「杜，根也。東齊曰杜。」《廣雅‧釋草》：「杜，根也。」杜通柢。柢，端母脂部。定、端旁紐，魚、脂旁通轉。聞一多《詩經通義‧乙》：「杜、柢一聲之轉。柢謂之杜，猶土謂之地。」柢，魯人說「杜」。用桑樹根的皮纏綁器物，桑根皮愈乾燥，纏得愈緊。

〔8〕綢繆牖戶：把窗戶和門都綁紮牢固。綢繆，緊密纏綁。《鄭箋》：「綢繆，猶纏綿也。」纏綿，纏繞。《集韻‧幽韻》：「繆，一曰綢繆束也。」綢，用絲線密繞。《說文》：「纏，繞也。」「綢，繆也。」繆，多重纏繞。《說文》：「繆，枲之十絜也。」十絜，繞十圈。一說，繞千絲為「繆」。《廣韻‧尤韻》：「繆，絲千累。」《唐風‧綢繆》：「綢繆束薪。」牖戶，房屋的窗和門。良鳥說，它要把鳥窩修補得結結實實，以防鳥窩被大風摧毀。

〔9〕今女下民：現今你們這些停留在樹下的人啊。女，通汝，你們。下民，指大樹下的「人類」。民，人。這是歌者模擬良鳥的口氣，在巢裏居高臨下對樹下的人說話。

〔10〕或敢侮予：看有誰還敢欺侮我們！或，通有。或，匣母職部；有，匣母之部。職、之對轉。有，有人，即誰、哪一個。《小爾雅‧廣言》：「或，有也。」《小雅‧天保》：「無不爾或承。」《鄭箋》：「或之言有也。」《易‧乾卦》：「或躍在淵。」《小雅‧鶴鳴》：「魚潛在淵，或在于渚。」《小雅‧吉日》：「或群或友。」侮，欺侮。參見《邶風‧柏舟》注〔21〕。予，我，我們。參見《邶風‧谷風》注〔38〕。這是良鳥為其家庭成員代言。

〔11〕予手拮据：我的手累得僵硬了。予，我。手，良鳥的爪。這是擬人手法。拮据，因過度疲勞而手臂僵硬，抓不住東西。《毛傳》：「拮据，撠挶也。」拮通撠。拮，見母質部；撠，見母鐸部。質、鐸旁通轉。撠，手臂僵硬，勾物如戟。

捐，手臂僵硬，彎曲如鉤。《玉篇・手部》：「撠，《漢書》注云：撠謂拘持之也。」《集韻・陌韻》：「撠，拘持也。」撠通捐。據，見母魚部；捐，見母屋部。魚、屋旁對轉。《說文》：「捐，戟持也。」《段注》：「戟持者，謂有所操作，曲其肘如戟而持之也。」戟，同戟。一說，「拮据」是用口和腳代替手做事。《韓說》：「口足為事曰拮据。」此說非「拮据」本義。

〔12〕予所捋荼：但我還在竭力地捋取荼草。所，通尚。所，山母魚部；尚，禪母陽部。山、禪鄰紐，魚、陽對轉。林義光《詩經通解》：「所讀為尚。言手雖拮据而尚捋荼蓄苴。所、尚雙聲對轉。……《書》『君子所其無逸』，謂尚其無逸也，所亦讀為尚。」捋，本義為用手輕取。《說文》：「捋，取易也。」荼，泛指茅草、蘆荻一類植物的枯穗。《毛傳》：「荼，萑苕也。」萑苕，葦穗。《鄭箋》：「荼，茅秀。」鳥用荼墊其窩。

〔13〕予所蓄租：我還在竭力地蓄積苴草。蓄，積聚。《說文》：「蓄，積也。」《廣雅・釋詁》：「蓄，聚也。」租，本義為田賦。古代農民上交的實物稅或貨幣稅，統稱為「租」。《說文》：「租，田賦也。从禾，且聲。」租通苴。租、苴皆精母魚部字。苴，本義為枯草。《說文》：「苴，履中艸。从艸，且聲。」《大雅・召旻》：「如彼歲旱，草不潰茂，如彼棲苴。」《楚辭・悲回風》：「草苴比而不芳。」王逸《注》：「生曰草，枯曰苴。」苴通藉。藉，從母鐸部。精、從旁紐，魚、鐸對轉。《說文》「包」字《段注》：「凡經傳言苞者，裹之曰苞，藉之曰苴。」《禮記・曲禮上》「凡以弓劍、苞苴、簞笥問人者」鄭玄《注》：「苞，裹也。苴，藉也。」孔穎達《疏》：「苞者，以草包裹魚、肉之屬也。……苴者，亦以草藉器而貯物也。」此歌詞的「苴」指鳥窩裏的枯草一類的墊藉物。

〔14〕予口卒瘏：我的嘴也累壞了。口，嘴。卒瘏，即瘁瘏，疾病的合稱。卒，通瘁。卒，精母物部；瘁，從母物部。精、從旁紐。瘁，病。《玉篇・疒部》：「瘁，病也。」《廣韻・至韻》《集韻・至韻》同上。《小雅・雨無正》：「維躬是瘁。」《小雅・蓼莪》：「生我勞瘁。」瘏，病。《毛傳》：「瘏，病也。」《說文》：「瘏，病也。」《周南・卷耳》：「我馬瘏矣。」《楚辭・九歎・思古》：「躬勌勞而瘏悴。」悴，通瘁。悴，從母物部。

〔15〕曰予未有室家：因為我們還沒有一個完好的家。曰，通為。曰，匣母月部；為，匣母歌部。月、歌對轉。為，因為，由於。《論語・八佾》「管氏有三歸」何晏《集解》：「婦人謂嫁為歸。」《論語釋文》：「今本作『曰歸』。」王引之《經傳釋詞》卷二：「『曰』猶『為』也。……桓四年《穀梁傳》：『一為乾豆，二為賓

客，三為充君之庖。』《公羊傳》『為』作『曰』。」予，我，我們。未有室家，沒有一個完好的家。《小雅‧雨無正》：「謂爾遷于王都，曰予未有室家。」「室家」指良鳥的巢。良鳥原來的巢，被惡鳥毀壞掉了。良鳥說，他「捋荼」「蓄租」以至於累得「手拮据」「口卒瘏」，是因為它想要擁有一個完好的家室。這句歌詞是良鳥向他的小仔們訴說他拼命勞作的原因。

〔16〕予羽譙譙：我的羽毛枯焦了。羽，羽毛。譙譙，即焦焦，形容鳥羽毛枯焦凋零的樣子。譙通焦。譙，從母宵部；焦，精母宵部。從、精旁紐。《釋文》：「譙，本或作燋。」燋，同「焦」。《毛傳》：「譙譙，殺也。」殺，衰減，刪削。《廣雅‧釋詁》：「殺，減也。」《集韻‧怪韻》：「殺，削也。」《呂氏春秋‧長利》：「是故地日削，子孫彌殺。」

〔17〕予尾翛翛：我的尾巴乾縮了。尾，尾巴。翛翛，羽毛枯焦無光澤。《毛傳》：「翛翛，敝也。」《鄭箋》：「手口既病，羽尾又殺敝，言己勞苦甚。」翛，或作「翛」。《玉篇‧羽部》：「翛，羽翼蔽貌。」《廣韻‧蕭韻》同上。《集韻‧宵韻》：「脩，脩脩，羽敝也。或作翛、翛。」《古今韻會舉要》卷六：「翛翛，羽敝也。《詩》：『予羽翛翛。』」翛翛，《唐石經》《南宋石經》作「脩」。

〔18〕予室翹翹：我們的巢築在極高的樹上。翹翹，高高之義。《類篇‧羽部》：「翹，一曰翹翹高貌。」《周南‧漢廣》：「翹翹錯薪。」高樹上的鳥巢，處境十分危險。《毛傳》：「翹翹，危也。」《說文》：「危，在高而懼也。」

〔19〕風雨所漂搖：一定會遇到狂風和暴雨。風雨，指風雨天氣。所，尚、還。漂搖，即飄搖、飄颻，本義為暴風。漂，通飄、飆。飄，旋風。參見《檜風‧匪風》注〔5〕。《小雅‧何人斯》：「其為飄風。」《毛傳》：「飄風，暴起之風。」《爾雅‧釋天》：「回風為飄。」郭璞《注》：「旋風也。」《爾雅‧釋天》：「扶搖謂之猋。」猋，本義為三犬一起奔逐。藉以形容風的迅猛勁疾。《說文》：「飆，扶搖風也。」《玉篇‧風部》：「飆，暴風也。」搖，通颻。搖、颻皆喻母宵部字。颻，搖盪之風。三家《詩》作「颻」。《玉篇‧風部》：「颻，飄颻也。」《廣韻‧宵韻》同上。《文選》江淹《恨賦》：「搖風忽起。」李善《注》：「《爾雅》曰：『颮颻謂之飆。』颮，音扶。颻，與搖同。」飄颻、颮颻、扶搖，緩讀為雙音節詞，急讀則為單音節詞。

〔20〕予維音嘵嘵：到那時我們只有使勁地嚎叫了。維，通唯、惟，只有。參見《鄭風‧揚之水》注〔3〕。音，聲音。此指鳥叫聲。《玉篇‧口部》「嘵」字下引《詩》云：「予維音之嘵嘵。」《廣韻》所引《詩》同上。《說文》「嘵」字下引《詩》：

「唯予音之嘵嘵。」《段注》更正為：「予維音之嘵嘵。」嘵嘵，鳥兒因恐懼而亂叫的聲音。《毛傳》：「嘵嘵，懼也。」《鄭箋》：「音嘵嘵然，恐懼告愬之意。」《說文》：「嘵，懼聲也。从口，堯聲。」嘵，與譊音義近。《說文》：「譊，恚呼也。从言，堯聲。」嘵通嗷。嘵，曉母宵部；嗷，疑母宵部。曉、疑旁紐。《小雅·鴻雁》：「鴻雁于飛，哀鳴嗷嗷。」嗷，又作「謷」。《說文》：「謷，一曰哭不止，悲聲謷謷。」嘵亦通謷。謷，見母宵部。曉、見旁紐。《說文》：「謷，痛呼也。从言，敖聲。」《玉篇·言部》：「謷，大呼也。」眾鳥遇到大風雨的天氣，在窩中恐懼哀鳴。

【詩旨說解】

《鴟鴞》是一首寓言歌歌詞。這篇歌詞通篇是一個良鳥的「鳥語」，述說的是良鳥的「家事」。此歌詞先敘述了良鳥之巢遭到惡鳥「鴟鴞」掠劫而室毀子亡的一場變故；接著又敘良鳥趁雨季來臨之前奮力築新巢之事；繼而又敘述良鳥因奮力築巢累得「手」「口」皆病、毛焦尾敗的慘狀，並且突出地強調了良鳥對其家室安全的擔心。

這首歌以良鳥為主人公，巧借良鳥之口，敘述了良鳥家室危機的現狀，向人們傳達了一種憂患意識；通過敘述良鳥愛家護家的行為，表達了宏大的愛國主題。

這篇歌詞大概產生於先周時期。先周人在北豳時，與戎狄雜居，經常受到游牧民族的強暴襲擾，時常棄家而逃，甚或家園被毀而棄，另遷他處。此歌詞反映了先周人對豳地惡劣生活環境的痛苦反思。歌詞中「迨天之未陰雨，徹彼桑土，綢繆牖戶」的說法，與建家、建都有密切的關係。《鴟鴞》蓋是先周豳人為鼓動族群遷徙，號召人們在新遷地區建設安定的家園而創作的。

《尚書·周書·金縢》說，《鴟鴞》是周公旦在西周初年東征平定叛亂之後所作的勸誡成王、表白自己的作品。《金縢》：「武王既喪，管叔及其群弟乃流言于國，曰：『公將不利于孺子。』周公乃告二公曰：『我之弗辟，我無以告我先王。』周公居東二年，則罪人斯得。于後，公乃為詩以貽王，名之曰《鴟鴞》。王亦未敢誚公。」《金縢》所反映的西周初期社會動亂的情況，與《鴟鴞》詩並不吻合。那時，成王雖年幼，但輔政的大臣周公健壯。周公若以「毛枯尾焦」的良鳥自比、以惡鳥「鴟鴞」比武庚祿父，都很不恰切。若說周公在國家危難之際將古豳樂《鴟鴞》演給年幼的成王聽，讓成王感悟治國艱難的道理，從而推動「營成周」工程的順利進行，則比較符合實際。

東山

我徂東山〔1〕，慆慆不歸〔2〕。
我來自東〔3〕，零雨其濛〔4〕。
我東曰歸〔5〕，我心西悲〔6〕。
制彼裳衣〔7〕，勿士行枚〔8〕。
蜎蜎者蠋〔9〕，烝在桑野〔10〕。
敦彼獨宿〔11〕，亦在車下〔12〕。

我徂東山，慆慆不歸。
我來自東，零雨其濛。
果臝之實〔13〕，亦施于宇〔14〕。
伊威在室〔15〕，蠨蛸在戶〔16〕。
町畽鹿場〔17〕，熠燿宵行〔18〕。
不可畏也〔19〕，伊可懷也〔20〕。

我徂東山，慆慆不歸。
我來自東，零雨其濛。
鸛鳴于垤〔21〕，婦嘆于室〔22〕。
洒埽穹窒〔23〕，我征聿至〔24〕。
有敦瓜苦〔25〕，烝在栗薪〔26〕。
自我不見〔27〕，于今三年〔28〕！

我徂東山，慆慆不歸。
我來自東，零雨其濛。
倉庚于飛〔29〕，熠燿其羽〔30〕。
之子于歸〔31〕，皇駁其馬〔32〕。
親結其縭〔33〕，九十其儀〔34〕。
其新孔嘉〔35〕，其舊如之何〔36〕？

【注釋】

〔1〕我徂東山：我前往蒙山去駐守。我，歌者自稱。歌者是一個小軍官。徂，往。《說文》：「徂，往也。从辵，且聲。徂，齊語。」《方言》第一：「徂，往也。徂，齊語也。往，通語也。」魯國與齊國接壤，語言接近。東山，今名「蒙山」。

因蒙山在魯東境，故魯人稱之為「東山」。《孟子·盡心上》：「孔子登東山而小魯。」清閻若璩《四書釋地》：「費縣西北蒙山，正居魯四境之東，一名東山。孟子云『孔子登東山而小魯』指此。」王先謙《集疏》：「東山者，魯之東山。其先為奄之東山。」徐中舒《豳風說》：「東山即蒙山，為魯人屢代對東方用兵之重鎮。」

〔2〕慆慆不歸：很久很久沒有回家鄉了。慆慆，即遙遙，指時間長久。《毛傳》：「慆慆，言久也。」《集韻·豪韻》：「慆，一曰慆慆久也。」《楚辭·七諫·謬諫》：「年滔滔而日遠兮。」滔滔，與「慆慆」同義。慆通攸、遙。慆，透母幽部；攸，喻母幽部；遙，喻母宵部。透、喻準旁紐，幽、宵旁轉。攸，長。參見《衛風·竹竿》注〔11〕。遙，遠。《說文》：「遙，遠也。」慆，三家《詩》作「悠」。悠通攸。悠，喻母幽部。不歸，沒回家鄉。

〔3〕我來自東：即「我自東來」。東，魯國東境。指東山，即蒙山。

〔4〕零雨其濛：天上下著濛濛細雨。零雨，下雨。零，通霝，下落。零、霝皆來母耕部字。參見《鄘風·定之方中》注〔15〕。其濛，即濛濛。指細雨。《毛傳》：「濛，雨貌。」段校《說文》：「濛，微雨也。」「微，小雨也。」《鄭箋》：「此四句者，序歸士之情也。我往之東山，既久勞矣。歸，又道遇雨濛濛然。是尤苦也。」服役結束，歌者從魯國的東方駐防地蒙山返回家鄉，天下起了濛濛細雨。

〔5〕我東曰歸：我從東方回家鄉。曰，語助詞。鄭玄讀為實詞。《鄭箋》：「我在東山，常曰『歸也』。」歸，回家。

〔6〕我心西悲：西望家鄉忽然讓我的心裏感到了傷悲。西悲，即悲西。悲，心中有所感傷。《說文》：「悲，痛也。」痛，指心痛。小軍官遠望西邊的家鄉，為在家鄉獨自生活的妻子而心痛。《鄭箋》：「我心則念西而悲。」

〔7〕制彼裳衣：我想我的妻子現在正在動手為我裁縫著平常穿的衣服。制，裁、做衣。《說文》：「制，裁也。」「裁，製衣也。」裳衣，下身穿的裳和上身穿的衣。這裡「裳衣」代指平常的衣服，非指軍服。

〔8〕勿士行枚：不再製作軍裝了吧。勿，毋、不。士，金文象斧鉞之形。代指典獄之官。士通事，動詞，做事。士、事皆床母之部字。《毛傳》：「士，事。」《說文》：「士，事也。」行枚，即胻幑，行軍打仗的綁腿。古又稱「邪幅」。行通胻。行、胻皆匣母陽部字。胻，小腿。《說文》：「胻，脛端也。」《段注》：「端猶頭也。脛近膝者曰胻。」脛端，即小腿。枚，通幑。枚，明母微部；幑，曉

母微部。明、曉通轉。徽，綁腿。《說文》:「徽，衺幅也。」《廣雅・釋詁》:
「徽，束也。」《小雅・采菽》:「赤芾在股，邪幅在下。」《鄭箋》:「邪幅，如
今之行縢也，偪束其脛，自足至膝，故曰『在下』。」聞一多《風詩類鈔・乙》:
「行，胻;枚，徽。後世謂之行縢、行纏，今之裹腿。」此歌詞以「行枚」代
指軍服。一說，「枚」訓「微」，指軍事秘密，「行枚」即進行秘密的軍事活動。
《毛傳》:「枚，微也。」段玉裁《毛詩故訓傳定本》傳文注:「此『枚，微也』，
與《魯頌》『枚枚，礱密也』皆是假借，謂『枚』為『微』之假借也。謂之『微』
者，兵事神秘也。」一說，行枚是「行陣銜枚」的縮略語。《鄭箋》:「亦初無
行陣銜枚之事。」《釋文》:「鄭注《周禮》云:『枚如箸，橫銜之於口，為繣繫
於項中。』」《周禮・秋官・序官》「銜枚氏」下鄭玄《注》:「銜枚，止言語囂
讙也。枚，如箸，橫銜之，為繣繫於項。」馬瑞辰《通釋》、高亨《詩經今注》
皆從鄭說。

〔9〕蜎蜎者蠋:我的妻子像蜷蜷爬行的野蠶一樣。蜎蜎，蟲子屈身爬行的樣子。
　　　《毛傳》:「蜎蜎，蠋貌。」朱熹《集傳》:「蜎蜎，動貌。」蜎通蜷。蜎，影母
　　　元部;蜷，群母元部。影、群鄰紐。蜎蜎，即蜷蜷，身體蜷曲的樣子。《類篇・
　　　蟲部》:「蜷，詰屈也。」野蠶爬行，一蜷一曲，如虷蟆屈伸一樣。者，通之，
　　　語助詞。蠋，同蜀，野蠶。蠋，三家《詩》作「蜀」。「蜀」是野蠶的象形字。
　　　古蜀國有蠶叢王。《毛傳》:「蠋，桑蟲也。」《爾雅・釋蟲》:「蚅，烏蠋。」郭
　　　云:「大蟲，如指，似蠶。」《韓非子・內儲說上》:「蠶似蜀。」《淮南子・說
　　　林》:「蠶之與蠋，狀相類。」《說文》:「蜀，葵中蠶也。……《詩》云:『蜎蜎
　　　者蜀。』」按，「葵」為「桑」字傳抄之誤。《段注》:「葵，《爾雅釋文》引作桑。
　　　《詩》曰:『蜎蜎者蠋，蒸在桑野。』似作桑為長。《毛傳》曰:『蜎蜎，蠋貌。
　　　蠋，桑蟲也。』傳言蟲許言蠶者，蜀似蠶也。」《爾雅釋文》引《說文》:「蠋，
　　　桑中蟲也。」一說，「蠋」是俗字。《說文》引《詩》:「蜎蜎者蜀。」《段注》:
　　　「《豳風》文。今左旁又加蟲，非也。」清顧廣譽《學詩正詁》:「《說文》引『蜎
　　　蜎者蜀』。柯氏曰:『蠋，俗字也。』蜀既从虫，不當再加虫旁，當從許書作蜀
　　　為正。」

〔10〕烝在桑野:經常爬到野外的桑樹上去採桑葉。烝，「蒸」之初文本義為釜甑烹
　　　飪蒸氣升騰。《說文》:「烝，火氣上行也。」烝通升、登、乘之義。烝，
　　　照母蒸部;升，審母蒸部;登，端母蒸部。照、審旁紐，照、端準雙聲。《爾
　　　雅・釋詁》:「烝，進也。」「登，升也。」《說文》:「登，上車也。」《段注》:

「引申之，凡上陞曰登。」桑野，即野桑。古代採桑葉養蠶是婦女之職。田野中的桑樹長高了，須爬上樹採桑葉。《左傳・僖公二十三年》：「（重耳）將行，謀於桑下。蠶妾在其上。」歌者以其妻在家鄉登桑樹採桑為辛苦之事。

〔11〕敦彼獨宿：我在東山駐防地也常常夜晚一個人獨自蜷曲著身體睡覺。敦，從攴，享聲，本義為督問。《說文》：「敦，怒也；詆也。一曰誰何也。」《段注》：「『怒也』『詆也』『一曰誰何也』，皆責問之意。《邶風》：『王事敦我。』」敦通團。敦，定母文部；團，定母元部。文、元旁轉。團，本義為圓。多指圓形物體。引申為蜷曲之義。《說文》：「團，圓也。從囗，專聲。」圜，同圓。此歌詞的「敦」取「團」的引申義，指身體蜷曲。獨宿，晚上一個人睡覺。《鄭箋》：「敦敦然獨宿於車下。」

〔12〕亦在車下：在那戰車之下。古代一輛戰車配車左、車右、車御三人，並配有隨車作戰的徒兵數人。能獨自宿營於車下的人，大概是一個低級軍官。這個低級軍官，在東山駐防地經常和衣蜷曲在車下過夜。

〔13〕果臝之實：家中在房前種植的栝樓已結出了果實。果臝，即栝樓，聲轉之詞。《毛傳》：「果臝，栝樓也。」《爾雅・釋草》：「果臝之實，栝樓。」實，果實。栝樓為多年生葫蘆科植物，宜種於庭院內，其根部、果皮、子仁皆可入藥。

〔14〕亦施于宇：栝樓的果實已經懸垂在屋簷上了。施，通延，蔓延。施，喻母歌部；延，喻母元部。歌、元對轉。參見《周南・葛覃》注〔2〕。宇，屋簷。《說文》：「宇，屋邊也。」《左傳・昭公四年》「失其守宇」孔穎達《疏》：「宇，謂屋簷也。」《周易・繫詞下》「上棟下宇」唐李鼎祚《集解》引虞翻曰：「下宇，謂屋邊也。」《楚辭・九章・涉江》：「雲霏霏其承宇。」朱熹《楚辭集注》：「宇，屋簷也。」

〔15〕伊威在室：或許我家屋子裏的鼠婦蟲在到處亂爬了。伊威，又作「蛜威」「蛜蝛」，潮蟲名，又稱「委黍」「蟠」「鼠婦」「鼠負」。《毛傳》：「伊威，委黍也。」《爾雅・釋蟲》：「蟠，鼠負。」郭璞《注》：「甕器底蟲。」《說文》：「蟠，鼠婦也。」陸璣《毛詩草木疏》：「伊威，一名委黍，一名鼠婦，在壁根下甕底土中生，似白魚者也。」伊威觸之作球狀，與地螯蟲有別。

〔16〕蠨蛸在戶：長腳蜘蛛在屋門上結了網。蠨蛸，長腳蜘蛛。《毛傳》：「蠨蛸，長踦也。」《孔疏》：「今詩義『長踦，長腳蜘蛛』。」五代馬縞《中華古今注》：「長踋，蠨蛸也，身小足長，故謂『長踦』；小蜘蛛長腳也，俗呼為『蟢子』。」

〔17〕町畽鹿場：村旁的田野裏到處是野獸踐踏出的痕跡。町畽，田間野廬旁邊野獸踐踏之跡。町，田野裏的零星獸腳印。町，通丁，有零丁之義。町，透母文部；丁，端母耕部。透、端旁紐，文、耕旁通轉。畽，田野裏的一團獸腳印。畽通團，有團簇之義。畽，透母元部；團，定母元部。透、定旁紐。一說，「町畽」是鹿踐踏過的地方。《毛傳》：「町畽，鹿跡也。」《廣韻‧銑韻》：「町，町疃，鹿跡。」畽，又作「疃」。《釋文》：「畽，本又作疃。」《說文》：「疃，禽獸所踐處也。《詩》曰：『町疃鹿場。』」鹿場，鹿踐踏出來的蹊道。習語有「羊腸小道」。「羊腸」即「羊場」。「羊場」「鹿場」均指野間由動物踐踏出來的小道。小軍官想像其家鄉因抽丁服役而田園荒蕪，村邑外野獸往來甚多。

〔18〕熠燿宵行：夜間到處閃動著磷光鬼火。熠，本義為光盛。《說文》：「熠，盛光也。」燿，又作「耀」，光源明亮之義。《說文》：「燿，照也。」《廣雅‧釋詁》：「燿，明也。」《玉篇‧火部》：「燿，光也。」此歌詞的「熠燿」謂鬼火時隱時現閃動的樣子。《毛傳》：「熠燿，燐也。燐，熒火也。」段玉裁《毛詩故訓傳定本》校定傳文作「㷠」。「㷠」字本作「㷠」，從重火，從舛，舛為人兩足，表示火能行走之義。《說文》：「㷠，鬼火也。从炎、舛。」螢火蟲身上發出的光，或朽骨釋放出的磷光，夜間在墳地、郊野裏竄動流走，民間稱之為「鬼火」。宵行，與「鹿場」對文，為名詞，指鬼火。《韓說》：「宵行，熠燿以為鬼火，或謂之磷。」一說，宵行，專指螢火蟲。《本草綱目‧蟲部‧螢火‧釋名》：「時珍曰：《豳風》：『熠燿宵行。』宵行，乃蟲名；熠燿，其光也。」以上幾句歌詞是小軍官想像其家中因無人照管、缺乏料理及其村邑缺少丁壯而產生的冷落荒涼景象。小軍官「近鄉情更怯」，心理反應強烈。

〔19〕不可畏也：家園荒蕪了並不可怕。

〔20〕伊可懷也：我的愛妻才是我真正掛念的對象。伊，通爾，你。這是小軍官稱其妻。伊，影母脂部；爾，日母脂部。影、日通轉。懷，思念、掛念。《鄭箋》：「懷，思也。」《爾雅‧釋詁》：「懷，思也。」《方言》第一：「懷，思也。」《說文》：「懷，念思也。」《周南‧卷耳》：「嗟我懷人。」《邶風‧終風》：「寤言不寐，願言則懷。」《邶風‧泉水》：「有懷于衛，靡日不思。」

〔21〕鸛鳴于垤：鸛鳥見有人來，在水中的小沙丘上揚頸而鳴。鸛，涉禽，羽毛灰、白或黑色，嘴長翼大尾短，喜食淺水中的魚類。《鄭箋》：「鸛，水鳥也。」鳴，鳴叫。鸛是警惕性很高的水鳥，發現有人靠近則鳴叫。《毛傳》：「鸛好水，長

鳴而喜也。」鸛鳴表示客到喜事至。這大概是民間的一種習慣說法。《韓詩》:
「鶴鳴于垤。」鸛與鶴同樣警覺。垤,本義為蟻丘。《說文》:「垤,螘封也。」
「螘,蚍蜉也。」螘,同蟻。螘封,蟻丘。《方言》第十一:「蚍蜉,其場謂之
坻,或謂之垤。」《毛傳》:「垤,螘冢也。」按,鸛是水鳥,當鳴於渚坻,而
不是鳴於蟻丘。毛說誤。垤通坻。垤,定母質部;坻,端母脂部。定、端旁紐,
質、脂對轉。坻,水中極小的陸地。《爾雅・釋水》:「水中可居者曰洲,小洲
曰陼,小陼曰沚,小沚曰坻。」《說文》:「坻,小渚也。」

〔22〕婦嘆于室:我的愛妻大概還在家中面壁而嘆呢。婦,歌者對其妻的稱謂。嘆,
哀嘆。男人出征,婦女持家難,屢思其夫,常有哀嘆之聲。《鄭箋》:「婦念之
則嘆於室。」室,居室。小軍官出征回還快要到家時,想像家中的妻子還不知
他的到來,正在室中哀嘆。

〔23〕洒埽穹窒:妻子你快快打掃庭院整理屋宇吧。洒埽,清掃庭院和室內。參見
《唐風・山有樞》注〔11〕。穹窒,清掃室內頂部並堵塞老鼠洞。參見《七月》
注〔46〕至〔50〕。

〔24〕我征聿至:我這次出征馬上就要回到家裏啦。我征,我的這次出征。指小軍官
前往東山服役。聿至,曰至,至。聿,通曰,語助詞。至,到來。小軍官希望
其妻趕快灑掃自家的屋室和庭院,迎接他的到來。

〔25〕有敦瓜苦:草秧上那一串串有苦味的小匏瓜。有敦,即敦敦,團團。敦通團。
《毛傳》:「敦,猶專專也。」《鄭箋》:「專專如瓜之繫綴焉。」《孔疏》:「言瓜
繫於蔓,專專然也。」專,通團。專,照母元部。照、定準旁紐。團,圓。小
匏瓜呈圓形。馬瑞辰《通釋》:「敦、團聲本相近。……敦敦,猶團團也。」瓜
苦,即苦瓜,有苦味之瓜。此瓜為野生植物,非人工種植,結瓜團團,小而多,
有苦味。

〔26〕烝在栗薪:可它們偏偏又攀爬在辛辣的野草棵上。烝,通登、升。見注〔10〕。
此處謂苦瓜的蔓向上爬升。栗薪,即蓼薪、蓼草,辛辣之草。栗,《韓詩》作
「漻」。《釋文》則說:「《韓詩》作『蓼』。」栗通蓼。栗,來母質部;蓼,來
母幽部。質、幽旁通轉。蓼,一種有辛辣味的菜。《說文》:「蓼,辛菜。薔虞
也。」《玉篇・艸部》:「蓼,辛苦之菜也。」《楚辭・七諫・怨世》:「蓼蟲不知
徙乎葵菜。」洪興祖《楚辭補注》:「言蓼蟲處辛烈,食苦惡,不能知徙於葵菜。」
蓼蟲,食蓼之蟲。葵菜,不辛辣。蓼,又指辛苦之物。《周頌・小毖》:「未堪

家多難，予又集于蓼。」《毛傳》：「予，我也。『我又集于蓼』，言辛苦也。」
朱熹《集傳》：「蓼，辛苦之物也。」王先謙《集疏》：「《玉篇·艸部》蓫與蓼
同。蓼，辛苦之菜也。」按，《玉篇·艸部》、《廣韻·屋韻》以「蓼」「藼」為
異體字。蓫與蓼也是異體字。薪，本義為割下來的草。參見《周南·漢廣》注
〔9〕。此句歌詞中的「薪」字為草義。古代的菜與草實難分，可食之為菜，不
可食即為草。「栗薪」是指一種有辛辣味的草。歌者以苦瓜蔓延在辛辣的草上，
比喻其妻在家中的生活辛上加苦。

〔27〕自我不見：自從我與你分別後。自，自從。我，歌者自稱。不見，人分別之後
相互看不見了。「不見」是《詩經》中的常用語。《王風·采葛》：「一日不見，
如三秋兮！」

〔28〕于今三年：到現在已經有三個年頭了。于今，至今。于，同於，至、到。《左
傳·襄公十八年》：「不穀即位，於今五年。」三年，服役整三年。春秋時期的
服役期一般為一年。小軍官在蒙山服役三年，屬於超期服役。這句歌詞透露了
魯國兵力資源嚴重匱乏的情況。

〔29〕倉庚于飛：黃鸝在天空飛翔。倉庚，黃鸝。《鄭箋》：「倉庚仲春而鳴。」于飛，
曰飛，飛行。于，通曰，語助詞。

〔30〕熠燿其羽：它的羽毛閃耀著美麗的光彩。熠燿，閃耀。《鄭箋》：「『熠燿其羽』，
羽鮮明也。」

〔31〕之子于歸：我的愛妻出嫁時。之子，這個人。子，女子。這是歌者稱其妻。于
歸，出嫁。參見《周南·桃夭》注〔3〕。

〔32〕皇駁其馬：送嫁的車輛套著黃色和花色的馬。皇，本義為燈火輝煌。引申為黃
色之義。參見《邶風·綠衣》注〔2〕。皇通騜。皇、騜皆匣母陽部字。《魯詩》
作「騜」。騜，毛色以黃色為主間有白色的馬。《毛傳》：「黃白曰皇。」《爾雅·
釋畜》：「黃白，騜。」郭璞《注》：「《詩》曰：『騜駁其馬。』」駁，雜色馬。
馬毛色紅白相雜、黑白相雜皆謂之「駁」。《毛傳》：「駵白曰駁。」《玉篇·馬
部》：「駵，赤馬黑鬣。」《說文》：「駁，馬色不純。」

〔33〕親結其縭：你的母親親自為你繫上了腰帶和飾物。親結，女子出嫁時其母親為
其結繫腰帶。親，嫡親。此指母親。結，繫。縭，衣大帶上的飾物。縭，從糸
從離，離聲，以絲繩繫物於身體上，有附麗之義。縭通麗。縭，來母歌部；麗，
來母支部。歌、支旁通轉。麗，附著之義。《洪武正韻·霽韻》：「麗，著也，
附也。」《易·離卦》：「日月麗乎天，百穀草木麗乎土。」麗，又專指大帶上

附著的飾物。陳初生《金文常用字典》卷十「麗」字下：「『麗鞶』，郭沫若謂即『鞶厲』，荷花包也。《師　簋》一：『易（賜）女（汝）赤市、同黃、麗鞶。』……《禮記・內則》：『男鞶革，女鞶絲。』鄭玄《注》：『鞶，小囊，盛帨巾者。男用韋，女用繒。有緣飾之，則是鞶裂。』郭沫若說：『如鄭玄說，則鞶如今少數民族之荷包，掛於肩而垂之，有緣飾。漢民族舊時之荷包則懸於帶而垂之，此殆後世之轉變，揆其初殆亦掛於肩。麗、厲同音，故知麗鞶即鞶厲（荷花包）。』」參見《衛風・芄蘭》注〔6〕。《爾雅・釋器》：「婦人之褘謂之縭。縭，緌也。」郭璞《注》：「即今之香纓也。」褘，蔽膝、佩巾皆稱「褘」。褘不稱「縭」，褘帶上的附著物才稱為「縭」。緌，衣帶上所佩的下垂之物。香纓，女子身上所佩帶的香囊、彩球之類的飾物。纓通嬰，謂成對的飾物。女子的褘帶上綴有香纓等飾物，因此也稱為「縭」。一說，「縭」為衣帶。《韓說》：「縭，帶也。」《玉篇・衣部》：「縭，帶也。」褘，衣帶也。」一說，「縭」是婦女的蔽膝。《毛傳》：「縭，婦人之褘也。母戒女，施衿結帨。」《爾雅・釋器》：「婦人之褘謂之縭。」縭，又作「褵」「離」。《爾雅釋文》：「縭，本或作褵。」《後漢書・馬援傳》：「施衿結褵。」張華《女史箴》：「施衿結離。」《爾雅・釋器》：「衿謂之袸。」郭璞《注》：「衣小帶。」《儀禮・士昏禮》：「父送女，命之曰：『戒之敬之，夙夜毋違命。』母施衿結帨，曰：『勉之敬之，夙夜無違宮事。』」衿，衣領。衿通紟。衿，見母侵部；紟，群母侵部。見、群旁紐。紟，衣服的繫帶。《說文》：「紟，衣繫也。」帨，佩巾。參見《召南・野有死麕》注〔10〕。「施紟」與「結帨」對文。施紟，即施紟，繫結衣帶；結帨，繫結佩巾。此歌詞的「結縭」即繫結衣大帶和飾物，「縭」代指衣大帶及附著其上的飾品。結縭與結帨非一事，結縭在結帨之後。

〔34〕九十其儀：結婚的儀式，程序很多。九、十，數目字。此指結婚儀式的程序項數。儀，儀式。指結婚的儀式。結婚儀式的程序，多達九至十項，非常隆重。《毛傳》：「九、十其儀，言多儀也。」一說，「九」「十」謂叮嚀多。《鄭箋》：「女嫁，父母既戒之，庶母又申之。九、十其儀，喻丁寧之多。」女方舉行婚禮儀式，女方長輩叮嚀出嫁者僅為程序之一，還有為出嫁者結縭等程序項。

〔35〕其新孔嘉：你新婚時的模樣很俊雅。其，人稱代詞，你。新，指歌者的妻子新婚時的模樣。孔嘉，甚好。孔，甚，很。嘉，善，好。《鄭箋》：「嘉，善也。」這句歌詞說明小軍官非常喜愛他的妻子。

〔36〕其舊如之何：而今你的模樣又怎樣了？舊，與上文「新」對文，指歌者的妻
　　子與他分別三年之後的模樣。舊，從萑從臼，本為鳥名，即鵂鶹，貓頭鷹。
　　舊，通久。舊，群母之部；久，見母之部。群、見旁紐。久，「灸」字的初
　　文，本義為灸。《說文》：「久，從後灸之也。象人兩脛後有距也。」《段注》：
　　「故又引申為遲久。遲久之義行而本義廢矣。」灸艾耐燃，灸事所用時間長
　　久，故「久」字又引申為遲久之義。《玉篇·久部》：「久，遠也，長也。」
　　《廣韻·有韻》：「久，長久也。」《邶風·旄丘》：「何其久也？必有以也。」
　　《小雅·六月》：「來歸自鎬，我行永久。」《論語·雍也》：「子曰：『中庸之
　　為德也，其至矣乎！民鮮久矣。』」久，又引申為陳舊之義。《爾雅·釋言》：
　　「曩，久也。」郝懿行《義疏》：「久之言舊也。久、舊亦通。」《釋名·釋
　　親屬》：「舅，久也。久，老稱也。」《廣雅·釋言》：「曩，久也。」王念孫
　　《疏證》：「久，猶舊也。」《大雅·抑》：「於乎小子，告爾舊止。」《鄭箋》：
　　「舊，久也。」舊、久又通古、故。參見《邶風·式微》注〔3〕。《詩經》
　　中常將「新」和「舊」對舉。《小雅·我行其野》：「不思舊姻，求爾新特。」
　　《大雅·文王》：「周雖舊邦，其命維新。」結婚時是新人，結婚三年之後即
　　可謂「舊人」。如之何，即如何，怎麼樣。這句歌詞進一步反映了小軍官「近
　　鄉情更怯」的心情。

【詩旨說解】

　　《東山》是一首室內樂歌歌詞。一個低層貴族男子新婚不久，即充軍任
小軍官之職，被派往「東山」駐守，三年沒有回家。終於有一天，他獲准返
鄉。在回家的路上恰逢「零雨其濛」。這時，他想念家人的情緒一下子變得難
以控制，思緒湧流，腹中醞釀了一首歌曲。回到家中之後，他繕寫了歌詞，並
在室內親自演唱給他的妻子聽。

　　第一章：小軍官述說他在返鄉途中思念家鄉的心情。「零雨其濛」是他思
妻的緣起之辭。微微細雨，遮住了小軍官的視線，引發了他對家鄉的嚮往和
對其妻的無限思念。他想像著家中的一切，腦子裏幻化出了許多家鄉的情景
畫面。他想像其妻正在家中高興地為他縫製平常穿用的衣服，他馬上就可以
脫掉軍服，過安樂的生活了。這時，他的心中充滿了欣喜和對家鄉的嚮往之
情。但他忽而又想到其妻在家鄉像野蠶一樣爬在桑樹上採桑葉，回頭再想想
他自己在軍中的生活，他的心中又充滿了辛酸的滋味。

第二章：小軍官繼續述說他在返鄉途中思念家鄉的心情。他想像他的家鄉因抽丁服役而呈現一片凋敝荒涼的景象。他這樣想像他的家鄉，其實是在掛念其妻子。

第三章：小軍官繼續述說他在返鄉途中思念家鄉的心情。快要到家了，他想像其妻正在家中哀歎。她也許是在歎自己命苦，也許是歎其丈夫服役久久不歸。在他即將到家的時候，他首先想對其妻說的話是：「趕緊為我打掃住室吧，我快要到家了！我們已經三年沒見面了，你在家中吃了多少苦呀！」這是他在腹中積鬱了很久的話語。他想要說給其妻的話憋了一肚子，唯有這幾句話最重要，必須最先說出來給他的嬌妻聽。他把自己的妻子比作一棵小「苦瓜」，而這棵「苦瓜」偏偏爬在辛辣的草棵上了。這些話語裏充滿了他對妻子的疼愛之情和掛念之意。

第四章：小軍官述說其妻新婚出嫁時的情形。「倉庚于飛，熠燿其羽」——在春光明媚的日子裏，一個美麗的姑娘出嫁了。此時，黃鸝鳥在天空中扇動著翅膀，它那清新的叫聲在田野裏迴響。此情此景，讓人感到無比的欣喜和歡暢。「之子于歸，皇駁其馬。親結其縭，九十其儀」——這個美麗的姑娘出嫁時，場面盛大，雙親為其送嫁。「其新孔嘉，其舊如之何」——小軍官不敢想像其妻婚後三年來為生活所累而造成的容貌變化，他生怕返家之後家中物是人非。小軍官用這樣的描述，真切地表達了他將要回到家中時的那種欣喜的心情和「近鄉情更怯」的心理狀態。

綜之，這首室內樂歌以一個返鄉征夫的口氣，述說了一個「新婚別」的事件。此詩全篇通過述說一個低層貴族子弟新婚後充軍服役給他的家庭生活所帶來的負面影響，真切地反映了一個服役者的思妻和思鄉之情，道出了一個中年男子對其妻的愛和對和平安定生活的憧憬。

破斧

既破我斧〔1〕，又缺我斨〔2〕。
周公東征〔3〕，四國是皇〔4〕。
哀我人斯〔5〕，亦孔之將〔6〕！

既破我斧，又缺我錡〔7〕。
周公東征，四國是吪〔8〕。
哀我人斯，亦孔之嘉〔9〕！

　　　　既破我斧，又缺我錡〔10〕。
　　　　周公東征，四國是遒〔11〕。
　　　　哀我人斯，亦孔之休〔12〕！

【注釋】

〔1〕既破我斧：即「我斧既破」，我們的大斧已經砍壞了刃部。破，本義為石頭被打開、打碎。引申為破碎、殘缺、損壞之義。《說文》：「破，石碎也。」《廣雅·釋詁》：「破，壞也。」《正字通·午集·石部》：「破，剖也，裂也。……凡物壞……皆曰破。《說文》專訓『石碎』，泥。」此句歌詞中「破」字用為動詞。我，我們的。這是表演《周公東征》舞蹈的樂工們以東征將士的名義自稱。斧，斧頭，一種砍削工具。段校《說文》：「斧，所以斫也。」斧子是民用的砍削工具，有長方形柄孔。《毛傳》：「隋銎曰斧。斧斨，民之用也。」段玉裁《毛詩故訓傳定本》校定傳文為：「隋銎曰斧，方銎曰斨。斧斨，民之用也。」《釋文》：「隋，孔形狹而長也。」隋通橢。隋、橢皆透母歌部字。定、透旁紐。橢，本義為長圓形容器。引申為橢圓形之義。《廣韻》：「橢，器之狹長。」銎通孔。銎、孔皆溪母東部字。銎，斧頭上安裝手柄的孔。斧比斤刃寬而薄，故稱為「斧」。斧刃扁薄，身寬，故斧體上安裝斧柄的孔眼也狹長。斧子是古代軍隊後勤必備的工具之一。《周禮·地官·鄉師》「輂輦」鄭玄《注》引《司馬法》曰：「夏后氏謂輦曰『余車』，殷曰『胡奴車』，周曰『輜輦』。輦，一斧、一斤、一鑿、一梩、一鋤。周輦加二版二築。」輜輦，軍隊後勤用車，裝載後勤必備的器具。必要時，斧子也作為兵器使用。

〔2〕又缺我斨：我們的大斨也砍出了缺口。缺，本義為陶器有缺口。引申為凡缺口之義。段校《說文》：「缺，器破也。從缶，夬聲。」此歌詞的「缺」字用為動詞。斨，方孔斧子。《七月》：「取彼斧斨，以伐遠揚。」《毛傳》：「斨，方銎也。」段玉裁《毛詩故訓傳定本》傳文注：「《七月》正義引此傳有『方銎曰斨』四字。」斨也是古代軍隊後勤必備的工具之一，亦可作為兵器使用。這句歌詞形容周公東征時戰鬥的慘烈狀況。

〔3〕周公東征：周公率領大軍向東方征討。周公，姓姬名旦，武王弟，成王叔父。東征，向東方征討。西周初年，武庚及東夷諸國發動叛亂。當時周成王尚幼，周公旦攜成王率領周朝軍隊從鎬京出發，東征管、蔡、商、奄及參加叛亂的東夷諸小國，一舉平定了叛亂。周公東征是不爭的史實。《逸周書·作雒解》：「武王克殷，乃立王子祿父，俾守商祀。建管叔於東，建蔡叔、霍叔於殷，俾監殷

臣。武王既歸，成（乃）歲，十二月崩鎬，殣予（於）岐周。周公立，相天子。
三叔及殷、東、徐、奄及熊、盈以略（畔）。周公、召公內弭父兄，外撫諸侯。
九（元）年，夏六月，葬武王於畢。二年，又作師旅，臨衛政（征）殷，殷大
震潰，降辟三叔。王子祿父北奔，管叔經而卒，乃囚蔡叔於郭凌。凡所征熊、
盈族十有七國，俘維九邑。俘殷獻民，遷於九里。俾康叔宇（寓）於殷，俾中
旄父宇（寓）於東。」《尚書・周書・多方》：「惟五月丁亥，王來自奄，至于
宗周。」《尚書・周書・多士》：「王曰：『多士，昔朕來自奄，予大降爾四國民
命。』」《孟子・滕文公下》：「周公相武王，誅紂伐奄，三年討其君，驅飛廉於
海隅而戮之，滅國者五十，驅虎豹犀象而遠之，天下大悅。」《呂氏春秋・仲
夏紀・古樂》：「成王立，殷民反，王命周公踐伐之。商人服象，為虐於東夷，
周公遂以師逐之，至於江南。」《尚書大傳・洛誥傳》：「周公攝政，一年救亂，
二年克殷，三年踐奄，四年建衛侯，五年營成周，六年制禮作樂，七年致政。」
《左傳・昭公元年》：「周有徐、奄。」奄，原是殷朝東方的一個方國，後來西
周王朝在此地建立了魯國。西周初，周王朝與淮夷的戰事頻仍。《大雅》的《江
漢》《常武》二篇反映了征徐（淮夷）的歷史事件。《後漢書・東夷傳》：「及武
王滅紂，肅慎來獻石砮、楛矢。管、蔡畔周，乃招誘夷狄。周公征之，遂定東
夷。」

〔4〕四國是皇：四方的國家都感到了恐慌和緊迫。四國，周邊東、西、南、北四方
的國家。《曹風・鳲鳩》：「其儀不忒，正是四國。」《曹風・下泉》：「四國有王，
郇伯勞之。」《大雅・崧高》：「維申及甫，維周之翰。四國于蕃，四方于宣。」
此句歌詞的「四國」，專指周王國周邊那些與周王朝敵對的諸侯國。一說，「四
國」指管、蔡、商、奄。《毛傳》：「四國，管、蔡、商、奄也。」是，通其，
語助詞。皇，金文象燈缸上火苗輝煌之形，本義為燈火輝煌。皇通遑、惶。皇、
遑皆匣母陽部字。惶，恐懼。遑，慌急，緊迫。《說文》：「惶，恐也。」《說文
新附》：「遑，急也。」唐張彥遠《法書要錄》卷十錄王羲之《周公東征帖》引
《詩》：「周公東征，四國是遑。」《周禮・夏官》「大司馬」賈公彥《疏》引《詩》：
「周公東征，四國是遑。」《戰國策・燕策三・燕太子丹質於秦亡歸》：「荊軻
逐秦王，而卒惶急無以擊軻，而乃以手共搏之。」《三國志・虞翻傳》：「權於
是大怒，手劍欲擊之，侍坐者莫不遑遽。」

〔5〕哀我人斯：可憐我們這些東征幸存的人呀。哀，心中憐憫，可憐。《說文》：
「哀，閔也。」《段注》：「閔，弔者在門也。引申之凡哀皆曰閔。」《小雅・

鴻雁》：「爰及矜人，哀此鰥寡。」《小雅・何草不黃》：「哀我征夫，朝夕不暇！」馬瑞辰《通釋》：「哀，憐也，愛也。」我人，我們這些人。指參加東征戰役之後幸存的將士。《小雅・正月》：「哀我人斯，于何從祿？」斯，語助詞，通兮。

〔6〕亦孔之將：也是很幸運的人！亦，也。孔，很。之，語助詞。將，通臧。將、臧皆精母陽部字。臧，美、好。《說文》：「臧，善也。」馬瑞辰《通釋》：「將，與下章『嘉』『休』同義。」《大雅・既醉》：「爾殽既將。」馬瑞辰《通釋》曰：「將、臧聲相近。臧為美，將亦美也。《廣雅・釋詁》：『將，美也。』《破斧》詩『亦孔之將』，《經義述聞》言『猶「亦孔之臧」是也。』」東征士兵凱旋，以生存下來為幸事、美事。

〔7〕錡：三齒鋤。《說文》：「錡，鉏鋤也。」錡、鋤皆通牙。錡，群母歌部；鋤、牙，疑母魚部。群、疑旁紐，歌、魚通轉。鋤，有齒鋤。鉏鋤蓋即三齒鋤。錡通我。我，疑母歌部。群、疑旁紐。我，甲骨文字象有三齒的兵器之形，本義是有三齒的兵器。我即錡，三齒兵器。參見《周南・葛覃》注〔13〕。李孝定《甲骨文字集釋》第十二卷：「我，契文『我』象兵器之形，以其柲似戈，故與戈同，非從戈也。器身作〈，左象其內，右象三銛鋒形。」一說，錡為戈之別名。郭沫若《殷契粹編考釋》第一四六九片甲骨的釋文中說，古之所謂「鉏鋤」，即今人之所謂「鋸」，鋸在古本戈之別名，戈之一名「鋸」，亦猶我若錡（古音讀柯）之一名「鉏鋤」，同屬牙、喉音之通轉。

〔8〕四國是吪：四方的國家都被驚動了。吪，又作「訛」，動。《說文》：「吪，動也。」《王風・兔爰》：「尚寐，無吪。」《毛傳》：「吪，動也。」《小雅・無羊》：「或寢或訛。」《毛傳》：「吪，動也。」此歌詞中「訛」是受驚而動的意思。

〔9〕亦孔之嘉：也都是些非常幸運的人。嘉，好。《鄭箋》：「嘉，善也。」此句歌詞與「亦孔之將」的意思相同。

〔10〕銶：一種起土的農具，有金屬的刃部，似耜，即鍬。銶，字當作「梂」。《說文》無「銶」字。《毛傳》：「木屬曰銶。」胡承洪《毛詩後傳》：「『木屬』二字殊不成語。竊疑『木』為『耒』字之誤。《說文》：『耒，兩刃臿也。』……《釋名》：『臿，插也。掘地起土也。』銶蓋亦起土之物。」銶也是軍隊後勤必備器具之一，必要時亦作為兵器使用。

〔11〕四國是遒：四方國家受到了威懾。遒，迫脅。遒，亦作「逎」。《說文》：「逎，迫也。」《廣雅・釋詁》：「遒，急也。」《楚辭・招魂》：「菎蔽象棋，有六簙些。

分曹並進，遒相迫些。」在周王朝大軍向東方猛攻時，「四國」感受到了壓迫和威脅。

〔12〕休：本義為休息。參見《周南‧漢廣》注〔2〕。休通好、侯，美義。休、好，曉母幽部；侯，匣母侯部。曉、匣旁紐，幽、侯旁轉。參見《鄭風‧羔裘》注〔2〕。《毛傳》：「休，美也。」此歌詞的「將」「嘉」「休」同義。

【詩旨說解】

《破斧》是《周公東征》樂舞配歌的歌詞。此歌詞的作者蓋是編排《周公東征》樂舞的大樂師或某位卿大夫。

周武王伐紂取得勝利之後，周人創作了一個歌頌周武王克商豐功偉績的大型舞蹈——《大武》。據說《大武》有六成，場面氣勢恢宏。《禮記‧樂記》載孔子曰：「夫樂者，象成者也。摠干而山立，武王之事也；發揚蹈厲，大公之志也；《武》亂皆坐，周、召之治也。且夫《武》，始而北出，再成而滅商，三成而南，四成而南國之疆，五成而分周公左、召公右，六成復綴，以崇天子。」這一記述，反映了周代演出《大武》的概況。周公東征取得勝利之後，周人也創作了一個類似《大武》的樂舞——《周公東征》。這個樂舞是為了歌頌周公東征勝利和祭祀東征死難將士而創作的。這個樂舞是由《破斧》這篇樂歌歌詞反映出來的，不見於其他文獻記載。為了方便對它的評述，筆者姑且給它擬個《周公東征》的名稱。《周公東征》樂舞，表現了周公東征的強大氣勢和東征戰役慘烈的場面，反映了東征將士勇敢頑強的戰鬥精神和作戰勝利後的喜悅心情。斧、斨、錡、銶這四種兵器，全是《周公東征》樂舞的道具。它們大都是由農業器具或軍隊後勤工具充當或者改裝的兵器。周公東征時，組織了一個龐大的軍團，也許發動了大批的郊野農人參戰。在時間緊迫、任務艱巨的情況下，士兵們缺乏武器，只好把農業器具及軍用後勤工具略加改裝，作為兵器使用。周公東征戰役的慘烈程度，超過了周武王征商的牧野之戰。《周公東征》這個慶功樂舞僅有三成，配歌三章，遜於《大武》。

伐柯

伐柯如何〔1〕？匪斧不克〔2〕。
取妻如何〔3〕？匪媒不得〔4〕。

伐柯伐柯〔5〕，其則不遠〔6〕。
我覯之子〔7〕，籩豆有踐〔8〕。

【注釋】

〔1〕伐柯如何：怎樣才能砍柴？伐，砍伐。柯，樹枝。《玉篇·木部》：「柯，枝也。」慧琳《一切經音義》卷四十「柯葉」下引《說文》：「柯，樹枝也。从木，可聲。」《廣韻·歌韻》：「柯，枝柯。」「伐柯如何，匪斧不克」與《齊風·南山》「析薪如之何？匪斧不克」句型相同，「析薪」與「伐柯」的意思也相同，皆為砍柴之義。參見《齊風·南山》注〔16〕。一說，「柯」是斧柄。《毛傳》：「柯，斧柄也。」其說大誤。

〔2〕匪斧不克：沒有斧頭砍不成。匪，通非，沒有。斧，斧子。不克，不能。《說文》：「克，肩也。」《段注》：「肩謂任。任事以肩。故任謂之肩，亦謂之克。」此歌詞用斧頭利於砍柴，來闡明媒人利於通婚的道理。

〔3〕取妻如何：怎樣才能討到好妻子？取，通娶。妻，男子的正式配偶。《禮記·內則》：「聘則為妻，奔則為妾。」如何，怎麼辦。

〔4〕匪媒不得：沒有媒人娶不成。媒，媒人。《鄭箋》：「媒者，能通二姓之言，定人室家之道。」要想娶妻，必須通過媒人才行。不得，不能得到。《齊風·南山》：「取妻如之何，匪媒不得。」

〔5〕伐柯伐柯：砍柴呀砍柴。這如同說「娶妻呀娶妻呀」。

〔6〕其則不遠：法則近在眼前。則，金文、古文從鼎從刀，指刻在鼎上的法典或守則。引申為禮法、法則、方法之義。《鄭箋》：「則，法也。」《爾雅·釋詁》：「則，法也。」《玉篇·刀部》：「則，子得切，法也。則，古文。則，籀文。」《廣韻·德韻》：「則，法則。」《小雅·鹿鳴》：「君子是則是傚。」《尚書·夏書·五子之歌》其四：「有典有則，貽厥子孫。」《周禮·春官·大史》：「掌建邦之六典，以逆邦國之治；掌法，以逆官府之治；掌則，以逆都鄙之治。」鄭玄《注》：「典、則，亦法也。」《管子·形勢》：「天不變其常，地不易其則。」《楚辭·離騷》：「雖不周於今之人兮，願依彭咸之遺則。」此歌詞的「則」字為法則之義。不遠，很近。《邶風·谷風》：「不遠伊邇，薄送我畿。」以斧子利於砍柴，來說明媒人利於通婚的道理，取譬不遠，法則就在眼前。

〔7〕我覯之子：我所遇見的這個姑娘。我，唱情歌男子的自稱。覯，遇見。《鄭箋》：「覯，見也。」之子，這位姑娘。《鄭箋》：「之子，是子也。」

〔8〕籩豆有踐：我一定要為她辦一場隆重的結婚典禮。籩，用竹篾編製的禮器，即
　　竹豆。《爾雅・釋器》：「竹豆謂之籩。」邢昺《疏》：「籩，以竹為之，口有藤
　　緣，形制如豆，亦受四升，盛棗、栗、桃、梅、菱芡、脯脩、膴鮑、糗餌之屬，
　　祭祀、燕享所用。」《說文》：「籩，竹豆也。從竹，邊聲。」豆，木製的高足
　　碗。《爾雅・釋器》：「木豆謂之豆，竹豆謂之籩，瓦豆謂之登。」郭璞《注》：
　　「豆，禮器也。」有踐，即有靖、靖靖。踐，通靖、靜，嘉善之義。參見《鄭
　　風・東門之墠》注〔6〕。《大雅・既醉》：「其告維何，籩豆靜嘉。」踐，又通
　　淨，潔淨。《鄭箋》：「乃用籩豆之物，潔清而美，政平氣和所致故也。」朱熹
　　《集傳》：「靜嘉，清潔而美也。」張衡《東京賦》：「滌濯靜嘉，禮儀孔明。」
　　靜嘉，即淨嘉。古代禮神和祭祖，與祭者須齋戒，供品及盛供品的禮器要求清
　　潔，以表示敬意。結婚告廟要用籩、豆充實上好的供品敬祀先祖。踐，以通淨
　　為長。這句歌詞的言外之意是說，結婚告廟之禮要辦得隆重，一絲也不馬虎。
　　這是男子表達其求婚誠意的話語。

【詩旨說解】

　　《伐柯》是婚戀對歌歌詞，上章是女詞，下章是男詞。

　　「伐柯如何？匪斧不克。取妻如何？匪媒不得。」這是女子在野外婚戀
求偶時所唱的歌詞，意譯出來即是：砍柴須用斧頭，娶妻要通過媒人。我的
家庭非常重視禮制，誰想尋我為妻，必須請媒人上門說親。只有滿足了這個
條件，我才能答應成親之事。

　　「伐柯伐柯，其則不遠。我覯之子，籩豆有踐。」這是男子答歌的歌詞，
意譯出來即是：我知道娶妻要通過媒人的道理。我願意通過媒人求親，並願
意舉辦一個隆重的婚禮來迎娶你。

　　經過了對歌之後，大概男子和女子便開始婚戀嬉逗，男子就會把他身上
的玉飾贈送給女子，女子也會將她的佩飾回贈男子，並約定再次會面的時間。
下一次會面，二人談妥之後，男子就要遣媒人說親，請人占卜，擇日結婚。

　　《伐柯》十分強調媒人的作用，說明春秋時期魯國也已經跨入了媒妁婚
姻時代。

九罭

九罭之魚〔1〕，鱒魴〔2〕。
我覯之子〔3〕，袞衣繡裳〔4〕。

鴻飛遵渚〔5〕。公歸無所〔6〕，於女信處〔7〕！
鴻飛遵陸〔8〕。公歸不復〔9〕，於女信宿〔10〕！

是以有袞衣兮〔11〕！
無以我公歸兮〔12〕！
無使我心悲兮〔13〕！

【注釋】

〔1〕九罭之魚：用中型漁網捕到的魚。九罭，用中粗繩線編織結實的中型漁網。九，通糾。九、糾皆見母幽部字。糾，數條線緊緊糾合在一起，成為一條更粗壯的線。糾，又作形容詞，形容某些網狀物品編織得結實精緻。參見《魏風·葛屨》注〔1〕。罭，從网，或聲，中型漁網，用中粗線結成。罭通緎。罭、緎皆匣母職部字。緎，二十根細絲線合成的中粗絲線。參見《召南·羔羊》注〔6〕〔8〕。《說文新附》：「罭，魚網也。」一說，「九罭」即大網。《魯說》：「緵罟謂之九罭。」《爾雅·釋器》：「緵罟謂之九罭。九罭，魚罔也。」緵罟，用很粗的繩線編織的網。《史記·孝景本紀》：「令徒隸衣七緵布。」張守節《正義》：「緵，八十縷也。」一說，「九罭」為捕小魚的網。《毛傳》：「九罭，緵罟，小魚之網也。」《爾雅·釋器》「緵罟」下郭璞《注》：「今之百囊罟。」毛、郭蓋以「緵」通「眾」，取網眼細密眾多之義。小漁網網眼細密眾多。《韓說》：「九罭，取蝦芘也。」捕蝦的網也是小網。《廣韻·送韻》：「緵，小魚罟也。」

〔2〕鱒魴：卻是鱒魴這類名貴的大魚。鱒、魴，魚名。鱒，赤目魚。段校《說文》：「鱒，赤目魚也。从魚，尊聲。」陸璣《毛詩草木疏》：「鱒似鯶魚而鱗細於鯶也，赤眼，多細文。」《爾雅翼·釋魚》：「鱒魚目中赤色一道橫貫瞳，魚之美者。今俗謂之赤眼鱒。」魴，紅尾鯿魚。《周南·汝墳》：「魴魚赬尾。」《陳風·衡門》：「豈其食魚，必河之魴？」左思《蜀都賦》：「鱣鮪鱒魴，鯤鱧鯊鱨。差鱗次色，錦質報章。」報，通黼，花紋。在周代，鱒、魴是美觀而又名貴的魚，又是大魚。《毛傳》：「鱒魴，大魚也。」《詩經》中常以「魚」暗喻婚姻之事。唱情歌者用「鱒魴」比喻貴族上層人物。

〔3〕我覯之子：我所遇見的這位貴族男子。覯，遇見。之子，此子，這個貴族男子。

〔4〕袞衣繡裳：身上穿著繡花的上衣和下裳。袞衣，即黻衣，繡衣。袞，古文作「褒」，象衣服上有繡紋之形，指繡衣。《爾雅·釋言》：「袞，黻也。」郭璞《注》：「袞衣有黻文。」邢昺《疏》：「黻，黼黻，謂繡衣也。」「袞衣繡裳」

與《秦風·終南》「黻衣繡裳」意思相同。參見《秦風·終南》注〔8〕。一說，「袞衣」為繡衣。《韓詩》作「綩」。《韓說》：「綩衣，繡衣也。」綩，淺絳色。《說文》：「綩，淺絳也。」慧琳《一切經音義》卷第七十四「紈綖」下：「《毛詩》『綩衣』『繡衣』注云：『綩衣，繡衣也。』」《集韻·阮韻》：「綩，繡色衣。」繡衣，與「繡裳」不相配。

〔5〕鴻飛遵渚：天鵝一定要向著洲渚飛行。鴻，天鵝，一種食魚的水鳥。段校《說文》：「鴻，鵠也。」《本草綱目·禽部·鵠·集解》：「鵠大於雁，羽毛白澤，其翔極高而善步，所謂鵠不浴而白，一舉千里是也。」陸璣《毛詩草木疏》：「鴻鵠羽毛光澤純白，似鶴而大，長頸，肉美如雁。」遵，順、循。參見《周南·汝墳》注〔1〕。遵通循，向著。「循」亦有尋找之義。循，邪母文部；尋，邪母侵部。文、侵通轉。渚，水中陸地。洲渚便於鴻這類水鳥止息。《毛傳》：「鴻不宜循渚也。」此說大誤。

〔6〕公歸無所：公子你在歸途中若沒有落腳的住所。公，「公子」的省稱，亦是尊稱。無所，沒有一定的住所。所，通處，住處。參見《鄭風·大叔于田》注〔8〕。

〔7〕於女信處：我就跟你一起再住兩夜吧！于女，即與汝，跟你。于通與。于，匣母魚部；與，喻母魚部。匣、喻通轉。女，通汝，你。把留客人在自己的住處說成「我跟你一起住」，這是婉轉的說法，也是客氣的說法。信處，連續住兩個晚上。信，第二宿。《毛傳》：「再宿曰信。」《周頌·有客》：「有客宿宿，有客信信。」《毛傳》：「一宿曰宿，再宿曰信。」《左傳·莊公三年》：「一宿為舍，再宿為信，過信為次。」處通尻。參見《邶風·擊鼓》注〔9〕。

〔8〕陸：陸地。此指水岸。天鵝在岸邊高地上止息。

〔9〕公歸不復：你一去就不再回來。不復，不返，不再回來。

〔10〕於女信宿：我就與你一起再住兩夜吧！信宿，與「信處」同義。《毛傳》：「宿，猶處也。」

〔11〕是以有袞衣兮：所以我把你的繡衣藏起來了呀。是以，所以，因此。有袞衣，把貴族男子的繡衣藏起來。有，藏起來。聞一多《風詩類鈔·乙》：「有，《苤苢傳》：『藏之也。』」女子為了不讓她所遇到的貴族公子很快地離開自己，趁著公子不留神時，把他的外衣藏了起來。

〔12〕無以我公歸兮：不讓我的公子穿上衣裳回去呀！無以……歸，即「不讓……歸」。無以，不要，不讓。無，毋，不。以，用。指穿衣。我公，我的公子。這是女子示愛的口氣。

〔13〕無使我心悲兮：不要讓我的心裏悲傷酸楚呀！無使，毋使，不讓。心悲，憂
　　傷，傷感。《召南·草蟲》：「未見君子，我心傷悲。」《七月》：「女心傷悲，殆
　　及公子同歸。」

【詩旨說解】

　　《九罭》是婚戀情歌歌詞。這篇歌詞反映了春秋時期魯國民間一個讓人
感到可樂的婚戀事件：一個女子在婚戀集會上遇到了別國的一個貴族公子，
二人相戀，女子為繼續留公子住宿，便把他的外衣藏了起來。正當這個貴族
男子因找不到他的外衣而急得團團轉的時候，女子唱起了一支情歌，告訴貴
族男子衣物的去向和藏衣的原因。她用情歌把她藏衣的原因說得一清二楚，
明明白白。原來，女子藏男子的外衣，是給這個男子開善意的玩笑，以此表
示她的「留客」之意。女子「藏衣留人」的做法，有幾分機智、幾分滑稽，又
有幾分浪漫。

　　與《詩經》中大多數婚戀情歌一樣，《九罭》這首情歌也是以誇讚婚戀對
象為主調。歌者先把她所追求的貴族男子比作「鱒魴」這類名貴的魚，繼而
誇讚他的衣服華美。歌者還把這個貴族男子比作一隻美麗的天鵝，這比《周
南·關雎》把青年男子比作魚鷹、《曹風·候人》把青年男子比作鵜鶘更有雅
意。

　　《九罭》歌詞反映了春秋時期魯國民間的婚戀風情。

狼跋

狼跋其胡〔1〕，載疐其尾〔2〕。
公孫碩膚〔3〕，赤舃几几〔4〕。

狼疐其尾，載跋其胡。
公孫碩膚，德音不瑕〔5〕！

【注釋】

〔1〕狼跋其胡：老狼踩住了它自己的下頷毛。狼，此歌詞中的主人公之一。跋，踩
　　住。《毛傳》：「跋，躐。」《爾雅·釋言》：「跋，躐也。」《玉篇·足部》：「躐，
　　踐也。」《說文》：「踐，履也。」《廣雅·釋詁》：「躐，履也。」跋、躐、踐、
　　履皆踐踏之義。《魏風·葛屨》：「糾糾葛屨，可以履霜？」《易·坤卦》：「履霜。」
　　《履卦》：「履虎尾。」其，代詞，他的。胡，頷下垂肉。《說文》：「胡，牛頷

垂也。从肉，古聲。」此句歌詞的「胡」，指老狼的頷下所垂部分（包括頷下的垂肉和垂肉上的長毛）。

〔2〕載疐其尾：一會兒又踩住了它自己的尾巴。載，通再。載、再皆精母之部字。再，第二次，又。《秦風・小戎》：「載寢載興。」《韓詩》作「再寢再興」。疐，通躓、躓。疐、躓、躓皆端母質部字。躓、躓，踩絆。疐，《齊詩》作「躓」，《韓詩》作「躓」。《毛傳》：「疐，跲也。」《爾雅・釋言》：「疐，跲也。」邢昺《疏》：「躓，即疐也。」《說文》：「躓，跲也。从足，質聲。《詩》曰：『載躓其尾。』」《說文》「疐」字《段注》：「疐，即『躓』字，音義皆同。……《爾雅》《毛傳》假『疐』為『躓』。」馬瑞辰《通釋》：「疐，與躓通。」朱駿聲《說文通訓定聲》：「疐，字亦作躓，作墊。《詩・狼跋》：『載疐其尾。』」疐、躓、躓又與踬、蹄、踶音義相通。踬、蹄、踶皆定母支部字。端、定旁紐，質、支通轉。《集韻・齊韻》：「踬、蹄、踶，《說文》：『足也。』一曰蹋也。」《廣雅・釋詁》：「躓，蹋也。」王念孫《疏證》：「踬、蹄，並與踶通。」《廣雅・釋言》：「蹋，踶也。」王念孫《疏證》：「踶，字亦作踬，又作蹄。」《玉篇・足部》：「踶，蹋也。」慧琳《一切經音義》卷第六十三「雙蹋」下：「《廣雅》云：『蹋，履也。』《倉頡篇》云：『蹋，踶也。』《說文》：『踐也。』」《集韻・盍韻》：「蹋，蹈也。」《集韻・脂韻》：「踶，蹋也。」《禮記・月令》「則縶騰駒」鄭玄《注》：「相蹄齧也。」《禮記釋文》：「蹄，蹋也。本或作踶。」《周禮・夏官・校人》「攻特」鄭玄《注》：「為其蹄齧。」孫詒讓《正義》：「蹄，即『踶』之借字。」《禮記釋文》：「蹄，蹋也。」尾，尾巴。這句歌詞描繪了「老狼」表演舞蹈動作時滑稽可愛的樣子。《毛傳》：「老狼有胡，進則躓其胡，退則跲其尾，進退有難，然而不失其猛。」

〔3〕公孫碩膚：公孫挺著個大肚皮。公孫，此歌詞中的主人公之一。王卿及諸侯之孫皆稱「公孫」。《儀禮・喪服》：「傳曰：諸侯之子稱公子……公子之子稱公孫。」碩膚，大腹。碩，大。《毛傳》：「碩，大。」膚通腹。膚，幫母魚部；腹，幫母覺部。魚、覺旁對轉。腹，肚子。

〔4〕赤舄几几：腳上穿著一雙前頭有大絇的紅鞋。赤舄，紅鞋。周人崇尚紅色，以紅色物為吉祥尊貴之物。王公諸侯穿赤舄。《大雅・韓奕》：「王錫韓侯，……玄袞赤舄……」舄，本為鳥名。《說文》：「舄，䧿也。」䧿即鵲。舄通藉。舄，心母鐸部；藉，從母鐸部。心、從旁紐。藉，墊藉。舄為木屐，是墊在腳下的東西。晉崔豹《古今注・輿服》：「舄，以木置履下，乾腊，不畏泥濕也。」腊

通藉。臘，心母鐸部。「舄」又是鞋的通稱。《廣雅・釋器》：「舄，履也。」《說文》「舄」字《段注》：「自經典借為履舄字，而本義廢矣。」几几，鞋絇彎曲的樣子。《毛傳》：「几几，絇貌。」几通句。几，見母脂部；句，見母侯部。脂、侯旁通轉。句，彎曲。《說文》：「句，曲也。」《玉篇・糸部》：「絇，又音衢，履頭飾也。」《周禮・天官・屨人》：「屨人掌王及后之服屨。為赤舄、黑舄、赤繶、黃繶；青句、素屨、葛屨。」鄭玄《注》：「舄屨有絇、有繶、有純者，飾也。」周人的舄，前端有上曲的絇作裝飾物，故以「几几」來形容履絇彎曲好看的樣子。

〔5〕德音不瑕：即「德音不已」，他多才多藝的好聲譽遠播四方！德音，好聲譽。指「公孫」在舞蹈表演方面才藝高，有好聲譽。不瑕，不盡。瑕通涸。瑕，匣母魚部；涸，匣母鐸部。魚、鐸對轉。涸，盡。《廣雅・釋詁》：「涸，盡也。」《玉篇・水部》：「涸，盡也。」《管子・牧民》：「積於不涸之倉。」郭沫若《管子集校》引孫星衍云：「《文子・精誠篇》作『積於不盡之倉。』」瑕又通假。假，見母魚部。匣、見旁紐。《爾雅・釋詁》：「假，已也。」不瑕，與「不已」同義。《小雅・南山有臺》：「樂只君子，德音不已。」

【詩旨說解】

《狼跋》是一首狩獵樂舞配歌的歌詞。《狼跋》這個狩獵樂舞節目，故事情節簡單，有滑稽的表演動作，是一個舞蹈短劇。此劇中出場了兩個「人物」，一個是「老狼」，一個是「公孫」。「公孫」是一個狩獵者，「老狼」則是「公孫」狩獵的對象。他們都化了裝，扮演「老狼」者飾以「鬍」和「尾」，扮演「公孫」者飾以「碩膚」和「赤舄」。「老狼」配合「公孫」作「前顛後躓」的滑稽表演。「公孫」瞄準「老狼」作開弓射箭狀，「老狼」作狼狽逃跑狀。老狼逃跑時，一會兒踩住了自己的鬍鬚，一會兒又踩住了自己的尾巴，煞是可笑。

劇中的主人公「公孫」，是一個擅長表演的人，人們都很喜歡他。所以，樂舞的配歌歌詞中說他「德音不瑕」。劇中的「老狼」，則是一個反派人物，他的表演也很出色。

《狼跋》這個狩獵樂舞，大概是國君在狩獵活動結束後慶功宴饗時為活躍宴會氣氛而安排的一個娛樂節目。《狼跋》歌詞稱讚狩獵樂舞的表演者，其目的是鼓勵他們盡情地表演。

《狼跋》是先周岐人的樂舞。它所配的樂歌，是用先周古調演唱的。明汲古閣本《焦氏易林・震之恒》：「老狼白獹，長尾大鬍。前顛後躓，岐人悅

喜。」貙通臚，腹。岐人，周地岐山人。《焦氏易林》的作者焦贛是西漢人，他大概瞭解《狼跋》這個舞蹈劇的劇情，知道表演「公孫」的人是以先周岐人的服飾樣式作裝扮的，故稱之為「岐人」。

參考文獻

1. 《十三經注疏》，阮元校刻，影印世界書局本，中華書局，1980 年版。

2. 《十三經注疏》，李學勤主編，北京大學出版社，1999 年版。

3. 《景刊唐開成石經》，據百忍堂民國十五年影摹本影印，中華書局，1997 年版。

4. 《毛詩故訓傳定本》，段玉裁撰，見《清經解》第 4 冊，上海書店，1988 年版。

5. 《詩經小學》，段玉裁撰，見《清經解》第 4 冊，上海書店，1988 年版。

6. 《詩集傳》，朱熹撰，上海古籍出版社，1980 年版。

7. 《詩經世本古義》，何楷撰，見《景印文淵閣四庫全書》經部詩類，臺灣商務印書館，1986 年版。

8. 《詩經稗疏》，王夫之撰，見《景印文淵閣四庫全書》經部詩類，臺灣商務印書館，1986 年版。

9. 《詩經恒解》，劉沅撰，見影印致福樓重刊本《槐軒全書》，巴蜀書社，2006 年版。

10. 《毛詩後箋》，胡承珙撰，郭全芝點校，黃山書社，1999 年版。

11. 《毛詩傳箋通釋》，馬瑞辰撰，中華書局，1989 年版。

12. 《詩毛氏傳疏》，陳奐撰，據漱芳齋 1851 年本影印，中國書店，1984 年版。

13. 《詩三家義集疏》，王先謙撰，中華書局，1987 年版。

14. 《詩經通解》，林義光著，據衣好軒鉛印本重印，中西書局，2012 年版。

15. 《詩經今注》，高亨注，上海古籍出版社，1980 年版。

16. 《詩經譯注》，程俊英撰，上海古籍出版社，1985 年版。

17. 《詩經選》，余冠英注譯，人民文學出版社，1979 年版。

18. 《詩經國風今譯》，藍菊蓀譯，四川人民出版社，1982 年版。

19. 《詩經全譯》，袁愈荌譯，唐莫堯注，貴州人民出版社，1981 年版。

20. 《詩經新注》，聶石樵主編，雒桂、李山注，齊魯書社，2000 年版。

21. 《詩經譯注》，袁梅著，齊魯書社，1985 年版。

22. 《詩經探微》，袁寶泉、陳智賢著，花城出版社，1987 年版。

23. 《讀詩經》，錢穆著，見《錢賓四全集》第十八冊《中國學術思想史論叢》
　　（一）之七，臺灣聯經出版事業公司，1998 年版。

24. 《詩經釋義》，屈萬里著，臺灣文化學院出版部，1974 年版。

25. 《詩經詮釋》，屈萬里著，臺灣聯經出版事業公司，1983 年版。

26. 《詩經通釋》，王靜芝著，臺灣輔仁大學文學院發行，1999 年版。

27. 《詩經通釋》，李辰冬著，臺灣水牛出版社，1971 年版。

28. 《詩經評釋》，朱守亮著，臺灣學生書局，1984 年版。

29. 《倉頡篇》，張揖訓詁，郭璞解詁，見《玉函山房輯佚書》卷五十九經編
　　小學類，長沙娜嬛館，光緒九年版。

30. 《三蒼》，張揖訓詁，郭璞解詁，見《玉函山房輯佚書》卷六十經編小學
　　類，長沙娜嬛館，光緒九年版。

31. 《急就篇》，史游撰，顏師古注，見《四部叢刊》續編經部，據海鹽張氏
　　涉園藏明鈔本影印，上海涵芬樓，1919 年版。

32. 《輶軒使者絕代語釋別國方言箋疏》，錢繹撰，見《續修四庫全書》經部
　　小學類，上海古籍出版社，2001 年版。

33. 《釋名》，劉熙撰，見《四部叢刊》初編經部，據江南圖書館藏明嘉靖翻
　　宋本影印，上海涵芬樓，1919 年版。

34. 《釋名》，劉熙撰，見《叢書集成初編》，商務印書館，1939 年版。

35. 《篆字釋名疏證》，畢沅撰，見《叢書集成初編》，商務印書館，1936 年版。

36. 《小爾雅今注》，楊琳著，漢語大詞典出版社，2002 年版。

37. 《埤蒼》，張揖撰，見《玉函山房輯佚書》卷六十一經編小學類，長沙娜
　　嬛館，光緒九年版。

38. 《玉篇》，顧野王撰，陳彭年等重修，見輯刊《四部備要》，中華書局，1989 年版。

39. 《一切經音義》，玄應撰，見《續修四庫全書》經部小學類，上海古籍出版社，2003 年版。

40. 《一切經音義》，慧琳撰，見《續修四庫全書》經部小學類，上海古籍出版社，2003 年版。

41. 《說文解字繫傳》，徐鍇撰，見《四部叢刊》初編經部，據烏程張氏適園藏述古堂宋寫本影印，上海涵芬樓，1919 年版。

42. 《集韻》，丁度等撰，上海古籍出版社，1985 年版。

43. 《類篇》，丁度等撰，舊題司馬光編，上海古籍出版社，1988 年版。

44. 《龍龕手鏡》，行均撰，以《四部叢刊》續編本校勘，據高麗本影印，中華書局，1985 年版。

45. 《宋本廣韻》，陳彭年等撰，江蘇教育出版社，2005 年版。

46. 《新校互注宋本廣韻》，余迺永校注，上海辭書出版社，2000 年版。

47. 《埤雅》，陸佃撰，見《北京圖書館古籍珍本叢刊》第五冊，書目文獻出版社，1988 年版。

48. 《爾雅翼》，羅願撰，石雲孫點校，黃山書社，1991 年版。

49. 《增修互注禮部韻略》，毛晃、毛居正撰，見《景印文淵閣四庫全書》經部小學類，臺灣商務印書館，1986 年版。

50. 《六書故》，戴侗撰，見《景印文淵閣四庫全書》經部小學類，臺灣商務印書館，1986 年版。

51. 《洪武正韻》，樂紹鳳、宋濂撰，國家圖書館出版社、北京圖書館出版社，2012 年版。

52. 《古今韻會舉要》，黃公紹、熊忠著，見《景印文淵閣四庫全書》經部小學類，臺灣商務印書館，1986 年版。

53. 《重刊詳校篇海》，李登撰，見《續修四庫全書》經部小學類，上海古籍出版社，2002 年版。

54. 《正字通》，張自烈撰，見《續修四庫全書》經部小學類，上海古籍出版社，2002 年版。

55. 《通雅》，方以智著，據清康熙姚文燮浮山此藏軒刻本影印，中國書店，1990 年版。

56. 《字彙》，梅膺祚撰，見《續修四庫全書》經部小學類，上海古籍出版社，2002 年版。

57. 《字彙補》，吳任臣撰，見《續修四庫全書》經部小學類，上海古籍出版社，2002 年版。

58. 《別雅》，吳玉搢撰，見《景印文淵閣四庫全書》經部小學類，臺灣商務印書館，1986 年版。

59. 《助字辨略》，劉淇撰，見《續修四庫全書》經部小學類，上海古籍出版社，2002 年版。

60. 《康熙字典》，張玉書、陳廷敬等撰，漢語大詞典出版社，2002 年版。

61. 《方言疏證》，戴震撰，見《戴震全書》第三冊，黃山書社，1995 年版。

62. 《釋名疏證》，畢沅撰，廣雅書局，光緒二十年版。

63. 《說文解字注》，許慎撰，段玉裁注，浙江古籍出版社，2006 年版。

64. 《小學鉤沉》，任大椿輯，見《續修四庫全書》經部小學類，上海古籍出版社，2002 年版。

65. 《說文解字義證》，桂馥撰，上海古籍出版社，1987 年版。

66. 《說文疑疑》，孔廣居稿，見《叢書集成新編》第三十七冊，臺灣新文豐出版股份有限公司，1985 年版。

67. 《爾雅義疏》，郝懿行撰，見《續修四庫全書》經部小學類，上海古籍出版社，2002 年版。

68. 《廣雅疏證》，王念孫撰，中華書局，1983 年版。

69. 《經傳釋詞》，王引之撰，嶽麓書社，1984 年版。

70. 《經籍籑詁》，阮元主編，見《續修四庫全書》經部小學類，上海古籍出版社，2002 年版。

71. 《經籍籑詁補遺》，阮元主編，見《續修四庫全書》經部小學類，上海古籍出版社，2002 年版。

72. 《說文通訓定聲》，朱駿聲撰，見《續修四庫全書》經部小學類，上海古籍出版社，2002 年版。

73. 《爾雅正義》,邵晉涵撰,見《續修四庫全書》經部小學類,上海古籍出版社,2002 年版。

74. 《小爾雅義證》,胡承珙撰,見《續修四庫全書》經部小學類,上海古籍出版社,2002 年版。

75. 《經詞衍釋》,吳昌瑩撰,見《中國古代工具書叢書》,天津古籍出版社,1991 年版。

76. 《釋名疏證補》,王先謙撰,見《續修四庫全書》經部小學類,上海古籍出版社,2002 年版。

77. 《說文解字注箋》,徐灝撰,見《續修四庫全書》經部小學類,上海古籍出版社,2002 年版。

78. 《古書虛字集釋》,裴學海著,見《民國叢書》第五編,上海書店,1996 年版。

79. 《殷虛書契前編》,羅振玉編輯,見《羅雪堂先生全集》七編第四冊,臺灣大通書局,1976 年版。

80. 《殷虛書契考釋三種》,羅振玉,中華書局,2006 年版。

81. 《殷虛書契前編集釋》,葉玉森撰,臺灣藝文印書館,1966 年版。

82. 《文源》,林義光撰,中西書局,2012 年版。

83. 《殷契粹編》,郭沫若著,見《郭沫若全集》考古編第三卷,科學出版社,1965 年版。

84. 《殷契粹編考釋》,郭沫若撰,見《郭沫若全集》考古編第三卷,科學出版社,1965 年版。

85. 《甲骨文字研究》,郭沫若撰,見《郭沫若全集》考古編第一卷,科學出版社,1982 年版。

86. 《金文叢考》,郭沫若著,見《郭沫若全集》考古編第五卷,科學出版社,1982 年版。

87. 《兩周金文辭大系圖錄考釋》,郭沫若著,見《郭沫若全集》考古編第七、八卷,科學出版社,1982 年版。

88. 《甲骨文字釋林》,于省吾著,中華書局,1979 年版。

89. 《殷周文字釋叢》,朱芳圃著,中華書局,1962 年版。

90. 《積微居小學述林》,楊樹達著,中華書局,1983 年版。

91. 《殷虛卜辭綜述》，陳夢家撰，中華書局，1988 年版。

92. 《同源字典》，王力著，商務印書館，1982 年版。

93. 《古文字學導論》，唐蘭著，齊魯書社，1981 年版。

94. 《金文嘏辭釋例》，徐中舒撰，見《國立中央研究院歷史語言研究所集刊》第六冊，國立中央研究院歷史語言研究，1928 年。

95. 《漢語大字典》，徐中舒主編，四川辭書出版社，1986 年版。

96. 《王力古漢語字典》，王力主編，中華書局，2000 年版。

97. 《甲骨文字典》，徐中舒主編，四川辭書出版社，1989 年版。

98. 《古字通假會典》，高亨纂著，董治安整理，齊魯書社，1989 年版。

99. 《古今聲類通轉表》，黃焯撰，上海古籍出版社，1983 年版。

100. 《甲骨文字集釋》，李孝定編述，臺灣「中研院」史語所，1970 年版。

101. 《甲骨文合集》，曹錦炎、沈建華編著，上海辭書出版社，2006 年版。

102. 《上古音手冊》，唐作藩編著，江蘇人民出版社，1982 年版。

103. 《故訓匯纂》，宗福邦、陳世鐃、蕭海波主編，商務印書館，2003 年版。

104. 《漢字古音手冊》，郭錫良撰，北京大學出版社，1986 年版。

105. 《金文常用字典》，陳初生編纂，曾憲通審校，陝西人民出版社，1987 年版。

106. 《漢字通用聲素研究》，張儒、劉毓慶著，山西古籍出版社，2002 年版。

107. 《簡牘帛書通假字字典》，白於藍編著，福建人民出版社，2008 年版。

108. 《古文字通假釋例》，王輝撰，臺灣藝文印書館，1993 年版。

109. 《爾雅今注》，徐朝華撰，南開大學出版社，1994 年版。

110. 《古文尚書》，孔安國傳，梅賾所獻，見《續修四庫全書》經部書類，上海古籍出版社，2010 年版。

111. 《尚書今古文集解》，劉逢祿撰，見王先謙《清經解續編》卷三百四十七，南菁書院，光緒十四年版。

112. 《尚書大傳》，伏勝撰，黃中模校補，見《漢魏遺書鈔》第一集，嘉慶三年版。

113. 《尚書大傳疏證》，皮錫瑞撰，師伏堂刊，光緒二十二年版。

114. 《尚書古今文注疏》，孫星衍撰，見《十三經清人注疏》叢書，中華書局，1990 年版。

115. 《書集傳》，蔡沈撰，錢宗武、錢忠弼整理，鳳凰出版社，2010 年版。

116. 《書經集傳》，蔡沈撰，上海古籍出版社，1987 年版。

117. 《周禮正義》，孫詒讓撰，見《十三經清人注疏》叢書，中華書局，1990 年版。

118. 《儀禮古今文疏義》，胡承珙撰，見《續修四庫全書》經部禮類，上海古籍出版社，2001 年版。

119. 《儀禮正義》，胡培翬撰，見《續修四庫全書》經部禮類，上海古籍出版社，2001 年版。

120. 《禮記集解》，孫希旦撰，見《十三經清人注疏》叢書，中華書局，1989 年版。

121. 《大戴禮記解詁》，王聘珍撰，見《十三經清人注疏》叢書，中華書局，1983 年版。

122. 《大戴禮記補注》 孔廣森撰，見《續修四庫全書》經部禮類，上海古籍出版社，2001 年版。

123. 《春秋公羊傳解詁》，何休撰，見《四部叢刊》初編經部，據常熟瞿氏鐵琴銅劍樓藏宋刊本影印，上海涵芬樓，1919 年版。

124. 《春秋左傳注》，楊伯峻編著，中華書局，1990 年版。

125. 《焦氏易林》，焦延壽撰，見《津逮秘書》第二集，據毛晉汲古閣本影印，上海博古齋，1922 年版。

126. 《焦氏易林注》，尚秉和撰，光明日報出版社，2005 年版。

127. 《論語集解義疏》，何晏集解，皇侃義疏，見《叢書集成初編》，商務印書館，1937 年版。

128. 《論語集注》，朱熹撰，齊魯書社，1992 年版。

129. 《論語正義》，劉寶楠撰，見《十三經清人注疏》叢書，中華書局，1990 年版。

130. 《論語彙校集釋》，黃懷信主撰，周海生、孔德立參撰，上海古籍出版社，2008 年版。

131. 《國語》，韋昭注，上海古籍出版社，1978 年版。

132. 《國語集解》，徐元浩集解，中華書局，2002 年版。

133. 《戰國策》，劉向集錄，上海古籍出版社，1985 年版。

134. 《戰國策箋證》，劉向集錄，范祥雍箋證，上海古籍出版社，2006 年版。

135. 《戰國策集注匯考》增補本，諸祖耿撰，鳳凰出版社，2008 年版。

136. 《史記》，司馬遷撰，裴駰集解，司馬貞索引，張守節正義，中華書局，1982 年版。

137. 《漢書》，班固撰，顏師古注，中華書局，1962 年版。

138. 《兩漢紀》，荀悅撰，張烈點校，中華書局，2002 年版。

139. 《後漢書》，范曄撰，李賢注，中華書局，1999 年版。

140. 《說苑校證》，劉向編，向宗魯校證，中華書局，1987 年版。

141. 《孔子家語通解》，楊朝明、宋立林撰，齊魯書社，2009 年版。

142. 《帝王世紀》，皇甫謐撰，劉曉東等點校，見《二十五史》，齊魯書社，2000 年版。

143. 《帝王世紀輯存》，皇甫謐撰，徐宗元輯，中華書局，1964 年版。

144. 《三國志》，陳壽撰，裴松之注，中華書局，1999 年版。

145. 《晉書》，房玄齡撰，中華書局，1974 年版。

146. 《宋書》，沈約撰，中華書局，1974 年版。

147. 《魏書》，沈約撰，中華書局，1974 年版。

148. 《南史》，李延壽撰，中華書局，1975 年版。

149. 《宋史》，脫脫等撰，中華書局，1977 年版。

150. 《隋書經籍志》，長孫無忌等撰，商務印書館，1955 年版。

151. 《舊唐書》，劉昫等撰，中華書局，1975 年版。

152. 《新五代史》，歐陽修撰，徐無黨注，中華書局，1974 年版。

153. 《元豐九域志》，王存等撰，中華書局，1984 年版。

154. 《新定九域志》，見《元豐九域志》附錄，中華書局，1984 年版。

155. 《通志》，鄭樵撰，中華書局，1987 年版。

156. 《通志二十略》，鄭樵撰，王樹民點校，中華書局，1995 年版。

157. 《路史》，羅泌撰，見《景印文淵閣四庫全書》史部別史類，臺灣商務印書館，1986 年版。

158. 《新刊大宋宣和遺事》，中國古典文學出版社，1954 年版。

159. 《金史》，脫脫等撰，中華書局，1977 年版。

160. 《大明一統志》，李賢等撰，三秦出版社，1990 年版。

161. 明嘉靖、清順治《慶陽府志》，慶陽地區志編纂委員會辦公室點校，甘肅人民出版社，2001 年版。

162. 明萬曆《兗州府志》，于慎行編，據明萬曆版影印，齊魯書社，1985 年版。

163. 《清嘉慶重修一統志》，穆彰阿等撰，見《四部叢刊》續編史部，據道光二十二年本影印，商務印書館，1934 年版。

164. 《清史稿》，趙爾巽等撰，據關外二次本標點，中華書局，1976 年版。

165. 《古本竹書紀年》，見《二十五別史》叢書，齊魯書社，2000 年版。

166. 《古本竹書紀年輯校》，朱右曾輯錄，王國維校補，遼寧教育出版社，1997 年版。

167. 《古本竹書紀年輯證》，方詩銘、王修齡輯證，上海古籍出版社，1981 年版。

168. 《今本竹書紀年疏證》，王國維撰，黃永年校點，見《二十五別史》叢書，齊魯書社，2000 年版。

169. 《古本竹書紀年輯證》，方詩銘、王修齡輯證，上海古籍出版社，1981 年版。

170. 《晏子春秋》，吳則虞撰，見《新編諸子集成》叢書，中華書局，1962 年版。

171. 《韓詩外傳》，韓嬰撰，周廷寀依趙懷玉本校注，見《叢書集成初編》，商務印書館，1939 年版。

172. 《韓詩外傳集釋》，韓嬰撰，許維遹校釋，中華書局，1980 年版。

173. 《韓詩外傳今注今譯》，賴炎元注譯，臺灣商務印書館，1972 年版。

174. 《周書集訓校釋》，朱右曾撰，見《續修四庫全書》史部別史類，上海古籍出版社，2002 年版。

175. 《逸周書匯校集注》，黃懷信、張懋鎔、田旭東撰，上海古籍出版社，1995 年版。

176. 《石鼓文解讀》，王盛美著，齊魯書社，2006 年版。

177. 《山海經箋疏》，郝懿行著，巴蜀書社，1985 年版。

178. 《山海經校注》，袁珂校注，巴蜀書社，1992 年版。

179. 《管子集校》，郭沫若撰，見《郭沫若全集》第五卷歷史編，人民出版社，1984 年版。

180. 《墨子閒詁》，孫詒讓撰，見《新編諸子集成》叢書，中華書局，2001 年版。

181. 《墨子校注》，吳毓江撰，見《新編諸子集成》叢書，中華書局，1993 年版。

182. 《老子校釋》，朱謙之校釋，見《新編諸子集成》叢書，中華書局，1984 年版。

183. 《老子道德經注校釋》，王弼注，樓宇烈校釋，見《新編諸子集成》叢書，中華書局，2008 年版。

184. 《商君書注譯》，高亨注譯，中華書局，1974 年版。

185. 《商君書校注》，張覺撰，嶽麓書社，2006 年版。

186. 《南華真經注疏》，郭象注，成玄英疏，中華書局，1998 年版。

187. 《莊子集釋》，郭慶藩撰，見《新編諸子集成》叢書，中華書局，1981 年版。

188. 《荀子集解》，楊倞注，王先謙集解，沈嘯寰、王星賢點校，見《新編諸子集成》叢書，中華書局，1988 年版。

189. 《荀子新注》，北京大學《荀子》注釋組注釋，中華書局，1979 年版。

190. 《韓非子集解》，王先慎撰，鍾哲點校，上海古籍出版社，1998 年版。

191. 《世本》，見《二十五別史》叢書，齊魯書社，2000 年版。

192. 《楚辭章句》，王逸注，見《景印文淵閣四庫全書》集部楚辭類，臺灣商務印書館，1986 年版。

193. 《楚辭補注》，洪興祖補注，中華書局，1983 年版。

194. 《楚辭集注》，朱熹撰，李慶甲點校，上海古籍出版社，1979 年版。

195. 《重訂屈原賦校注》，姜亮夫校注，天津古籍出版社，1987 年版。

196. 《宋玉集》，宋玉撰，吳廣平編注，嶽麓書社，2001 年版。

197. 《呂氏春秋》，高誘注，上海書店，據世界書局《諸子集成》本影印，1986 年版。

198. 《呂氏春秋新校釋》，呂不韋著，陳奇猷校釋，上海古籍出版社，2002 年版。

199. 《呂氏春秋集釋》，許維遹撰，見《新編諸子集成》叢書，中華書局，2009 年版。

200. 《黃帝內經集注》，張志聰撰，浙江古籍出版社，2002 年版。

201. 《黃帝內經素問校注語釋》，郭靄春撰，天津科學技術出版社，1981 年版。

202. 《孔叢子注》，宋咸注，見《宛委別藏》，江蘇古籍出版社，1988 年版。

203. 《孔叢子校釋》，傅亞庶撰，見《新編諸子集成》叢書，中華書局，1992 年版。

204. 《新書校注》，賈誼撰，閻振益、鍾夏校注，見《新編諸子集成》叢書，中華書局，1992 年版。

205. 《淮南子》，劉安等編著，高誘注，見《諸子百家叢書》，上海古籍出版社，1989 年版。

206. 《淮南鴻烈集解》，劉文典撰，見《新編諸子集成》叢書，中華書局，1989 年版。

207. 《法言義疏》，汪榮寶撰，陳仲夫點校，見《新編諸子集成》叢書，中華書局，1987 年版。

208. 《春秋繁露義證》，蘇輿撰，鍾哲點校，見《新編諸子集成》叢書，中華書局，1988 年版。

209. 《鹽鐵論校注》，王利器校注，見《新編諸子集成》叢書，中華書局，1992 年版。

210. 《新序校釋》，劉向編，石光瑛校釋，中華書局，2001 年版。

211. 《論衡校釋》，黃暉撰，見《新編諸子集成》叢書，中華書局，1990 年版。

212. 《別錄·蹴鞠新書》佚文，見姚振宗輯《七略別錄佚文》，澳門大學出版社，2007 年版。

213. 《氾勝之書》，見馬國翰《玉函山房輯佚書》卷六十九子編農家類，長沙娜嬛館，光緒九年版。

214. 《白虎通疏證》，陳立撰，見《新編諸子集成》叢書，中華書局，1994 年版。

215. 《五經異義疏證》，陳壽祺撰，曹建敏點校，上海古籍出版社，2012 年版。

216. 《潛夫論箋校證》，王符著，汪繼培箋，彭鐸校正，見《新編諸子集成》叢書，中華書局，1985 年版。

217. 《風俗通義校注》，應劭撰，王利器校注，中華書局，1981 年版。

218. 《毛詩草木鳥獸蟲魚疏》，陸璣撰，丁晏校正，見《續修四庫全書》經部詩類，上海古籍出版社，2002 年版。

219. 《毛詩草木鳥獸蟲魚疏》，陸璣撰，見《景印文淵閣四庫全書》經部詩類，臺灣商務印書館，1986 年版。

220. 《毛詩草木鳥獸蟲魚疏廣要》，毛晉撰，見《津逮秘書》第一集，據汲古閣本影印，上海博古齋，1922 年版。

221. 《古今注》，崔豹撰，見《四部叢刊》三編子部，影印宋刊本，上海涵芬樓，1919 年版。

222. 《中華古今注》，馬縞編輯，《叢書集成初編》，商務印書館，1939 年版。

223. 《搜神記》，干寶撰，汪紹楹校注，中華書局，1979 年版。

224. 《拾遺記》，王嘉撰，蕭綺輯錄，齊治平校注，中華書局，1981 年版。

225. 《文心雕龍注》，劉勰著，范文瀾注，人民文學出版社，1962 年版。

226. 《世說新語校箋》，劉義慶主編，劉孝標注，徐震堮校，中華書局，1984 年版。

227. 《六臣注文選》，蕭統編，李善等注，中華書局，1987 年版。

228. 《玉臺新詠箋注》，徐陵編，吳兆宜注，上海古籍出版社，1985 年版。

229. 《樂府詩集》，郭茂倩撰，中華書局，1979 年版。

230. 《名醫別錄》，陶弘景撰，尚志鈞輯校，中國中醫藥出版社，1986 年版。

231. 《本草經集注》，陶弘景編，尚志鈞、尚元勝校，人民衛生出版社，1994 年版。

232. 《水經注校證》，酈道元著，陳橋驛校證，中華書局，2007 年版。

233. 《洛陽伽藍記》，楊衒之撰，周祖謨校釋，中華書局，1963 年版。

234. 《齊民要術校釋》，賈思勰撰，繆啟愉校釋，1998 年版。

235. 《顏氏家訓》，顏之推撰，見《四部叢刊》初編子部，據江安傅氏雙鑑樓藏遼陽傅氏刊本影印，上海涵芬樓，1919 年版。

236. 《顏氏家訓集解》（增補本），王利器撰，見《新編諸子集成》叢書，中華書局，1993 年版。

237. 《經典釋文》，陸德明撰，見《四部叢刊》初編經部，據通志堂本影印，上海涵芬樓，1919 年版。

238. 《經典釋文》，陸德明撰，影印北京圖書館藏宋刻本，上海古籍出版社，1985 年版。

239. 《經典釋文匯校》，黃焯撰，中華書局，1980 年版。

240. 《五經文字》，見《景刊唐開成石經》附文，中華書局，1997 年版。

241. 《群書治要》，魏徵等撰，見《叢書集成初編》第九冊，商務印書館，1936 年版。

242. 《藝文類聚》，歐陽詢主編，汪紹楹校，上海古籍出版社，1982 年版。

243. 《括地志》，李泰著，中華書局，1980 年版。

244. 《初學記》，徐堅等著，中華書局，1962 年版。

245. 《通典》，杜佑撰，王文錦等點校，中華書局，1988 年版。

246. 《元和郡縣圖志》，李吉甫撰，賀次君點校，中華書局，1983 年版。

247. 《法書要錄》，張彥遠輯，洪丕謨點校，上海書畫出版社，1988 年版。

248. 《太平御覽》，李昉等撰，據商務影宋本縮印，中華書局，1960 年版。

249. 《宋本太平寰宇記》，樂史撰，王文楚等點校，中華書局，2000 年版。

250. 《詩集傳》，蘇轍撰，見《續修四庫全書》經部詩類，上海古籍出版社，2002 年版。

251. 《曲洧舊聞》，朱弁撰，見《歷代史料筆記叢刊》唐宋分冊，中華書局，2002 年版。

252. 《詩總聞》，王質撰，見《景印文淵閣四庫全書》經部詩類，臺灣商務印書館，1986 年版。

253. 《詩辨妄》，鄭樵撰，顧頡剛輯點，見《續修四庫全書》經部詩類，上海古籍出版社，2002 年版。

254. 《六經奧論》，鄭樵撰，見《景印文淵閣四庫全書》經部五經總義類，臺灣商務印書館，1986 年版。

255. 《容齋隨筆》，洪邁著，上海古籍出版社，1978 年版。

256. 《詩論》，程大昌撰，見《景印文淵閣四庫全書》子部雜家類考古編，臺灣商務印書館，1986 年版。

257. 《詩序辨說》，朱熹撰，見《續修四庫全書》經部詩類，上海古籍出版社，2002 年版。

258. 《朱子語類》，黎靖德編，王星賢點校，中華書局，1986 年版。

259. 《呂氏家塾讀詩記》，呂祖謙撰，見《叢書集成初編》，商務印書館，1937 年版。

260. 《古文苑》，章樵注，見《四部叢刊》初編集部，據杭州蔣氏藏明成化壬寅刊本影印，上海涵芬樓，1919 年版。

261. 《詩考》，王應麟撰，見《景印文淵閣四庫全書》經部詩類，臺灣商務印書館，1986 年版。

262. 《詩地理考》，王應麟撰，見《景印文淵閣四庫全書》經部詩類，臺灣商務印書館，1986 年版。

263. 《困學紀聞》，王應麟撰，翁元圻等注，欒保群、田松青、呂宗力校點，上海古籍出版社，2008 年版。

264. 《白石詩話》，姜夔撰，見《六一詩話、白石詩話、滹南詩話》合刊本，人民文學出版社，1962 年版。

265. 《王禎農書》，王禎撰，王毓瑚校注，農業出版社，1981 年版。

266. 《姓觿》，陳士元撰，見《叢書集成初編》，商務印書館，1936 年版。

267. 《本草綱目》，李時珍撰，劉衡如、劉山永校注，華夏出版社，2008 年版。

268. 《毛詩古音考》，陳第著，康瑞琮點校，中華書局，1988 年版。

269. 《劉向古列女傳》，見《四部叢刊》初編史部，據長沙葉氏觀古堂明刊有圖本影印，上海涵芬樓，1919 年版。

270. 《薑齋詩話箋注》，王夫之著，戴鴻森注箋，人民文學出版社，1981 年版。

271. 《日知錄集釋》，顧炎武著，黃汝成集釋，上海古籍出版社，1985 年版。

272. 《肇域志》，顧炎武撰，譚其驤等校點，見《顧炎武全集》，上海古籍出版社，2011 年版。

273. 《歷代宅京記》，顧炎武撰，中華書局，1984 年版。

274. 《音學五書》，顧炎武撰，見《顧炎武全集》，上海古籍出版社，2011 年版。

275. 《讀史方輿紀要》，顧祖禹撰，見《中國古代地理總志叢刊》，中華書局，2005 年版。

276. 《四書釋地》，閻若璩撰，見《景印文淵閣四庫全書》經部四書類，臺灣商務印書館，1986 年版。

277. 《詩經通論》，姚際恒撰，據顧頡剛校點本重印，中華書局，1958 年版。

278. 《經義雜記》，臧琳撰，見《續修四庫全書》經部群經總義類，上海古籍出版社，2001 年版。

279. 《隨園詩話》，袁枚撰，顧學頡校點，人民文學出版社，1982年版。

280. 《義府》，黃生撰，見《景印文淵閣四庫全書》子部雜家類，臺灣商務印書館，1986年版。

281. 《詩毛鄭異同考》，程晉芳撰，見《續修四庫全書》經部詩類，上海古籍出版社，2001年版。

282. 《毛鄭詩考證》，戴震撰，見《戴震全集》第二冊，清華大學出版社，1992年版。

283. 《書〈鄭風〉後》，戴震撰，見《戴震全集》第二冊，清華大學出版社，1992年版。

284. 《唐石經考異》，錢大昕撰，見《嘉定錢大昕全集》第一冊，江蘇古籍出版社，1999年版。

285. 《十駕齋養新錄》，錢大昕撰，見《嘉定錢大昕全集》第七冊，江蘇古籍出版社，1999年版。

286. 《廿二史考異》，錢大昕撰，見《嘉定錢大昕全集》第二冊，江蘇古籍出版社，1999年版。

287. 《讀風偶識》，崔述撰，見《續修四庫全書》經部詩類，上海古籍出版社，2001年版。

288. 《讀書雜誌》，王念孫著，中國書店，1985年版。

289. 《經義述聞》，王引之撰，見《續修四庫全書》經部群經總義類，上海古籍出版社，2001年版。

290. 《易經異文釋》，李富孫撰，見《續修四庫全書》經部易類，上海古籍出版社，2001年版。

291. 《詩經異文釋》，李富孫撰，見《續修四庫全書》經部詩類，上海古籍出版社，2001年版。

292. 《春秋三傳異文釋》，李富孫撰，見《續修四庫全書》經部詩類，上海古籍出版社，2001年版。

293. 《揅經室集》，阮元撰，中華書局，1993年版。

294. 《考工記車製圖解》，阮元撰，見《續修四庫全書》經部禮類，上海古籍出版社，2001年版。

295. 《求古錄禮說》，金鶚撰，見《續修四庫全書》經部禮類，上海古籍出版社，2001 年版。

296. 《詩問》，郝懿行撰，見《續修四庫全書》經部詩類，上海古籍出版社，2001 年版。

297. 《三家詩異文疏證》，馮登府撰，見《續修四庫全書》經部詩類，上海古籍出版社，2001 年版。

298. 《三家詩異文疏證補遺》，馮登府撰，見《續修四庫全書》經部詩類，上海古籍出版社，2001 年版。

299. 《詩古微》，魏源撰，見《魏源全集》第一冊，嶽麓書社，2004 年版。

300. 《三家詩遺說考》，陳壽祺撰，陳喬樅述，見《續修四庫全書》經部詩類，上海古籍出版社，2001 年版。

301. 《詩經四家異文考》，陳喬樅撰，見《續修四庫全書》經部詩類，上海古籍出版社，2001 年版。

302. 《毛詩鄭箋改字說》，陳喬樅撰，見《續修四庫全書》經部詩類，上海古籍出版社，2001 年版。

303. 《詩經原始》，方玉潤撰，中華書局，1986 年版。

304. 《詩管見》，尹繼美撰，見《續修四庫全書》經部詩類，上海古籍出版社，2001 年版。

305. 《讀風臆補》，戴君恩原本，陳繼揆補輯，見《續修四庫全書》經部詩類，上海古籍出版社，2001 年版。

306. 《讀書雜釋》，徐鼒撰，中華書局，2006 年版。

307. 《群經平議》，俞樾撰，見《續修四庫全書》經部群經總義類，上海古籍出版社，2001 年版。

308. 《諸子平議》，俞樾著，據商務印書館《國學基本叢書》本重印，中華書局，1954 年版。

309. 《禮書通故》，黃以周撰，見《續修四庫全書》經部禮類，上海古籍出版社，2001 年版。

310. 《水經注疏》，楊守敬纂疏，熊會貞參疏，江蘇古籍出版社，1989 年版。

311. 《經學通論》，皮錫瑞撰，中華書局，1954 年版。

312. 《曹南文獻錄》，徐繼孺撰，1917 年版。

313. 《漢熹平石經殘字集錄》，羅振玉撰，見《羅雪堂合集》，西泠印社，2005 年版。

314. 《詩本音》，顧炎武撰，見《顧炎武全集》第二冊，上海古籍出版社，2011 年版。

315. 《王國維遺書》，王國維撰，浙江教育出版社、廣東教育出版社，2009 年版。

316. 《漢石經集存》，馬无咎撰，科學出版社，1957 年版。

317. 《談談詩經》，胡適撰，見《古史辨》第三冊下編，上海古籍出版社，1982 年版。

318. 《郭沫若全集》，郭沫若著，人民文學出版社，1989 年版。

319. 《詩經在春秋戰國間的地位》，顧頡剛撰，見《古史辨》第三冊下編，上海古籍出版社，1982 年版。

320. 《論〈詩經〉所錄全為樂歌》，顧頡剛撰，見《顧頡剛民俗學論集》，上海文藝出版社，1998 年版。

321. 《中國通史》，范文瀾、蔡美彪主編，人民出版社，1979 年版。

322. 《詩經講義稿》，傅斯年著，中國人民大學出版社，2004 年版。

323. 《雙劍誃詩經新證》，于省吾著，中華書局，2009 年版。

324. 《澤螺居詩經新證》，于省吾著，中華書局，2009 年版。

325. 《國風出自民間論質疑》，朱東潤撰，見《詩三百篇探故》，上海古籍出版社，1961 年版。

326. 《聞一多全集》，聞一多著，湖北人民出版社，1993 年版。

327. 《詩經六論》，張西堂著，商務印書館，1957 年版。

328. 《中國詩史》，陸侃如、馮沅君著，百花文藝出版社，1999 年版。

329. 《漢熹平石經概說》，羅福頤撰，《文博》1987 年第 5 期。

330. 《馬王堆漢墓帛書〈老子〉》，馬王堆漢墓帛書整理小組編，文物出版社，1976 年版。

331. 《阜陽漢簡詩經》，胡平生、韓自強著，上海古籍出版社，1988 年版。

332. 《銀雀山漢墓竹簡（一）》，銀雀山漢墓竹簡整理小組編，文物出版社，1985 年版。

333. 《睡虎地秦墓竹簡》，睡虎地秦墓竹簡整理小組編，文物出版社，1990 年版。

334. 《清華大學藏戰國竹簡（一）》，清華大學出土文獻研究中心編，李學勤主編，中西書局，2010 年版。

335. 《〈詩經〉語文論集》，向熹撰，四川民族出版社，2002 年版。

336. 《上海博物館戰國楚竹書》，馬承源主編，上海古籍出版社，2001 年版。

337. 《緯書集成》，安居香山、中村璋八輯，河北人民出版社，1994 年版。

338. 《李太白全集》，王琦注，中華書局，1977 年版。

339. 《國立北京大學四十週年紀念論文集》乙編上，昆明國立北京大學出版組，1940 年版。

340. 《中國文學史》，游國恩等主編，人民文學出版社，1963 年版。

341. 《中國文學史》，中國社科院文研所中國文學史編寫組編寫，人民文學出版社，1962 年版。

342. 《萬葉集》，楊烈譯，湖南人民出版社，1984 年版。

343. 《古代中國的節慶與歌謠》，葛蘭言著，趙丙祥、張宏明譯，廣西師範大學出版社，2005 年版。

344. 《詩經注釋》，高本漢著，董同龢譯，中西書局，2012 年版。

關於本書音訓的說明

　　本書試解《國風》詩文，破讀通假字頗多。因此，須就其音訓的方面作一個說明。

一、本書採用音訓方法的主導思想

　　上古漢文獻中存在大量的通假字，是不爭的事實。怎樣才能解讀上古漢文獻中的通假字？簡單地說，就是「因聲求義」。這是研讀漢文獻所必須採取的最基本的方法之一。清代學者朱駿聲在他的《說文通訓定聲·自敘》中說：「不知假借者，不可與讀古書；不明古音者，不足以識假借。」王念孫說：「訓詁之指，存乎聲音。字之聲同聲近者，經、傳往往假借。學者以聲求義，破其假借之字而讀之以本字，則渙然冰釋；如其假借之字而強為之解，則詰為病矣。」（見王引之《經義述聞·自序》）

　　訓詁學的「因聲求義」之法，肇始於春秋戰國時期。《論語·顏淵》載孔子說：「政者，正也。」《孟子·滕文公上》：「校者，教也。」這是訓詁學「因聲求義」的濫觴。兩漢盛行「因聲求義」之法。《毛傳》、鄭玄《傳箋》及三禮《注》中常見此法。鄭玄使用了「聲類」「音類」「古聲」「聲相近」「聲之誤」「讀為」「讀若」「讀曰」「讀如」「古音某某同」等音訓說法。《爾雅》《方言》《說文》《釋名》等訓詁學專著，大量地運用了音訓的方法。

　　為了正確解讀上古漢文獻，古漢語音韻學應運而生。古音學在宋朝已初露端倪。南宋吳棫率先研究古漢語韻母的分部問題，他把漢語古音分為九部。但他尚不知中古音與上古音有別。南宋戴侗從文字學的角度出發，觀察到漢字有聲紐相近字義相通的現象。他在其《六書通釋》中，首先明確提出了「因

聲以求義」的訓詁學方法。顧炎武《音論》說，戴侗反對「葉韻說」，戴認為《詩經》有「古正音」。明代陳第《毛詩古音考·自序》說：「蓋時有古今，地有南北，字有更革，音有轉移。」這番話標誌著中國訓詁學真正覺醒了。明方以智《通雅》提出了「欲通古義，先通古音」的主張和「同」「近」「通」「轉」等音訓術語。顧炎武《音學五書》把漢語上古音韻部歸納為十部，且找出了上古音與中古音的對應關係。錢大昕通過對上古漢字聲母系統的研究，得出了「古無輕唇音」「古無舌上音」的結論。顧氏和錢氏的研究，使漢語古音系統的面貌依稀可辨。清江永對古漢語的發音部位、發音方法、聲類、韻類、聲調作了一定的考察，他通過詳細考訂《詩經》的韻腳字，分上古音韻部為十三部。戴震師承江永，分上古音韻部為二十五部、陰陽入三聲，使漢語上古音系統的內容更加豐富了。他還提出了「疑於義者，以聲求之；疑於聲者，以義證之」的訓詁學主張。江永和戴震是使上古漢語語音研究科學化的重要奠基人物。戴震的弟子段玉裁、王念孫、孔廣森等人提出的「同聲必同部」「聲同義近」「聲近義同」「義存乎聲」「聲近而義通」等訓詁學說，把上古漢文獻中的文字通假現象解釋得淺顯易懂。清代乾嘉學者對上古漢語的語音和語詞研究都比較深入，取得了豐碩的成果，為正確解讀上古漢文獻作出了不可磨滅的貢獻。清末民初章太炎、黃侃的上古漢語音韻學研究，後出轉精。章氏《新方言》擬定漢語上古音的聲母為二十一紐，《國故論衡·二十三音準》擬定漢語上古音韻部為二十三部。黃侃擬定上古音的聲母為十九紐；擬定上古音韻部為二十八部。綜之，中國古、近代學者在訓詁學方面的研究成績斐然，揭破了上古漢文獻中許多的文字通假現象，減少了後人閱讀古文獻的難度。

現、當代訓詁學家通過大量的研究，發現上古漢文獻中的通假字與本字之間，存在著聲紐雙聲、準雙聲、旁紐通轉、準旁紐通轉、鄰紐通轉、遠紐通轉及韻部疊韻、對轉、旁轉、旁對轉、通轉、旁通轉這些通假關係（或說是通假規律）。王力先生是一位集大成的漢語訓詁學大師。他把漢語周秦古音系統擬為三十三個聲紐、二十九個韻部。他所創立的上古漢語紐表、韻表及一套描述漢字通假關係的術語，是一個嚴密的科學體系。一些學者還發現，許多上古漢字的聲紐有複輔音成份，其韻部也有一定的複雜性。

基於以上理由，要重新理解和闡釋中國上古漢文獻，在識別通假字方面的思路應當開闊一些。

二、本書中通假字的審音及釐清其通假關係的依據

本書中通假字的審音及其通假關係的釐清，參閱了王力《同源字典》，郭錫良《漢字古音手冊》，唐作藩《上古音手冊》，黃焯《古今聲類通轉表》，張儒、劉毓慶《漢字通用聲素研究》，高亨、董治安《古字通假會典》，白於藍《簡牘帛書通假字字典》，王輝《古文字通假釋例》，宗福邦、陳世鐃、蕭海波《故訓匯纂》，徐中舒《漢語大字典》，《王力古漢語字典》等專業書籍。上述這些專業書籍，為本書著者破解《國風》中的通假字提供了莫大的幫助。

本書採用了王力《同源字典》的上古音聲母、韻母稱謂和通假關係術語，來說明本書中通假字的聲韻及其通假關係。另外，根據上古漢文獻中通假現象的實際和當代訓詁學者的最新研究成果，本書引入了聲紐「遠紐通轉」和韻部「旁通轉」這兩個術語。本書所破讀的通假字，是依據《漢字古音手冊》《故訓匯纂》《漢語大字典》等書認定其聲紐、韻部的。上述各書凡與王力《同源字典》上古音聲紐、韻部稱謂不相同的，皆轉換成了王力《同源字典》的上古音聲紐、韻部稱謂。王力《同源字典》的《韻表》中無冬部，其冬部歸於侵部。關於冬部與侵部的關係，按多數學者的意見，《詩經》中凡屬於上古周、秦、晉方言區的詩文，其字音有侵部無冬部；屬於其他方言區的詩文，有侵部也有冬部。冬部在韻表中的位置，借用王力《同源字典》的《韻表》，在其《韻表》甲類第三行東部之後增加一個冬部，使之與覺部縱向對應。據此，本書中凡涉及東部字與冬部字通假的，述為旁轉關係；侵部字與冬部字通假的，述為旁通轉關係。

三、本書中通假字聲紐、韻部通轉的有關例證

本書只是簡單地指出了書中通假字的通假關係，沒有過多地羅列書證材料。為了彌補這一缺陷，茲將與本書中通假字相關的古文獻漢字聲紐、韻部通轉例列在下面，供讀者參考。

（一）古文獻漢字聲紐通轉例

1. 見於張儒、劉毓慶《漢字通用聲素研究》附表三「竹書帛書通假字聲母幾率統計表」的上古漢字聲紐通轉例

影紐：影母與見母、溪母、群母、疑母、曉母、匣母鄰紐通轉。

影母與泥母、日母、喻母遠紐通轉。

見紐：見母與溪母、群母、疑母、曉母、匣母旁紐通轉。

見母與穿母、來母、精母、清母、從母遠紐通轉。

溪紐：溪母、見母、群母、曉母、匣母旁紐通轉。

群紐：群母與定母、禪母遠紐通轉。

疑紐：疑母與來母、喻母遠紐通轉。

曉紐：曉母與定母、審母、心母、邪母、明母遠紐通轉。

匣紐：匣母與來母、日母、喻母、邪母遠紐通轉。

端紐：端母、透母、定母旁紐通轉。

端母與照母、精母準雙聲通轉。端母與審母、禪母準旁紐通轉。

透紐：透母與喻母準旁紐通轉。

透母與心母鄰紐通轉。

定紐：定母與神母準雙聲通轉。

定母與照母、喻母、審母準旁紐通轉。

定母與精母、心母鄰紐通轉。

定母與群母、曉母遠紐通轉。

泥紐：泥母與日母準雙聲通轉。

來紐：來母與喻母準雙聲通轉。

來母與影母、見母、溪母、疑母、匣母、明母遠紐通轉。

照紐：照母與端母、精母準雙聲通轉。

照母與初母鄰紐通轉。

穿紐：穿母與見母、溪母遠紐通轉。

喻紐：喻母與日母、神母、審母旁紐通轉。

喻母與從母、心母、邪母鄰紐通轉。

喻母與曉母遠紐通轉。

審母、透母、端母準旁紐通轉。

審母與疑母遠紐通轉。

禪紐：禪母、照母、神母、審母旁紐通轉。

禪母與透母、定母準旁紐通轉。

禪母與從母鄰紐通轉。

莊紐：莊母與從母準旁紐通轉。

莊母與精母準雙聲通轉。

山紐：山母與心母準雙聲通轉。

精紐：精母、清母、從母、心母旁紐通轉。

清紐：清母與莊母、床母準旁紐通轉。

心紐：心母、邪母旁紐通轉。

心母與山母、審母準雙聲通轉。

心母與喻母、日母、透母鄰紐通轉。

心母與匣母遠紐通轉。

邪紐：邪母與禪母準雙聲通轉。

邪母與神母鄰紐通轉。

幫紐：幫母與滂母、并母、明母旁紐通轉。

明紐：明母與並母旁紐通轉。

明母與心母、審母遠紐通轉。

2. 見於黃焯《古今聲類通轉表》的古文獻漢字聲紐通轉例

影紐：影母與禪母遠紐通轉。　　　　　　　　（表一）

見紐：見母與端母、照母遠紐通轉。　　　　　（表一）

溪紐：溪母與禪母遠紐通轉。　　　　　　　　（表一）

溪母與明母遠紐通轉。　　　　　　　　（表五）

群紐：群母與透母、泥母、日母遠紐通轉。　　（表一）

群母與精母、邪母遠紐通轉。　　　　　（表三）

疑紐：疑母與日母遠紐通轉。　　　　　　　　（表二）

疑母與精母遠紐通轉。　　　　　　　　（表三）

匣紐：匣母與泥母、審母遠紐通轉。　　　　　（表一）

端紐：端母與清母鄰紐通轉。　　　　　　　　（表七）

定紐：定母與清母鄰紐通轉。　　　　　　　　（表七）

定母與見母、溪母遠紐通轉。　　　　　（表二）

來紐：來母與群母遠紐通轉。　　　　　　　　（表二）

照紐：照母與清母鄰紐通轉。　　　　　　　　（表七）

照母與群母、匣母遠紐通轉。　　　（表一、表二）

穿紐：穿母與喻母旁紐通轉。　　　　　　　　（表二）

日紐：日母與邪母鄰紐通轉。　　　　　　　　（表八）

審紐：審母與山母準雙聲通轉。　　　　　　　　　　　　（表七）

　　　　審母與從母準旁紐通轉。　　　　　　　　　　　　（表七）

禪紐：禪母與喻母旁紐通轉。　　　　　　　　　　　　　（表一）

　　　　禪母與初母、母精、清母鄰紐通轉。　　　　　　　（表七）

　　　　禪母與群母、匣母遠紐通轉。　　　　　　　　　　（表一）

床紐：床母與定母準雙聲通轉。　　　　　　　　　　　　（表八）

　　　　床母與照母鄰紐通轉。　　　　　　　　　　　　　（表七）

山紐：山母與穿母、禪母鄰紐通轉。　　　　　　　　　　（表八）

從紐：從母與定母準雙聲通轉。　　　　　　　　　　　　（表八）

心紐：心母與禪母、母神、照母鄰紐通轉。　　　　　　　（表八）

幫紐：幫母與精母、心母、來母、透母遠紐通轉。　　（表十、表十一）

3. 見於高亨、董治安《古字通假會典》的古文獻漢字聲紐通轉例

群紐：群母與床母遠紐通轉。《會典・魚部・巨字聲系》群母「渠」字與

　　　　床母「鉅」字通假。

來紐：來母與禪母準旁紐通轉。《會典・真部・令字聲系》來母「軨」字

　　　　與禪母「輇」字通假。

穿紐：穿母與端母準旁紐通轉。《會典・寒部・端字聲系》端母「端」字

　　　　與穿母「喘」字通假。

神紐：神母與端母準旁紐通轉。《會典・支部・是字聲系》端母「堤」字

　　　　與神母「示」字通假。

日紐：日母與定母準旁紐通轉。《會典・寒部・覃字聲系》定母「簞」字

　　　　與日母「袇」字通假

喻紐：喻母與群母遠紐通轉。《會典・齊部・夷字聲系》喻母「夷」字與

　　　　群母「祁」字通假。《會典・青部・熒字聲系》喻母「營」字與群

　　　　母「赞」字通假。

　　　　喻母與明母遠紐通轉。《會典・寒部・益字聲系》明母「謐」字與

　　　　喻母「溢」字通假。

初紐：初母與精母準旁紐通轉。《會典・之部・則字聲系》精母「則」字

　　　　與初母「測」字通假。

明紐：明母與影母遠紐通轉。《會典・文部・免字聲系》明母「俛」字與

　　　　影母「冤」、明母「冕」字與影母「宛」字通假。

4. 見於王輝《古文字通假釋例》的漢字聲紐通轉例

心紐：心母與莊母準旁紐通轉。《古文字通假釋例・真部・心紐》莊母真
部「親」字讀為心母真部「辛」字。

（二）古文獻漢字韻部通轉例

1. 見於張儒、劉毓慶《漢字通用聲素研究》附表四「竹書帛書通假字韻部幾率統計表」的上古漢字韻部通轉例

之部：之部與職部、蒸部對轉。

之部與微部、物部、文部、侵部通轉。

之部與脂部、歌部、質部、月部旁通轉。

支部：支部與錫部對轉。

支部與脂部通轉。

支部與歌部旁通轉。

魚部：魚部與之部、支部、侯部旁轉。

魚部與覺部旁對轉。

魚部、鐸部、陽部對轉。

魚部與歌部、盍部、談部通轉。

侯部：侯部與屋部對轉

侯部、月部、物部旁通轉。

宵部：宵部與沃部對轉。

幽部：幽部與覺部對轉。

幽部與宵部旁轉。

幽部、屋部、東部旁對轉。

幽部與鐸部、月部、歌部旁通轉。

職部：職部與錫部旁轉。

職部與支部旁對轉。

職部與脂部、質部、月部旁通轉。

錫部：錫部與鐸部旁轉。

錫部與陽部旁對轉。

錫部與歌部旁通轉。

鐸部：鐸部與歌部、元部通轉。

屋部：屋部與覺部旁轉。

覺部：覺部與物部旁通轉

蒸部：蒸部與耕部旁轉。

耕部：耕部與真部通轉。

　　　耕部與元部、侵部旁通轉。

陽部：陽部與質部旁通轉。

東部：東部與冬部旁轉。

　　　東部與侵部旁通轉。

微部：微部、脂部、歌部旁轉。

　　　微部、物部、文部對轉

　　　微部、之部、侵部通轉。

脂部：脂部與質部對轉。

物部：物部與月部旁轉。

　　　物部與職部、緝部通轉。

質部：質部與真部對轉。

　　　質部與錫部通轉。

月部：月部與質部旁轉

　　　月部與元部對轉

　　　月部與盍部通轉。

　　　月部與支部、幽部旁通轉。

文部：文部、真部、元部旁轉。

　　　文部與物部對轉。

　　　文部與蒸部通轉。

真部：真部與耕部通轉。

緝部：緝部與質部旁通轉。

侵部：侵部與談部旁轉。

　　　侵部與蒸部通轉。

談部：談部與緝部旁對轉。

2. 見於趙立偉論文《睡虎地秦墓竹簡通假字俗字研究》附表 2「《睡
　　簡》通假字韻部通轉表」的上古漢字韻部通轉例

支部：支部與質部通轉。

魚部：魚部與物部旁通轉。

真部：真部與侵部旁通轉。

3. 見於高亨、董治安《古字通假會典》的古文獻漢字韻部通轉例

之部：之部與耕部旁對轉。《會典・蒸部・能字聲系》之部「能」字與耕部「寧」字通假。

之部與陽部旁對轉。《會典・之部・以字聲系》之部「耜」字與陽部「相」字通假。之部與真部旁通轉。《會典・之部・司字聲系》之部「司」字與真部「申」字通假。

之部與緝部通轉。《會典・之部・矣字聲系》之部「佚」字與緝部「立」字通假。

支部：支部與微部旁通轉。《會典・支部・巂字聲系》支部「纗」字與微部「維」字通假。

魚部：魚部與宵部旁轉。《會典・宵部・夭字聲系》魚部「姐」字與宵部「嬌」字通假。

魚部與幽部旁轉。《會典・魚部・如字聲系》魚部「如」字與幽部「猱」字通假。

魚部與脂部旁通轉。《會典・齊部・爾字聲系》魚部「女」「汝」字與脂部「爾」字通假。

魚部與元部通轉。《會典・寒部・然字聲系》魚部「如」字與元部「然」字通假。

侯部：侯部與東部對轉。《會典・侯部・禺字聲系》侯部「禺」字與東部「顒」字通假。

侯部與覺部旁對轉。《會典・侯部・豆字聲系》侯部「豆」字與覺部「菽」字通假。

侯部與歌部旁通轉。《會典・侯部・侯字聲系》侯部「侯」字與歌部「何」字通假。

幽部：幽部與支部旁轉。《會典・支部・巂字聲系》幽部「就」字與支部「檇」字通假，《知字聲系》幽部「躊」字與支部「踟」字通假。

幽部與質部旁通轉。《會典・幽部・翏字聲系》幽部「　」字與質部「栗」字通假。

職部：職部與蒸部對轉。《會典・蒸部・登字聲系》職部「得」字與蒸部「登」字通假。

職部與緝部通轉。《會典·之部·戒字聲系》職部「戒」字與緝部「急」字通假。

職部與侵部通轉。《會典·侵部·冘字聲系》職部「戠」字與侵部「簪」字通假。

錫部：錫部與脂部通轉。《會典·齊部·次字聲系》錫部「積」字與脂部「穧」字通假。

錫部與真部通轉。《會典·真部·奠字聲系》錫部「帝」字與真部「奠」字通假。

錫部與之部旁通轉。《會典·之部·之字聲系》錫部「係」字與之部「事」字通假。

錫部與月部旁通轉。《會典·仄部·歲字聲系》錫部「刺」字與月部「劌」字通假。

鐸部：鐸部與侯部旁對轉。《會典·侯部·侯字聲系》鐸部「饇」字與侯部「餱」字通假。

鐸部與宵部旁對轉。《會典·魚部·昔字聲系》鐸部「昔」字與宵部「宵」字通假。

屋部：屋部與之部旁對轉。《會典·之部·音字聲系》屋部「仆」「赴」字與之部「踣」字通假。

屋部與魚部旁對轉。《會典·侯部·屋字聲系》屋部「握」字與魚部「膚」字通假。

屋部與歌部旁通轉。《會典·侯部· 字聲系》屋部「矗」字與歌部「離」字通假。

沃部：沃部與屋部旁轉。《會典·侯部·角字聲系》沃部「牿」字與屋部「角」字通假。

覺部：覺部與宵部旁對轉。《會典·幽部·告字聲系》覺部「皓」字與宵部「昊」字通假。

陽部：陽部與侯部旁對轉。《會典·侯部·菁字聲系》侯部「嫸」字與陽部「講」字通假。

陽部與物部旁通轉。《會典·陽部·网字聲系》陽部「网」字與物部「勿」字通假。

東部：東部與之部旁對轉。《會典・之部・宰字聲系》東部「腠」字與之部「莘」字通假。

東部與元部旁通轉。《會典・陽部・永字聲系》東部「永」字與元部「誕」字通假；《會典・東部・蒙字聲系》東部「蒙」字與元部「蔓」字通假；《會典・東部・凶字聲系》東部「饡」字與元部「然」字通假。

微部：微部與魚部旁通轉。《會典・齊部・毇字聲系》微部「毁」字與魚部「虧」字通假。

微部與幽部旁通轉。《會典・幽部九字聲系》微部「鬼」字與幽部「九」字通假。

微部與質部旁對轉。《會典・齊部・　字聲系》微部「躓」字與質部「躓」字通假。

脂部：脂部與物部旁對轉。《會典・齊部・失字聲系》脂部「瓞」字與物部「攽」字通假。

脂部與月部旁對轉。《會典・齊部・齊字聲系》脂部「嚌」字與月部「祭」字通假。

脂部與侯部旁通轉。《會典・侯部・臾字聲系》脂部「夷」字與侯部「庾」字通假。

脂部與鐸部旁通轉。《會典・齊部・齊字聲系》脂部「齊」字與鐸部「石」字通假。

脂部與元部旁對轉。《會典・寒部・單字聲系》元部「鸐」字又讀為「鵜」，與脂部「鵜」字通假。

脂部與緝部旁通轉。《會典・齊部・　字聲系》脂部「迖」字與緝部「栝」字通假。

歌部：歌部與元部對轉。《會典・歌部・果字聲系》歌部「顆」字與元部「款」字通假。

歌部與物部旁對轉。《會典・歌部・為字聲系》歌部「為」字與物部「謂」字通假。

歌部與質部旁對轉。《會典・歌部・離字聲系》歌部「離」字與質部「鵜」字通假。

歌部與侯部旁通轉。《會典‧歌部‧化字聲系》歌部「訛」字與侯部「後」字通假。

物部：物部與質部旁轉。《會典‧齊部‧聿字聲系》物部「遹」字與質部「聿」字通假。

物部與魚部旁通轉。《會典‧齊部‧勿字聲系》物部「勿」字與魚部「毋」字通假。

質部：質部與宵部旁通轉。《會典‧齊部‧吉字聲系》質部「秸」字與宵部「槀」字通假。

質部與鐸部旁通轉。《會典‧齊部‧失字聲系》質部「泆」字與鐸部「液」字通假。

質部與歌部旁對轉。《會典‧齊部‧利字聲系》質部「利」字與歌部「離」字通假。

質部與侵部旁通轉。《會典‧齊部‧吉字聲系》質部「結」字與侵部「衿」字通假。

月部：月部與鐸部通轉。《會典‧泰部‧帶字聲系》月部「撂」字與鐸部「摭」字通假。

月部與屋部旁通轉。《會典‧侯部‧錄字聲系》月部「刈」字與屋部「剝」字通假。

月部與宵部旁通轉。《會典‧宵部‧高字聲系》月部「艾」字與宵部「蒿」字通假。

文部：文部與耕部旁對轉。《會典‧文部‧斤字聲系》文部「頎」字與耕部「傾」字通假。

真部：真部與物部旁對轉。《會典‧真部‧凡字聲系》真部「訊」字與物部「誶」字通假。

元部：元部與之部旁通轉。《會典‧寒部‧曼字聲系》元部「曼」字與之部「母」字通假。

元部與微部旁對轉。《會典‧寒部‧亙字聲系》元部「烜」字與微部「毀」字通假。

元部與物部旁對轉。《會典‧寒部‧夗字聲系》元部「宛」「苑」字與物部「鬱」字通假。

元部與魚部通轉。《會典・寒部・然字聲系》元部「然」字與魚部「如」字通假。

元部與談部通轉。《會典・寒部・戔字聲系》元部「踐」字與談部「斬」字、元部「錢」字與談部「箈」字通假。

元部與侵部旁通轉。《會典・寒部・旦字聲系》元部「亶」「疸」字與侵部「驔」字通假；《會典・寒部・鼉字聲系》元部「鼉」字與侵部「唫」字通假。

侵部：侵部與冬部旁通轉。《會典・侵部・臨字聲系》侵部「臨」字與冬部「隆」字通假；《會典・侵部・朁字聲系》侵部「簪」字與冬部「宗」字通假。

談部：談部與陽部通轉。《會典・談部・坎字聲系》談部「坎」字與陽部「壙」字通假；《會典・談部・冉字聲系》談部「冉」字與陽部「襄」字通假。

4. 見於王力《同源字典》的古文獻漢字韻部通轉例：

之部：之部與職部對轉。明母之部「黴」字與明母職部「墨」字通假。

支部：之部與支部旁轉。定母之部「峙」字與定母支部「踟」字通假。

魚部：魚部與月部通轉。影母魚部「污」字與影母月部「穢」字通假。

侯部：侯部與幽部旁轉。溪母侯部「叩」字與溪母幽部「考」字通假。

覺部：覺部與沃部旁轉。泥母覺部「怒」字與泥母沃部「溺」字通假。

幽部：幽部與沃部旁對轉。日母幽部「柔」字與日母沃部「弱」字通假。

耕部：耕部與陽部旁轉。曉母耕部「馨」字與曉母陽部「香」字通假。

東部：東部與幽部旁對轉。溪母東部「孔」字與曉母幽部「好」字通假。

微部：微部與脂部旁轉。見母微部「饑」字與見母脂部「飢」字通假。

微部與月部旁對轉。匣母微部「口」字與匣母月部「衛」字通假。

微部與之部通轉。明母微部的「黴」字與明母之部「黴」字通假。

文部：文部與月部通轉。匣母月部「曰」字與匣母文部「云」字通假。

文部與侵部通轉。匣母文部「恨」字與匣母侵部「憾」字通假；端母文部「珍」字和透母侵部「琛」字通假。

元部：元部與談部通轉。溪母元部「看」字與溪母談部「瞰」字通假。

5. 見於白於藍《簡牘帛書通假字字典》的漢字韻部通轉例

侵部：侵部與元部旁通轉。《簡牘帛書通假字字典・侵部・音字聲系》侵
　　　部「音」字與元部「言」字通假。

6. 見於王輝《古文字通假釋例》的漢字韻部通轉例

之部：鐸部與之部旁對轉。《古文字通假釋例・之部・群紐》見母鐸部「弆」
　　　字與群母之部「其」字通假。

錫部：錫部與沃部旁轉。《古文字通假釋例・錫部・匣紐》見母沃部「懲」
　　　字與匣母錫部「檄」字通假。

冬部：冬部與元部旁通轉。《古文字通假釋例・冬部・從紐》從母元部「葴」
　　　字與定母冬部「叢」字通假。

脂部：歌部與脂部旁轉。《古文字通假釋例・脂部・明紐》明母歌部「麋」
　　　字與明母脂部「迷」字通假。

歌部：歌部與月部旁轉。《古文字通假釋例・歌部・邪紐》定母月部「挩」
　　　字與邪母歌部「隋」字通假。

質部：質部與元部通轉。《古文字通假釋例・質部・喻紐》喻母質部「溢」
　　　字與並母元部「耕」字通假。

談部：鐸部與談部通轉。《古文字通假釋例・談部・從紐》從母鐸部「灒」
　　　字與從母談部「漸」字通假。

後　記

　　這部書的寫作和修訂，用了近十五年的時間方告完成。回顧一下我寫作和修訂此書的歷程，一路蹣跚走來，充滿了艱辛。我於 1978 年 10 月從魯西南一個偏僻的小村莊考入山東大學中文系，學習漢語言文學專業。1982 年 7 月，我被分配到天津大學中文教研室任教師，從事中國古代文學、古漢語方面的教學和研究工作。我原來有風濕痼疾，在津期間風濕病又導致了嚴重的眼疾，視力一度失明。因眼疾不適合教書和寫作這樣大量消耗視力的工作，我於 1984 年 8 月離開了天津大學教學崗位，轉到我的家鄉菏澤從事一般性的行政工作。在大學學習期間，我比較偏好研讀先秦典籍，尤其偏重研讀《詩經》。自讀大學二年級以後，在學習期間和工作之餘，我總愛捧讀朱熹的《詩集傳》，也間讀其他的《詩經》注本，不斷地揣摩《詩經》的原文和注解，積累了一些體會。自天津回到家鄉後，我的眼疾漸漸地好轉了。工作之餘，我仍然喜歡閱讀一些與先秦有關的書籍和論文。由於體弱多病，我平時非常注意鍛鍊體質。隨著歲月的增加，我的健康狀況大有好轉，家務瑣事也相對減少，讀書和思考學術問題的時間相對多了一些。年屆半百時，我研讀先秦典籍的興趣陡然增加了，竟然萌發了為《國風》作注解的念頭。一旦具體做起來，面對諸多艱澀的古籍、大量的學術論文和兩千餘年累積的學術問題，我常常陷入困惑之中，寢食難安。學術之水，愈蹚愈深。幸運的是，我在親友、同學、同事的幫助下，一邊「充電」一邊寫作，日拱一卒，終於完成了該項寫作任務。

　　這部書的寫作與出版，是我一生中的一件大事。我完成了該項寫作和修訂任務，首先感謝我的妻子劉獻英女士。她有自己的本職工作，還操持著家

務，關心著我的身體健康，精心照管著我的生活，並一直鼓勵我學習和寫作。
我的女兒趙晨在山東大學文史哲研究院師從杜澤遜先生讀碩士、博士期間，
也一直關心著我這部書的寫作，為我多方查找、傳遞資料。劉振是中國古典
文學專業畢業的研究生，他非常支持我這部書的寫作，擠時間審閱了該書的
一部分書稿，並高度關心該書的出版事宜。陳修亮先生為該書的面世做了關
鍵性的工作，我特別地向他致謝！中國科學院大學羅琳教授在百忙之中不辭
辛苦為我查找了一些稀缺的資料，在此專門向他致謝！在寫作該書期間，由
於閱讀量大和長時間寫作，視力過度疲勞，加上有舊眼疾，致使我的左眼患
了白內障，視力模糊不清，難以堅持閱讀和寫作。2012 年 11 月 20 日，菏澤
愛爾眼科醫院張曉山院長親自為我做了白內障清除、人工晶體植入和虹膜黏
連瞳孔變形修復手術，使我的左眼復明。我的寫作和研究也因此得以繼續。
在此，我鄭重地向他和該院表示感謝！《詩經國風今詁》以繁體字出版，使
該書呈現了一個新面目。衷心感謝北京師範大學錢振綱教授和四川大學李怡
教授推薦該書再版！衷心感謝花木蘭文化事業有限公司給予該書的厚愛！

　　中華原典是中華民族的文化遺產，也是人類共同擁有的文化遺產。我們
要站在世界現代文明的高點上來看待這一遺產。本書以煩瑣拙笨的方法訓釋
《國風》，以期讓讀者藉以瞭解周代的社會現實和周人的精神面貌，感知《國
風》的歷史性和文學性。囿於作者的學力和文字表達水平，雖有良好的願望，
恐終有諸多不盡之處。拙著難免有一些錯誤、闕漏，誠請方家不吝批評指正。

趙恩強

2021 年 5 月 15 日